中國古典文學研究會主編

古典文學

第十一集

臺灣學生書局印行

卷頭語

林聰明

文學，是人生萬象的舞臺，更是精神寄託的王國。它以優美的形式、豐富的情感，以及深廣的哲理，充實人類的心靈，提昇人性的品質。無論古今中外，人類的生活總是和文學息息相關，甚至是密切融合的。

中國文學源遠流長，數千年來，衆制鋒起，分鑣並驅；有數說不盡的詞人才子，欣賞不完的飛文染翰。它不僅曾經熠耀於過去，也可做爲現代中國人心靈的指標。「中國古典文學研究會」成立迄今，推動研究古典文學的熱潮，成績斐然。藉由每年舉辦的大型討論會，使碩學鴻儒、年輕後進，得以齊聚一堂，切磋問學，交換心得，誠爲一大盛事。

「第十一屆中國古典文學會議」係由學會與臺北東吳大學中文系合辦，於民國七十九年六月十六、十七兩日，假該校城區部會議室舉行。與會者極爲踴躍，討論亦頗熱烈，質疑辯難，各抒己見；即使針鋒相對，仍不失君子之爭；充分顯示嚴謹不苟，追求眞理的學術風範，這也是歷屆「中國古典文學會議」的特色。

本次會議總計發表論文十七篇，依慣例商請學生書局支持，將論文結集出版。由於篇數較多，題材繁雜，乃將其中八篇主題相近者，另行彙成一編，以「文學與社會」爲題，仍由學生書局印行。本編所收錄者，爲其餘九篇論文。就題材言，詩歌有四篇，散文、小說各二篇，辭賦一篇；就內容言，包含詩文理論、文句辨析、作品源流、人物形象等各方面的探討。從嚴肅到通俗，由守舊到創新，林林總總，頗有可觀，足爲研治中國古典文學參考之資。在本編卽將出版之際，期盼中國古典文學的研究，蒸蒸日上，獲得更豐碩的成果。

作者簡介

（依論文先後為序）

王念恩　江蘇無錫人，民國三十五年生，畢業於四川大學外文系，國際關係學院英文系碩士班，現爲英國沃立克大學比較文學博士候選人。著有象徵主義的美學特徵、詩從胡說來—詩的非理性問題。

張曉風　江蘇銅山人。東吳大學中文系畢業。現任陽明醫學院副教授。著有中國古典戲劇典莎士比亞戲劇三十三項類同資料之比較。

沈　謹　江蘇東臺人，民國三十六年生。先後畢業於師大國文系、國文研究所，獲國家文學博士學位。曾任幼獅月刊、幼獅學誌主編，先後執教於師大、高雄師院、東吳、淡江、中興、靜宜等校。著有六十一年短篇小說選、書評與文評、文心雕龍批評論發微、期待批評時代的來臨、文心雕龍之文學理論與批評、神話愛情詩、案頭山水之勝境。

張正體　字公操，別號半票居士，福建南安人，福建師專畢業，曾任國小教導主任、校長暨行政機關、人事主任、秘書、主任秘書等。著有學詩門徑、詩學、詞學、曲學、賦學、中華韻學、相學、測字學、詩詞曲賦的作法、半票詩草、望雲集、楚辭新論、五代南唐詞家馮正中名諱之辨識，唐代科舉制度與試賦體製研究、佛法卍萬字右旋之辨識，測字趣談與學理（現在中華易學雜誌連載中）等，以及其他雜文共達五佰萬字以上。

簡恩定　臺灣嘉義人，東海大學中文研究所碩士，東吳大學文學博士。著有杜甫詠物詩研究、清代杜詩學。

朱榮智　臺灣省新竹縣人，民國三十八年生。國立臺灣師範大學國文系、國文研究所碩士班、博士班畢業，獲國家文學博士學位。曾任幼獅文化公司編輯、主編，師範大學國文系助教、講師、師範大學訓導處秘書，現任師範大學國文系副教授、兼師範大學分部訓導主任。著有兩漢文學理論之研究、元代文學批評之研究、孔孟倫理思想與四書教學、四海之內皆兄弟等書。

陳益源　臺灣彰化人，民國五十二年生。文化大學第二十屆華岡青年，中文研究所碩士。曾參與「域外漢文小說」諸項研究計畫，整理傳奇漫錄等書。現正專攻元明傳奇小說，校注嬌紅記多種。著有常言道、剪燈新話與傳奇漫錄之比較研究。

羅宗濤　廣東人。先後畢業於政治大學中文系、師範大學國文研究所碩士班、政治大學中文研究所博士班，獲國家文學博士學位。曾任政治大學教授兼中文系主任，中文研究所所長，現任靜宜大學文學院院長。著有敦煌講經變文研究、敦煌變文社會風俗事物考、敦煌變文、慧能、作獅子吼——陳天華傳、建安虞氏新刊五種平話試探、中國文學的國家觀、敦煌變文中詩歌形式之探討、李商隱的百花世界、中國的愛情詩等數十種。

林明德　臺灣高雄人。民國三十五年生。輔仁大學文學士、中文碩士，政大中文博士。現任輔仁大學中文系、所教授，中華民俗藝術基金會副執行長。編有：中國古典文學研究叢刊、草原文學、金代文學批評資料、中國新詩賞析、中國現代短篇小說選析、中國現代散文選析、晚清小說研究；著有：晏幾道及其詞、金源文學家小傳、唐詩的境界、跨出詩的邊疆、中國傳統文學探索、古典寓言笑話的滋味、文學批評指向、梁啓超與晚清文學運動、胡適的白話新詩等。

古典文學 第十一集

目次

賦、比、興新論

王念恩

賦、比、興是具有二千多年歷史的老題目。大概正因爲其歷史悠久吧，其複雜性常常令研究者感到困惑。幾十年前，朱自清就說過「比興」「纏夾得更厲害」，「越說越糊塗」❶。最近仍有人在發着同樣的感嘆：「漢代和漢代以後的經學家、美學家、文學家對於『賦』、『比』、『興』的解釋，特別是對於『比』、『興』的解釋，極爲混亂，使人如墮五里霧中。」❷問題使人如此迷惘，我認爲原因不外有二：一是該問題客觀上的複雜性；二是研究者所持觀點的偏頗和所用方法的缺陷。研究的觀點和方法不正確而不自知，既無力面對複雜的歷史難題，便只能指責古人的「糊塗」和「混亂」了。

其實，這「混亂」正說明這一理論的豐富和深刻。二千多年來，歷代文學家和批評家對「賦」、「比」、「興」的概念不斷地進行新的詮釋，每一次詮釋都在新的歷史背景下，立足於新的材料和新的視角，給這些批評概念增添新的內容，使它們的內涵不斷擴張，形成異常繁複的情形。正如一棵千年桃樹，由孔子撒下了種子，兩漢紮下了根，六朝長好枝幹，唐朝時繁花滿枝，而宋朝更以綠葉扶持，到明清則果實累累了。這其中的澆灌培育者眞可謂不計其數。由於研究者所處歷史地位的不同，所面對的問題的不同，他們所採的視角和所持的用語（卽索緒爾所謂parole）也必然不同。整個情景猶如一個巴貝爾塔（Babel Tower）。大家各說各的話，也不管別人聽得懂聽不懂。《文鏡秘府・六義》載，王云：「比者，直比其身，謂之比假，如『關關雎鳩』之類是也。」同頁又載，皎云：「興者，立象於前，後以人事諭之，〈關雎〉之類是也。」一說「關關雎鳩」是比；一說〈關雎〉一詩是興。王、皎二人，在局外人聽來，似乎在吵架。

面對這樣複雜的情況，我們要首先肯定，「賦」、「比」、「興」的任何意義，都是在歷史上產生和形成的，都是一定時空下的產物，都與某個特定的人以及他所面對的問題相聯繫；因此，都有一定的來龍去脈，根本就不存在超時、空，脫離特定背景的所謂「本義」，尤其不能把這種虛妄的「本義」看作唯一正確的意義而排斥其他的解釋❸。其次，「賦」、「比」、「興」雖然最早出現在對《詩經》的討論中，卻不應該把這一問題的研究局限在《詩經》的範圍內。因爲，第一，如陳廷焯所言：「風騷有比、興之義，本無比、興之名，後人指實其名，已落次乘。」討論「賦」、「比」、「興」而在三百篇裏轉圈子，用《詩經》作材料，綜合概括出「賦」、「比」、「興」的定義，再用於《詩經》的解釋，必然落入一種「詮釋的循環」之中，是得不出結果的。詩三百並不是根據賦、比、興的定義寫成的。第二，這些概念的含義在歷代都有發展和擴充，並未停留在《詩經》研究的水平。後來者在《詩經》之外對賦、比、興的含義的闡發，表示這些概念在歷史上的演化和推進，自不容忽視。再者，我們應該將這些概念在歷史上產生的含義進行分析，並加以客觀的敍述，而不應該籠統地膚淺地看成三種不同的寫作技巧而加之以規定性的定義。

値得注意的是，西方文論中也遇到了大致類似的困惑。近代西方文論家對諸如符號

(sign)、象徵(symbol)和比喻(metaphor)等概念之間的辨析，做了很多思考和研究，取得了不少成果。他們的方法和成果，對於我們研究古老的賦、比、興理論，是有益的借鑒。因此，我們對賦、比、興研究的態度，總起來說，第一是歷史的(historical)。承認一定的解釋都是歷史上一定的時、空中產生的，不存在脫離時、空，絕對正確、永遠正確的「本義」；第二是敍述的(descriptive)而非規定的(prescriptive)。正因爲各種界定都是各時期的學者對這些概念的認識，我們有必要對這些認識進行客觀的敍述。我們或許不能找到其「本義」，我們都可以找到其「當謂」；第三是分析的(analytical)。這些概念不但含義豐富、龐雜，而且分別在多種層次上運作。我們應該分析其不同層次的意義，把它們放在相同的層次上比較辨析，才不至弄成纏夾不清的局面；第四是比較的(comparative)。既然東西方在文學理論中遇到了相同的問題和困惑，互相之間必定能進行對話。對話的結果，一定能大大豐富對這些問題的認識，甚至對文學理論上的普遍問題取得共識。我們不能期望對文學理論問題有什麼「最後的解決」，認識的過程必然是永無止境的歷史的過程，但我們希望對這些問題的認識會不斷引向深入。

一、賦、比、興分述

(一)賦

稱詩、引詩、頌詩、作詩，古稱「賦」。左傳：「賦《詩》斷章，予取所求焉。」(襄公二十八年）此爲稱詩，引詩。《毛詩》傳曰：「升高能賦，……可以爲大夫。」（《鄘・定之方中》）《漢書・藝文志》引作「登高能賦，可以爲大夫」。《藝文志》又說：「不歌而頌謂之賦。」此爲頌詩。《左傳》上記鄭莊公賦〈大隧〉、士蔿之賦〈狐裘〉，「賦」都意爲作詩。

「賦」成爲一種文體，是在春秋以後。《漢書・藝文志》淸楚地敍述了其發展的歷史：

> 春秋之後，周道寖壞，聘問歌咏，不行於列國，學詩之士，逸在布衣，而賢人失志之賦作矣。

所以班固在〈兩都賦序〉說：「賦者，古詩之流也。」也就是後來劉勰所謂「六義附庸，蔚成大國」的意思。

後人註解「六詩」或「六義」中的「賦」，粗看似乎千遍一律，徐復觀因此說，「其中最沒有問題的是賦。」[4]「賦」比起「比」和「興」來，雖然要單純、淸楚些，但也不是沒有問題。「賦」的特性，有三點是一般都同意的。一是鋪陳；二是直言；三是體物。鄭玄說：「賦之言鋪，直鋪陳今之政教善惡。」（《周禮・春官・大師》）陸機說：「賦體物而瀏亮。」（〈文賦〉）摯虞說：「賦者，敷陳之稱也。」（〈文章流別論〉）劉勰說：「賦者，鋪也；鋪采摛文，體物寫志也。」（《文心雕龍・詮賦》）劉勰把作爲文體的賦和「六義」之一的賦看作一回事，所以他在〈比興〉篇中說「賦同」。鍾嶸說：「直書其事，寓言寫物，賦也。」（《詩品・序》）孔穎達說：「《詩》文直陳其事，不譬喻者，皆賦辭也。」（《毛詩正義》）朱熹說：「賦陳其事而直言之者也。」（《詩集傳》）李仲蒙說：「敍物以言情謂之賦，情物盡也。」（胡寅，《斐然集》，卷十八）

各家考察「賦」的特性，有兩種不同的角度。一種以「古詩之流」的「賦」作爲其考察對象，另一種以「六義之附庸」的「賦」作爲其考察對象。自漢至六朝，大抵屬於前者；六朝以後名家大抵屬於後者。前者對「賦」作爲一種文體進行描述，重點揭示賦與《詩》的承接和區別，以摯虞說得最清楚。後者把「賦」作爲與「比」和「興」鼎足而立的「義」進行研究，重點在說明「賦」是與「比」和「興」屬於同一範疇而相區別的一種概念。前者多描述的性質，後者有規定的傾向。孔穎達於「直陳其事」之外，又加上「不譬喩者」來界定「賦」，爲的是明確區別於譬喩的「比」和「興」。其實按照六朝以前的看法，「賦」是不排斥比喩的。王符《潛夫論・務本》：「詩賦者，所以頌善醜之德，洩哀樂之情，故溫雅以廣文，興喩以盡意。」賦與詩一樣，要「興喩以盡意」。摯虞說賦要「假象盡辭」，鍾嶸說賦要「寓言寫物」，劉勰更言漢賦「比體雲構」。

「賦」不但要體物陳事，也要表達情意，這一點大概是沒有異議的。但是賦體中如何表達情意？一般認爲是直接抒寫，如皎然云：「賦者，布也。匠事布夂，以寫情也。」（《文鏡秘府・六義》）朱熹說：「賦者，敷陳其事而直言之。」照這樣說，賦應該與「託物寓情」的比、興涇渭分明，但朱熹在講解《詩經》時，卻用了「賦而興也」的說法。姚際恒的《詩經通論》更加上一個「比而賦也」。

「賦」體中有沒有言外意？或者說，涉及言外之意的是否可以是「賦」？鍾嶸認爲賦是「直書其事，寓言寫物」。又說：「但用賦體，患在意浮。」李仲蒙說：「敍物以言情謂之賦，情物盡也。」吳喬也說：「賦必意在言中，可因言求意。」❺那麼，「賦」應是言盡意盡，沒有言外之意的。張篤慶卻認為杜甫的一些詩，「正」主於賦而兼比興之旨者也。」❻譚獻評蔣春霖《揚州慢詞》，竟說：「賦體至此，轉高於比興。」❼而劉熙載乾脆就說：「賦兼比興，則以言內之實事寫言外之重旨。」（《藝概・賦概》）明明白白地主張賦也要有言外之意了。所以賦也是有問題的。

總之，早期對「賦」的定義，基本上是對賦這種文學體裁的描述，當時是「體」「用」一致的。六朝以後對「賦」的定義，是將其與「比」、「興」相對照考察的結果，是相對於「比」、「興」的賦，是有別於「比」、「興」的另一種批評概念。這時候，它就與原來作為一種文體的「賦」分開了。但是，賦與比、興，能否以用不用比喻，有沒有言外之意來區別，仍有意見的分歧。

(二) 比

《墨子・小取篇》談論辯的方法，說到「明故」的方式有九種，其中之一為「辟」：「辟也者，舉也（同他）物而以明之也。」這「辟」就是「譬喻」。漢人論譬喻產生的原因和作用，認為「夫譬喻者，生於直告之不明，故假物之然否以彰之。」❽劉向所著《說苑・善說》更論及譬喻在表達上的必要性，認為必須「以其所知喻所不知，而使人知之」。沒有譬喻，「則不可也」。一般的論辯需要譬喻，詩歌就更離不開譬喻。《禮記・學記》云：「不學博依，不能安詩。」鄭玄注：「博依，廣譬喻也。」孔穎達評曰：「此教詩法也。」「若不學廣博譬喻，則不能安善其詩，以詩譬喻故也。」[9]講譬喻就必然牽涉到「類」。《墨子・大取》云：「夫辭，以類行者。立辭而不明其類，則必困也。」又說，論辯要「以類取，以類予」（《墨子・小取》）。亞里士多德論及譬喻（metaphor），認爲是類別之間的轉換（《詩學》）。墨子強調同類的取予，亞氏強調異類的轉換。分歧的原因在於墨子講的是邏輯學上的比喻，所以《墨子・經（下）》說：「異類不吡（比）。」亞氏講的則是詩學上的比喻。在文學上，「凡喻必非類」。同時，「凡比必以其倫。」[10]比喻的本質是不同中求同[11]。中國詩論中關於比的討論就環繞着「類」的觀念展開。鄭玄說：「比，見今之失，不敢斥言，取比類以言之。」摯虞說：「比者，喻類之言也。」劉勰說：「比者，附也；……附理者，切類以指事。」[12]舊題賈島《二南密旨》云：「取類曰比。比者，類也。」雖然說的是「喻類」「切類」「取類」，其實都是「非類」，或者可以說是同倫之異類，即範圍很寬大的大類，如劉勰所說的「聲之類」、「貌之類」等等。其實，從儒家天人合一、天人對應的觀點看，或者從道家「天地與我並生，而萬物與我爲一」（《莊子》）的觀點看，天下萬物都可以歸入同類的，故皎然說：「凡禽、魚、草、木、人物、名數，萬物之中，義類同者，盡入比興。」[13]

大概這樣說容易引起混淆，於是也用「物」或「象」的概念來代替「類」。鄭衆說，「比者，比方於物。」鍾嶸：「因物喻志，比也。」皎然：「取象曰比。」李仲蒙：「索物以托情謂之比。」朱熹：「比者，以彼物比此物也。」吳喬：「托物而陳則爲比。」沈祥龍：「或借物以寓其意，比也。」[14]「物」與「象」也是近似的概念。物的形狀、色相就是象。

劉勰注意到比中尙有「比義」與「比類」的區別。他說：「故金錫以喻明德，珪璋以譬秀民，螟蛉以類敎誨，蜩螗以寫號呼，浣衣以擬心憂，席卷以方志固：凡斯切象，皆『比義』也。至如『麻衣如雪』、『兩驂如舞』，若斯之類，皆『比類』者也。」（《文心雕龍·比興》）所謂「比義」，大抵指以具體之物比喩抽象的含義；所謂「比類」，大抵指以一具體之物比喩另一具體之物。此外，劉勰還指出，比「以切至爲貴，若刻鵠類鶩，則無所取焉」。所謂「切至」，卽要抓準比喩雙方的相似之點。但這相似之點，又不宜太多，太一般。相似之點太多、太一般的比喩是不生動的，正如紀昀評曰：「亦有太切，轉成滯相者。」⑮所以劉勰說：「物雖胡越，合則肝膽。」

鄭衆說：「比者，比方於物。」所謂「物」，應指外物，指相對於主體的客體而言，卽俗語所謂「身外之物」，或如〈岳陽樓記〉所謂「不以物喜，不以己悲」之「物」，實指詩人主體以外之一切事物，包括人和人的活動，亦卽事。故李重華明確指出，「比不但物理，凡引一古人，用一故事俱是比。」⑯根據這個意見，朱自淸把比體分成四大類：1.咏史，以古比今；2.遊仙，以仙比俗；3.艷情，以男女比主臣；4.咏物，以物比人⑰。

「比」的特性和價値，還要通過與「賦」，尤其是「興」的比較才能彰顯。這一比較我們留待後面再做。

（三）興

《詩·大雅·大明》（No.236）「維予侯興」一句後，毛傳釋「興」爲「起也」。這大概是「興」這個字見於經籍最早的用法和最早的解釋。「起」是「興」的核心意義。在《詩經》裏，「興」在不同的場合，分別有「起來」（「夙興夜寐」（《詩・衞風・氓》））、「興起」（「以莫不興」（《詩・小雅・天保》））、和「起頭」（「以興嗣歲」（《詩・大雅・生民》））等三種含義[18]。

將這一核心意義稍加引申，「興」便有了「啓發」、「引發」、「感發」等意思。孔子《論語》中，「詩可以興」、「興於詩」，朱熹釋「興」爲「感發志意」是不錯的。《孟子》裏也有這樣的例子：「待文王而後興者，凡民也。」（《孟子・離婁上》）「經正，則庶民興。」（《孟子・離婁下》）此處的「興」都是指精神上受感發而追求向上的意思。《墨子》、《荀子》裏的「興」字也都作「起」解。

孔子「詩可以興」的「興」，孔安國又釋爲「引譬連類」。這是漢人附會的意義，先秦文獻中查不到這樣的例子。《辭源》載「興」之第三義爲「舉」，並引《周禮・地官・鄉大夫》「而興賢者、能者」爲證。《墨子・小取》釋「辟」爲「舉也（他）物而以明之也」。「興」與「舉」本近義，則「興」被附會而有「譬喻」之義亦可理解。王逸釋「興」，謂「〈離騷〉之文，依詩取興，引類譬喻。故善鳥香草，以配忠貞；惡禽臭物，以比讒佞；……」[19]。他明明白白地說「興」就是比喻。後來唐陸德明在《毛詩正義》中說，「興是譬喻之名」，是從王逸來的。

從「興」的核心意義「起」又衍生出其他許多意思來，大抵都是興起的結果。其中，與詩論有關的意思主要有詩興、意、情、象。

人受外物作用而內心產生情緒波動叫「感」。詩人受外物的感動會產生做詩的情緒

(poetic sensation)、衝動(poetic impulse)或狀態(poetic state of mind)。這些在古代中國一概稱之爲「興」，或者叫「感興」、「興感」。謝靈運〈歸途賦序〉：「事出於外，興不由已。」《宋書・帛道猷傳》：「陵峰采藥，觸興爲詩。」王維詩云：「興來每獨往，勝事空自知。」(〈終南別業〉)其中的「興」都是指因外物引起的作詩作賦的衝動。

這樣的「興」，可以因產生的原因和狀況分成各種類型。人在僻遠的地方獨處，會產生「孤興」。陸機〈文賦〉有「對窮迹而孤興」；《文心雕龍・物色》也說到「殷仲文之孤興」。詩人受秋天景色的感發會產生「秋興」，李白詩云：「我覺秋興逸，誰言秋興悲。」(〈秋日魯郡堯祠亭上〉)其他還有「高興」、「逸興」、「雜興」等等。

杜甫作詩，最講發興。他詩中時有表現：「興與煙霞會，淸樽幸不空。」(〈嚴公所同詠蜀道畫圖〉)「文章差底病，回首興滔滔。」(〈赴青城縣寄陶王二少君〉)「詩盡人間興，還須入海求。」(〈西閣〉)他在〈題松樹障子歌〉中寫道：「志夫平生好奇古，對此興與精靈聚。」這樣的「興」就很近於西方的「靈感」了。

梵樂希(P. Valéry)尙論西文"inspiration"(靈感)一語有六種含義。其中三種分別爲簡歇性靈感(intermittent inspiration)、直覺性靈感(intuitive inspiration)和高興性靈感(exalted inspiration)⑳。簡歇性靈感意指詩人時有時無的作詩的情緒和心態。直覺性靈感卽近於欣然會意的「妙悟」㉑。高興性靈感卽詩人對自己的創造力充滿自信的一種狀態，「詩成珠玉在揮毫」是也。這三種靈感在中國文論中都可以用「興」一字概括之。不過中國詩人強調「非緣情體物則不能動其興」㉒。而西方的靈感說常常強調超自然力的作用，這是有所區別的。

摯虞說：「興者，有感之辭也。」吳喬說：「感物而動則爲興。」㉓這是早就在《禮記・樂記》裏就說過的話：「人心之動，物使之然也。感於物而動，故形於聲。」又說有「哀心感者」、有「樂心感者」、有「喜心感者」、「怒心感者」、「敬心感者」、「愛心感者」。喜、怒、哀、樂，人之情也。「感物而動」，產生的是情。故劉勰說：「興者，起也，……起情者，依微以擬議。」摯虞和劉勰重情的說法頗具六朝的時代特色㉔。宋朝的李仲蒙，清朝的沈祥龍也說過類似的話。李仲蒙說：「觸物以起情謂之興，物動情也。」沈祥龍說：「或借景以引起情，興也。」㉕賈島《二南密旨》直說興就是情：「感物曰興。（興者，情也。謂外感於物，內動於情，情不可遏，故曰興。」

詩人感物而動，興起的是情，不是理，也不是意。但是興與意也是有關係的。殷璠《河嶽英靈集》評常建：「其旨遠，其興僻。」評劉沓虛：「情幽興遠。」這裏的「興」，直應解作「意」。「文鏡秘府・文意》稱：「稽興高逸，阮旨閑曠。」也以「興」與「旨」對舉，其實都是「意」。劉禹錫〈書董侍御武陵集後〉云：「風雅體變而興同，古今調殊而理冥。」以「興」與「理」對舉，「興」亦應理解爲「意」。鍾嶸：「文已盡而意有餘，興也。」陸德明：「興是譬喻之名，意有不盡，故題曰興。」孔穎達：「取譬引類，起發己心，《詩》文諸舉草木鳥獸以見意者，皆興辭也。」王夫之：「興在有意無意之間。」陳廷焯：「所謂興者，意在筆先，神餘言外，極虛極活，……」㉖這些都是從「意」的角度論「興」的。

由於興與意的密切關係，後人鑄成「意興」一詞。王昌齡曰：「詩有平（憑）意興來作者，……蓋無比興，一時之能也。」（《文鏡秘府·文意》）將「意興」區別於大約等於寄託的「比興」。這種意興，當然是外物感發下的產品。所以在創作準備階段，意興就是「情往如贈，興來如答」的「興」；而在創作中，則是「擬容取心」的「心」。

《集韻》釋興，曰：「興者，象也。」王昌齡以爲「興者，立象於前，後以人事喩之」。他並引曹植詩「高臺多悲風，朝日照北林」，謂此卽「曹子建之興也」。曹植這兩句詩都是象，王昌齡說是興。章學誠指出：「《易》之象，《詩》之興也。」又云：「《易》象雖包六義，與《詩》之比興，尤爲表裏。」認爲興與象同質。聞一多也認爲「象與興實際上都是隱。」㉗

但是，自然萬象並不就是興，詩中的一般意象也不一定都是興。那麼，什麼樣的「象」才算「興」呢？孔穎達說：「《詩》文諸舉草木鳥獸以見意者，皆興辭也。」要能「見意」的象才是興。王昌齡說：「凡詩，物色兼意下爲好，若有物色，無意興，雖巧亦無處用之。」㉘「物色兼意下」，這樣形成的象才是興。這樣的象，正如黑格爾所說：「感性的東西（物象）是經過心靈化了，而心靈的東西（思想）也借感性化而顯現出來。」㉙

鍾嶸釋興，謂「文已盡而意有餘，興也」，於各種說法之外另開一途。劉勰說「興隱」，又說「隱也者，文外之重旨也」，「文以複意爲工」，強調興有文內與文外兩重含義。此後，白居易提倡《詩經》式的「興發於此而義歸於彼」。鄭樵說：「凡興者，所見在此，所得在彼。」羅大經說：「蓋興者，因物感觸，言在於此，而意寄於彼，玩味乃可識。」黃宗羲說：「凡景物相感，以彼言此，皆謂之曰興。」他們都說到興義有「此」和「彼」的區別，實際上仍然是言內和言外兩重含義的主張。不過，這兩重含義還是清楚的，「玩味乃可識」。到了陳廷焯，興有了更進一步的意義：「所謂興者，意在筆先，神餘言外，極廣極活，極沉極鬱，若遠若近，可喻不可喻，反復纏綿，都歸忠厚。」那就決不只是兩重義的問題了。「喻可專指，義可強附，亦不足以言興」[30]，豈不是只可玩味而不可識？「若遠若近，可喻不可喻」，豈不是有捉摸不停、把握不住的無限不盡之意在閃爍、在流動、在飄蕩？

綜上所述，「興」具有感發、情、象、意以及言外不盡之意等等含義。這麼多各不相同的意思都由同一個術語來表達，有其內在的原因。這原因就是環繞着審美感興這一藝術創作和藝術欣賞的中樞而形成的物、情、意、象之關係。

康定斯基（W. Kandinsky）認爲，藝術作品由兩種成份構成：內在的和外在的。內在的指藝術家靈魂的情感，這種情感能夠在觀衆中引起類似的情感。情感由被感覺到的（事物）引起和攪動。被感覺到的（事物）是非物質的（藝術家的情感）和物質的（造成藝術作品的事物）之間的實實在在的紐帶。同時，被感覺到的也是從物質的（藝術家及其作品）通向非物質的（觀衆的靈魂的情感）的橋樑。根據他的分析，藝術感染力產生的程序是：

（藝術家的）情感→感覺到的事物→藝術作品→感覺到的事物→（觀衆的）情感。[31]

我們如果加上藝術家的情感被外物觸發這一環節，這個程序就可以用來描述中國詩及其感染力產生的過程了：

外物 —興→ （詩人的）情感 —興→ 感覺到的事物 —興→ 詩作 —興→ 感覺到的事物 —興→ （讀者的）情感。

劉勰說：「夫綴文者情動而辭發，觀文者披文以入情。」（《文心雕龍・知音》）這正好說明了上述過程中的兩個階段。就第一階段而言，劉勰在〈神思〉篇中作了總結：「神用象通，情變所孕。物以貌求，心以理應。刻鏤聲律，萌芽比興。結慮思契，垂帷制勝。」在此之前還應加上「睹物興情，情因物興」（《文心雕龍・詮賦》）的創作動因。詩人因外物的激發而興起情感，通過「隨物宛轉，與心徘徊」得到「情變所孕」的象，「心以理應」的意，也就是「感覺到的事物」，再通過「刻鏤聲律，萌芽比興」而達到「擬容取心，斷辭必敢」，落實到文字上，完成創作過程。通觀此過程，可以看出興在裏面起的作用：是興把物、情、象、意四者貫穿起來，是興把創作的一個階段推向另一個階段。

英國浪漫主義時期思想家密爾（J.S. Mill）認爲，在「眞正的詩人」那裏，「情感是聯想的鏈條。通過聯想，詩人那既是感官又是精神的（卽內在的）意便連接在一起。」這樣的詩人創作時，必定從感興（sensation）出發，排開一連串與感興相關聯的意象。在短詩中，這些意象會聚集在情感的周圍，由情感作爲所描述的經驗的中心，使詩成爲統一的整體㉜。密爾揭示了在「眞正的詩人」那裏，感興、情、意、象的關係。

亞德里奇（V. Aldrich）在其《藝術哲學》一書中，介紹了「笛卡爾二元論圖式」㉝：

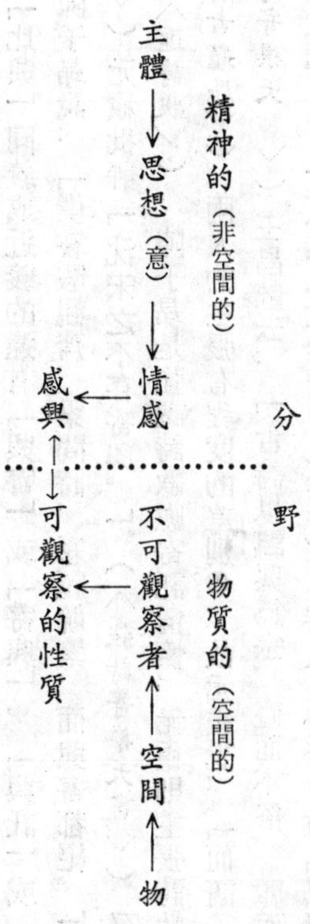

這個圖表意在表明觀察主體、審美主體與觀外物、審美客體相互作用的途徑。它雖然基於心、物二元的理論，把主客體截然分開，都頗清楚地顯示了物、情、意之間的關係，指出「意」是在情感背後的東西，以及「興」在其中所起的打通主、客體分野的作用。劉熙載說：「余謂或寓義於情，而義愈至；或寓情於景，而情愈深，此亦三百五篇之遺意也。」（《藝概・詩概》）說的道理是相近的。

（四）比興及其他有關詞語

漢人論賦、比、興，都逐條分述。王逸把興說成比，卻未用「比興」一詞。到了劉勰，比與興才有結合起來的傾向。劉勰說：「虬龍以喻君子，雲蜺以譬讒邪，比興之義也。」（《文心雕龍・辨騷》）「楚襄信讒，而三閭忠烈，依《詩》制騷，諷兼比興。」「詩人比興，觸物圓覽，……」（《文心雕龍・比興》）這裏面「比興」的含義，都超過了比與興之和。我們仔細去體會，可以隱約感到劉勰似乎在用這樣一個合成詞，表達一種尙不明朗的思想。

自唐朝始，比、興合用，日見普遍。歸納其含義，大致可分三種情況。第一，比興指繼承《詩經》諷喩、美刺的傳統，表現詩人對國事民生的意見，憂國憂民、懷才不遇的情懷，強調詩歌應有強烈的社會政治內容等等。例如杜甫說：「不意復見比興體制，微婉頓挫之詞。」（〈同元使君舂陵行・序〉）第二，比興指不同於「賦」的一種創作方式。劉寶楠說：「夫詩，溫柔敦厚者也，不質直言之，而比興言之，不言理而言情，不務勝人而務感人。」㉞第三，比興指詩甚或一切文學作品之特質，爲區別文學與非文學之要素。柳宗元云：「文有二道：辭令褒貶，本乎著述者也；導揚諷喩，本乎比興者也。」馮班說：「文無比興，非詩之體也。」陳廷焯說，「伊古辭章，不外比興。」㉟都以「比興」劃分詩與非詩，文學與非文學。

與「比興」同義或近義的還有「興寄」或「寄興」，「興託」或「託興」以及「諷興」等等。陳子昂說：「僕嘗暇觀齊、梁間詩，彩麗競繁，而興寄都絕。」（〈與東方左史虯修竹篇序〉）元稹批評「沈宋之不存寄興。」（〈敍詩寄樂天書〉）又稱自己的詩「稍存寄興」（〈進詩狀〉）。陳子昂是強調詩歌應寄託情懷；元稹則主張詩歌應「諷興當時之事」（〈樂府古題序〉）。兩人的主張有程度的差別㊱，故元稹說：「而詶子昂之未暇旁備矣。」（〈敍詩寄樂天書〉）王昌齡云：「古詩以諷興爲宗，直而不俗，麗而不朽，格高而調溫，語近而意遠，……」（《文鏡秘府・文意》）《詩人玉屑》專有「諷興」一節。此「諷興」

略同於所謂「風雅比興」，有以詩爲警懼懲創之資的意思。

唐人於比興、寄興之外，還提出「興象」一語[37]。殷璠《河嶽英靈集・序》批評南朝以降詩歌「理則不足，言常有餘，都無興象，但貴輕豔，雖滿篋笥，將何用之？」[38]語氣口胳，儼然與陳子昂相彷彿，所提倡之「興象」意思應與陳子昂的寄興差別不大。不過殷璠所重詩人，大抵王維、孟浩然一流風格，杜甫爲集中所未收。其評陶瀚詩曰：「陶生既多興象，復備風骨。」又評孟浩然詩曰：「浩然詩，無論興象，兼複故實。」殷璠對其他詩人的評價也著重描畫其作品的藝術特點，鮮及社會內容、思想情懷。所以其所謂「興象」，當重在興與象之結合。簡言之，卽因興生象，以象寄興，一則強調意象的自然；再則強調意象情韻不匱，意境幽遠。

高仲武《中興間氣集》評韓翃詩曰：「興致繁富。」宋嚴羽論詩亦論興致。這「興致」頗近於他倡導之「興趣」說：「詩者，吟咏情性也。盛唐諸人唯在興趣，羚羊挂角，無迹可尋。」（《滄浪詩話・詩辨》）「興趣」的「趣」，一般釋成趣味、韻味[39]，《辭源》釋興趣，謂「意之所趣而能產生愉快之感者」。那麼，所謂「興趣」其實就是快感。用於文學批評，則指審美快感（aesthetic pleasure）；用於詩歌，則指詩趣（poetic pleasure）。這種快感卻非一般輕易得到的快感，而是潛藏着，必須經興發和悟入才能體會到，因爲它是「羚羊挂角，無迹可尋」的。在我國文論史上，嚴羽是第一個講快感的，可惜後繼乏人[40]。

二、賦、比、興的比較和辨析

索緒爾（F. de Saussure）認爲「規定性和區分性是（語言符號的）兩個相關的特性」[41]。我們使用詞語，並不是根據它們具有的固有特性，而主要根據詞與詞之間的區別。在中國詩歌理論中，賦、比、興結成一組批評概念，在同一個理論範疇內發揮作用。它們既相互依存，各以其他概念的存在爲自己存在的必要條件，又相互獨立，以區別於其他概念爲自己存在的理由。質言之，興是相對於賦和比而存在的；沒有賦和比，也就不會有興。然而，賦、比之外，所以尚有興，是因爲興具有不同於賦、比的特性。反之亦然。不管誰使用這些術語，也不管他在什麼意義上使用這些術語，上述原則是不會動搖的。因此，要進一步弄清這些概念的內涵，我們有必要對這些概念進行區分和辨析。

賦、比、興既然有多方面的含義，各在若干層面上運作，要將它們進行區分和辨析，首先必須將它們的意義分出層次來，然後把它們放在相同的層面進行比較，才不至於形成「纏夾不清」的局面。在文學批評的範圍，賦、比、興的意義大致可以分爲四個層次：1.寫作技巧；2.創作方式；3.美學特徵；4.詮釋方式。現在分別就此四方面作一初步的辨析。

（一）賦、比、興作為三種寫作技巧

在最低的層面，賦、比、興只是三種不同的寫作技巧（writing techniques），或修辭手法（rhetorical devices）。在這個層面論賦、比、興，當數朱熹的定義最爲簡明扼要：「賦者，敷陳其事而直言之者也。比者，以彼物比此物也。興者，先言他物以引起所咏之辭也。」（《詩集傳》）朱熹在這裏用字的考究值得我們注意。第一，他說賦是「敷陳其事」，除「敷陳」的特徵外還強調「事」，而不言「物」。對照來看，他談比、興都言「物」[42]。第二，他說賦的特點是「直言」。「直言」就是不譬喻。他把譬喻這個特點歸於比，以區別於「直言」的賦，和重在「引起」的興。他並用一個「他物」以表示興詞是與正題表面上不相關的。根據朱熹的界定，我們可以明確：賦是敍事不用譬喻的手法；比是比喻；興是以他物引起正題的手法。就技巧層面而言，朱熹的說法是可以把賦、比、興分開的[43]。不過，他的說法也有缺點。他把興的作用限制在「引起所咏之辭」上，這樣的興就永遠只能出現在一首詩的開頭了。然而，興不但有開頭的意思，更有起情的意思。如果從起情的角度看興，則興不必在一首詩的開頭。《詩經·王風》一詩（No.66）云：

君子於役，不知其期；曷至哉，鷄棲於塒。日之夕矣，羊牛下來。君子於役，如之何勿思。

徐複觀認爲此詩爲《詩經》中「興的變例」，其中「日之夕矣，羊牛下來」（應是包括「鷄棲於塒」的三句）是「揷在一首詩中間的興」[44]。這是正確的。看到夕陽西下，牲畜歸圈，自然引起思念遠方親人的情感。這本是詩中興的手法，在《詩經》中也不是僅此一例。名句「昔我往矣，楊柳依依；今我來斯，雨雪霏霏」（《小雅·采薇》No. 167），據王夫之解釋，是「以樂景寫哀，以哀景寫樂，一倍增其哀樂」（《詩繹》）。那麼，「楊柳依依」和「雨雪霏霏」都是不以他物來引起感情的興法。

在這個層面上討論賦、比、興，都不指整詩而言，而是如弗萊（N. Frye）所論述的，指「文學結構中任何可以分割出來作批評之用的單位。可以是一個詞，一個片語，或者一個意象。」[45]徵之於西方的批評術語，賦、比、興大致分別相當於「符號」（sign）、比喻(trope)和象徵(symbol)。

凡是不譬喻，無二重意義的語言單位都叫符號。符號與象徵的區別在於：符號是規定性的，象徵是意向性的，並非任何事物都可以任意地象徵任何其他事物[46]；符號只代表一件事物，而象徵引發多種含義[47]；符號的含義是專門性的，而象徵的含義則往往帶有主觀性和個人的特性[48]；符號只具有單一的含義，象徵有雙重含義[49]；理解符號用不着詮釋（interpretation），理解象徵則往往與詮釋連繫在一起[50]。以元稹〈西歸絕句〉為例：

五年江上損容顏，今日春風到武關。
兩紙京書臨水讀，小桃花樹滿商山。

此詩第三句全是符號，其餘各句符號與象徵結合使用。第一句「江上」不但指自然界的江河，與第三句的「臨水」呼應，而且指相對於京城、朝廷的貶官之所，與俗用語「江湖」近義，是象徵；第二句「春風」也首先指自然界之春風，但又有超出這字面的春風之義，可以指皇帝的浩蕩恩情，或者指命運有轉機的消息等等，也是象徵；第三句字字無二重義，因此是符號語；第四句的表面意思，雖是描寫即時所見景象，但此描寫洋溢着詩人得到好消息後歡欣鼓舞之情，因此也是詩人心態的象徵，亦即興的手法。中國古詩的寫法大抵如此。純用符號語難以構成詩，因此比較少見，但也不是沒有，如杜甫〈石壕吏〉：

暮投石壕村，有吏夜捉人。老翁踰牆走，老婦出看門。……

可以說全用符號語，純是賦的手法，「敷陳其事而直言之者也」。當然，從全詩看，這首詩還是有言外之意的，不單敘事而已。但這是另一層次的含義，不在此處討論的範圍。

比與興更容易引起混淆，這是因爲比與興都涉及事物的比較，而且是兩種或多種事物間相似之點的比較。由於這一共同點，比與興不容截然劃分[51]，但是它們之間的區別還是可能的。比與興的區別可以比之於比喻和象徵的區別。比喻必須存在着相似之點，並由此相似之點促成；但象徵，雖然在不少情況下亦因相似之點促成，卻不必定有相似之點的存在，多數是由於聯想、感發而成[52]。因此同一個象徵，在不同的語義環境裏，可以引起不同的情感[53]。比喻和象徵，雖然都涉及比較，但比較的雙方之間的關係，在比喻裏有明顯的表示，而在象徵裏則沒有[54]。比喻不管是明喻（simile）還是暗喻（metaphor），比較雙方都出現在本文(text)中，而象徵卻往往只有一方出現。由於以上兩個原因，比喻無論多麼奇特，如英國玄學詩派之類，總可以因詞求義；象徵因往往只有半截，而且無明顯標誌，常常不落言筌，無跡可尋。故劉勰說：「比顯而興隱。」比喻不過是一種語言現象，所謂文字喻；象徵卻往往侵入詮釋的領域，因此劉勰論興，曰：「明而未融，故發注而後見也。」（《文心雕龍·比興》）比喻和象徵的區別還有：凡比喻不能求其字面義，只有喻義；而象徵則不受此限制，可以有二重義：一是字面義，二是象徵義[55]。比喻不宜重覆；而象徵卻鼓勵重複，因重複而益顯其象徵之含義[56]。崔灝的名詩〈黃鶴樓〉，李白的名詩〈鳳凰臺〉，都是重複的好例：

昔人已乘黃鶴去，此地空餘黃鶴樓。黃鶴一去不復返，白雲千載空悠悠。……

鳳凰臺上鳳凰遊，鳳去臺空江自流。吳宮花草埋幽徑，晉代衣冠成古丘。……

第一首的「黃鶴」，第二首的「鳳凰」，都重複了三遍，歷來受到贊揚。爲什麼這樣的重複就好？卻沒有人指出來。我認爲，除了構成廻旋的音韻外，「黃鶴」和「鳳凰」已經跳出符號的窠臼而出落成象徵：保不住、留不住，終究要消逝的美好時光和美好事物的象徵。

同樣描寫音樂的美，白居易用「大珠小珠落玉盤」來形容琵琶聲，得形似之美；李賀用「芙蓉泣露香蘭笑」57寫自已聽李憑演奏箜篌時的感受，得神似之美。白居易用的是「比」；李賀用的是「興」。用比，傳達的是經驗的結果；用興，傳達的是經驗的本身。

同樣稱贊別人的詩寫得好，杜甫云：「最傳秀句寰區滿，未絕風流相國能。」是直言其事的賦法；李白云：「我吟謝朓詩上語，朔風颯颯吹飛雨。」58是以景語暗示詩情的興法。手法不同，效果頓異。

李白的兩句詩之間，沒有額外的詞語表示它們的關係。我們說下句的景語暗示上句的詩情，唯一的根據，是它們在同一首詩中，而且是上下句。這是中國詩中暗示象徵手法最常見的，恐怕也是最重要的形式——並置（juxtaposition）。中國的第一首興詩，便運用了並置的手法：

關關雎鳩，在河之洲。窈窕淑女，君子好逑。（《詩經・周南》No. 1）

頭二句的「象」和後二句的「人事」之間的關係，沒有明確說明，只是用並置的形式擺出來，供讀者自己去做結論。這種辦法，正如燕卜蓀（W. Empson）指出的，是「有關語言的詩的用法的最要緊的事實」：

> 我們通常把這些句子稱為詩，只是因為其精煉。兩個句子被排成似乎相關的形式，迫使讀者自己去思考它們間的關係。為什麼這些事實被選中入詩，這原因要讀者自己去尋找。讀者可以想出一大堆理由來，並在心裏頭自圓其說。我認為，這便是關於語言的詩的用法的最要緊的事實。[59]

換句話說，詩中上下句存在着的象徵關係，是並置這種形式迫使我們想出來的。這符合象徵必然涉及詮釋的特性。這樣的並置，可以使詩人以最精煉的形式，獲得最豐富的含義。試看司空曙的兩句詩：

> 雨中黃葉樹，燈下白頭人。（〈喜外弟盧綸見宿〉）

白頭老人的遲暮之感，失意士子的窮愁之感，末世文人的悲涼之感，一齊在這短短的兩句十個字中表露出來。無怪乎胡應麟嘆曰：「雖詞語寂寥，而意象靡盡。」（《詩藪・內編》卷三）也難怪謝榛贊曰：「善狀目前之景，無限凄感，見乎言表。」（《四溟詩話》）「雨中黃葉樹」是「目前之景」，也是秋後常見之景，本沒有什麼奇特之處。然而，一旦與「燈下白頭人」放在一起，讀者就不由自主地把它們聯繫起來思考。這一聯繫不打緊，卻好像在兩種化學物中投入了一劑觸媒，刹那間激烈的化學反應便發生了，並釋放出驚人的能量來。這就是意象並置的效用，而「雨中的黃葉樹」也就不知不覺地充當了某種情感的象徵。這就是中國詩的象徵手法——興。爲了更清楚地認識這中國詩論中的法寶的價值，我們不妨再讀幾行莎士比亞的名詩：

That time of year thou mayst in me behold.
When yellow leaves, or none, or few do hang.
Upon those boughs which shake against the cold……(Sonnet LXXIII)

（你或許會看到我生命的那一時刻／當黃葉，或已落盡，或仍稀疏地懸掛／在寒冷中顫抖着的枝幹上／……）

這是一個很成功的比喻（metaphor）。詩人用蕭瑟、苦寒的晚秋景象，具體生動地描寫了人生淒涼的晚景。其表露的心態，與司空曙的詩句亦有某些類似之處。不過在我們——中國人——看來，這幾句詩卻不如那兩句中國詩那樣震撼人心。爲什麼？第一，它缺少中國詩「雨中——燈下」、「黃葉樹——白頭人」的鮮明對比，因此顯得有些模糊（vague）；第二，它不是簡單利索的意象的並置，中間用了許多起連接作用的虛詞，使人覺得嚕嗦、累贅，減弱了其抒情效果[60]。正因爲這兩個原因，莎氏詩中的意象只是比喻，沒有上升到象徵，只是比而不是興。

（二）賦、比、興作為三種創作方式

漢代的「同類相動」、「天人感應」的哲學理論，到了六朝用在文論上，就出現了感覺——感情（sensory—emotion）、感——應（stimulus—response）的文學創作理論。陸機在〈文賦〉中說：

> 佇中區以玄覽，頤情志於典墳。遵四時以歎逝，瞻萬物而思紛；悲落葉於勁秋，喜柔條於芳春。……慨投篇而援筆，聊宣之乎斯文。

麥克萊希（A. MacLeish）分析這段文字，得出結論說：「按陸機的說法，詩的產生不是單根電極插入自我的酸液裏就成的，而是需要兩根電極——人與相對於人的世界。〈文賦〉告訴我們，詩的起因不在一方，而在相互的關係。」61這相互的關係就是人與外在世界的感應關係。兩根電極之間迸發的火花就是「興」。王昌齡說：「自古文章，起於無作，興於自然，感激而成，都無節練，發言以當，應物便是。」62感興並不是作詩的唯一動因，但好詩卻大抵來自感興。李頎在其《古今詩話》中說：「自古工詩未嘗無興也，覩物有感焉則有興。」楊萬里說：「大抵詩之作也，興上也，賦次之，賡和，不得已也。」63賦詩、賡和，也是作詩，但都不如有了感興而作詩。

詩人受外物的感動產生了作詩的衝動，這便是創作的動因。就此意義而論，一切創作無非「興」。本來，「情動於衷而形於言」正是一切詩歌創作必經的階段。然而，「形於言」的過程卻又涉及到賦、比、興三種創作方式。李仲蒙說：「敍物以言情，謂之賦，情物盡者也；索物以託情，謂之比，情附物者也；觸物以起情，謂之興，物動情者也。」這一說，在創作方式的層面，把賦、比、興的意義統一於物與情之關係，歷來爲人所重視[64]。朱熹對賦、比、興的界定只停留在技術的低層次；而同是宋人的李仲蒙卻達到了創作方式的高度。這是因爲李仲蒙的解釋觸及到文藝創作的兩個根本問題：一、文藝創作以情感爲出發點，也以情感爲歸宿，而以物爲媒介。謝榛說：「作詩本乎情、景，孤不自成，兩不相背。……景乃詩之媒，情乃詩之胚，合而爲詩。」（《四溟詩話》卷三）二、如黑格爾所說：「形象的表現方式正是他（藝術家）的感受和知覺的方式。」[65]李仲蒙所解釋的賦、比、興，既是三種不同的表現方式，也是三種不同的感受和知覺的方式。因此，在這一層次比較和區分賦、比、興，我們可以首先從感受和知覺方式着手。葉嘉瑩說：

> 即如所謂「賦」的作品，就其感發之由來與性質而言，便不僅是指作者的感發是由於對情事的直接感受，而且也是指這種作品以直接對情事的陳述來引起讀者之感發的；「比」的作品也是作者先有對情事的感受，只不過是借用物象來引起讀者之感發的；「興」的作品則是作者之感發既由物象所引起，便也同時以此種感發來喚起讀者之感發。凡此種種，主要都重在開端時之感發是怎樣引起的。[66]

葉嘉瑩的意見雖然明顯脫胎於李仲蒙的界定，卻與李的說法很有些不同。從根本上來說，李仲蒙是把賦、比、興作爲創作的三種方式來考察的；而葉說則強調作者創作的動因和對讀者的感發。簡言之，葉的意見指出創作過程中的一頭一尾，而李說則貫串創作的全過程。李以物和情的關係來論述賦、比、興，實際上是以客體與主體的關係論創作。葉則將「物」細分爲「情事」與「物象」，表面上似乎向前進了一步，實際上反而碍手碍腳。前引皎然語早已指出，不論情事、物象，「萬物之中，義類同者，盡入比興」。朱自清把「比」分爲四類，其中咏史、遊仙、艷情基本上都以情事作比，並不如葉嘉瑩所說，比的作品僅僅是「借用物象來引起讀者之感發」而已。古人作賦，也不一定因情事受感發，因外物起興者比比皆是。著名的如向秀寫〈思舊賦〉卽因聞笛起興[67]。此作爲創作動因的感發，與創作過程中如劉勰所謂「萌芽比興」，不能混爲一談。根據葉嘉瑩的意見，似乎作者一旦受到感發，下一步的任務便只是如何去「引起讀者之感發」了。這是不符合實際情況的。事實上，作者受到感發，有了創作的動因後，還要經過如陸機所說的「精騖八極，心游萬仞」、「情曈曨而彌鮮，物昭晰而互進」（〈文賦〉）等過程[68]。在此過程中，作者考慮自己的情意，恐怕多於對讀者的感發。而李仲蒙也正是把賦、比、興放在此過程中考察的。

「賦」的感受方式，應是作者的情意與事、物直接相摩相盪，在對事、物的回憶、敘述、描繪中產生和體會情意。而這種與主觀情意相激盪的事或物，是實際存在、實際發生過的。作者在直接敍述這些事、物時，也同時把內心的感情不加掩飾地抒寫出來。如《詩經》中的〈衞風·伯兮〉（No. 62）：

自伯之東，首如飛蓬；豈無膏沐，誰適爲容？

這裏，眞實的事和物，及內心的感情都像脫口而出地唱出來了。這眞是「心靈的呼喚」(le cri de coeur)。《聖經》裏〈舊約〉的〈詩篇〉(The song of songs) 中多的是這樣的詩。中國人講究含蓄，這樣的詩比較少見。

事、物的眞實性，是「賦」的一大特徵。所以古人常說賦是「實作」，而比興是「虛作」[69]。這一實一虛，正可說明賦與比、與在感受方式上的不同。

「比」正如劉勰所說，是「附理者切類以指事」。作者先有了內蘊的情意，由着理智的導引，尋求妥帖的物象加以傳達。這尋求的過程必定是反復體貼情意和斟酌比照物象的過程。用來託寓情意的物象，並不指向眞實的世界，而是一個虛擬的世界；或者雖也是眞實存在的事物，作者之用意卻並不在事、物之本身，而在該物所代表的某種特性。所以詩中出現的事物只是詩的「喩象」，也以《詩經》爲例，〈雍風•相鼠〉(No.52)：

碩鼠碩鼠，無食我黍。三歲貫汝，莫我肯顧。
逝將去汝，適彼樂土。樂土樂土，爰得我所。

憎恨貪得無厭的官吏，就借大老鼠來指桑罵槐。至於這老鼠的存在與否，無關緊要。劉勰說：「比則畜憤以斥言。」又指出：「比類雖繁，以切至爲貴。」所謂「畜憤」，指內蘊的思想感情。所謂「切至」，指用作比喩的事物必須與內蘊的情意相融洽。內蘊的情意在先，用作比喻的外物在後。因爲這種情意較爲清楚明確，故可以根據它，在紛繁複雜的事物中，選擇切合的比喻，表達已知的情意。這樣的過程是一個推理知覺(discursive perception)的過程。這種感受方式就是比；這樣的創作方式就是比的創作方式。這樣的「比」當然是從一首詩的整體來考察的，不同於作爲寫作技巧的比喻，而是像以上所引〈相鼠〉一詩，以及王夫之所指出的「全用比體，不道破一句」的《小雅·鶴鳴》（《姜齋詩話》卷二）。因此，這樣的「比」相當於西方文論中之寓託（allegory）。

「興」則不同。劉勰說：「興者，起也；……起情者，依微以擬議。」詩人的感情既由外界事物觸發而生，產生強烈的創作動機，而且也在對外界事物的省察和觀照中發展。詩人作詩前，並無明確的情、意橫亙在心中，因此是「起於無作，興於自然」。詩人所抒寫的情、意，正如葉燮所說，是「幽渺以爲理，想像以爲事，惝恍以爲情」（〈原詩〉）。詩人必須通過「隨物宛轉，與心徘徊」，「擬容取心，斷詞必敢」的過程來探索自己的情意，並落實到文字上。情意的發展，與創作的推進實爲同步，故謝榛說：「走筆成詩，興也。」（《四溟詩話》卷三）詩人不是先明確了一個情，想好了一個意，再用文字表達出來；而是在用文字構築現實（reality），或曰審美經驗（aesthetic experience）的過程中，得到審美感興，從審美感興中得到妙悟。所以詩人比一般人要多一隻眼：他看到現實之外[70]。鄭樵說：「凡興者，所見在此，所得在彼，不可以事類推，不可以義理求也。」（《六經奧義》）鄭樵的話，常常被人誤解爲「興是沒有意義的起頭」。其實，鄭樵強調的是：「興」與「賦」不同之處，在於有一個「在此」和「在彼」的問題。「興」作爲一種感受方式，總是在強調感受所得超越被感受的事物。而且，這種此與彼的關係，又決不像「比」那樣黏著，那樣涉理路，落言筌，而實在是「興寄無端」，「不可以義理求也」。陶潛詩云：

採菊東籬下，悠然見南山。山氣日夕佳，飛鳥相與還。此中有真意，欲辨已忘言。

這是典型的「興」的感受方式。所見在此，是可以感覺的南山飛鳥；所得在彼，是不可感覺，甚至不可言說的渾然大全[71]。陶潛所得，實在已超越形而下者，而達到了形而上者。這種感受的產生，原本於直覺（intuition）。沈德潛釋興：「鬱情欲抒，天機隨觸，每借物引懷以抒之。」（《說詩晬語》）他強調「天機隨觸」。李重華釋興為「即眼生心」[72]，都是指這種直覺。馬利坦（J. Maritain）把它叫作創造的直覺（creative intuition），因為它並不只是簡單地反映或再現現實[73]。

就表現方式而言，李仲蒙的界定也扼要地指出了賦、比、興的不同特點。賦涉及到「敍物」和「言情」兩個方面，缺少一方面就不是賦。「敍物」是「敷陳其事」，「言情」是「正言直述」。

「比」的創作方式，按李仲蒙所言，是「索物以託情，情附物者也」。這個「索」字下得很好，突出「比」必然經過意匠的經營和理智的安排，用來「託情」的事物，是詩人有意去尋求得到的。李仲蒙的這個說法與劉勰的界定仍是相去不遠。不過，劉勰雖然很精要地說出了「比」的特點，在具體討論的時候，卻又局限於技巧的層面。他所舉的例子，無論「比類」還是「比義」，都不過是西方修辭學中的明喻或暗喻而已。李仲蒙用「託情」來概括「比」，用得很不尋常，因為「託」一般只用於「興」。如鄭衆說：「興者託事於物。」李仲蒙所謂「比」是指一首詩的整體而言。在李仲蒙之前，皎然就說過：「比者，全取外象以興之。」（《詩議》）也是就詩的整體而言。

李仲蒙對於「興」這種創作方式的界定，特點仍然是兩個字：一是「觸」，一是「起」。既是觸物，就非如比的「索物」，不是有意尋找，而是無意中碰上。物與情之關係，亦非如比之刻意安排，而是如王夫之所說，是「以神理相取，……神理湊合時，自然拾得」[74]，「鬱情欲抒，天機隨觸」，於是「借物引懷以抒之」。所謂「起」，就是暗示，就是啓引，而不是直說。李重華對這種表達方式有很好的描述：「興之爲義，是詩家大半得力處。無端說一件鳥獸草木，不明天時，而天時恍在其中；不顯言地境，而地境宛在其中；且不說人事，而人事已隱約流露其中。」[75]李重華的這段話，使我們想起馬拉梅（S. Mallarmé）的名言：「詩之佳趣，全在供人優柔玩索，苟指事物而直道其名，則風味減去太半。隱約示其機，魂夢斯縈。」[76]「興」就是象徵（symbolism），「比」就是寓託（allegory），而「賦」則是正言直陳（direct statement）。

蒂里亞特（E. M. W. Tillyard）把詩分成兩種：直接的和隱晦的。他並着重指出，這種區別是相對的，因爲「一切詩或多或少都是隱晦的」[77]。他所謂的直陳的詩（poetry of direct statement）具有三個特徵：一、技巧的運用特別惹眼；二、常用作隱晦的段落或作品的對照和陪襯；三、有明顯的社會功能，適合於日常的題材和平凡的情感[78]。這些特徵都是中國的賦體詩所具備的。由於賦體含義外露，讀起來不費勁，使人容易注意到作者的技巧。王夫之評杜甫〈石壕吏〉一詩曰：「每於刻畫處猶以逼寫見眞。」（《古詩評選》卷四）杜甫的詩法歷來奉爲楷模[79]。比較其他盛唐詩人來，他的賦體較多。李商隱是中國詩人裏較難的一個，但他也有少量像「八歲偷照鏡」那樣的賦體，簡單素樸得如同一個女孩子的履歷表[80]。第三點說得尤其切合。我們看賦體詩，大多數不是寫社會題材，就是寫習俗親情。前者如杜甫的三吏三別，白居易的〈賣炭翁〉之類，後者如白居易〈邯鄲至除夜思家〉：

邯鄲驛裏逢冬至，抱膝燈前影伴身。
想得家中夜深坐，還應說着遠行人。

這首詩的每一個字或詞都是「符號」，都明確地指向外部眞實世界。全詩的含義不但一目了然，而且早已由標題所揭示。這種詩的特點，正如龔鵬程所說：「以邏輯性的推演及因果的關聯性爲主，所以在表達上也以時間與地點之布列爲線索；其次，則是語言與現實之關係，直接而緊密，……故語句不僅有明確的指涉（reference），其指涉多半也可以檢證。」[81]

如果從語言的兩大功能——表達已知和探索未知——的角度考察，比或者寓託與賦或者直陳之間並沒有本質的不同，因爲它們都是表達已知的方式。所以蒂里亞特說：「寓託是直陳的一種繁複的形式。它是一個簡單的替代，目的是刺激讀者，給他一點兒或許多麻煩，不讓他爽爽快快地得到直陳。」[82]

然而，興或者象徵就不同了。梵諾（G. Vanor）指出：「象徵派詩人的任務看來是通過再現去發現思想；去掌握這個世界可見可觸的事物，以及這些事物所具有的可以理解的本質。」[83]胡帕(J. H. Van der Hoop)也說：「象徵是人的心靈用來表達的主要手段，不是表達它在發展中已經過時了的思想，或是它希望掩飾的思想，而是它尚未掌握的思想。」[84]這就清楚地說明了，象徵所欲表達的思想，並非先於象徵而存在，而恰恰是需要通過象徵去發現的。其實，早在柯勒律治（S. T. Coleridge）就在創作方式的層面，把象徵和寓託的區別講得很清楚：

> 象徵最好通過與寓託的比較來界定。……後者（寓託）必須有意識地說話，——而前者（象徵），很可能，在作者的心裏構成象徵時，一般普遍性的道理仍處於無意識狀態。[85]

這寓託與象徵的區別，大抵相當於比與興的區別。

錢鍾書先生嘗有「擬物」與「寓物」之辨，講的也是兩種不同的寫作方式。錢先生說：

> 悲愁無形，侔色揣稱，每出兩途。或取譬於有形之事，如《詩‧小弁》之「我心憂傷，惄焉如擣」，或〈悲回風〉之「心踴躍其若湯」、「心鞿羈而不形兮」；是為擬物。或摹寫心動念生時耳目之所感接，不舉以為比喻，而假以為烘托，使讀者玩其景而可以會其情，是為寓物；如馬致遠〈天淨沙〉云：「枯藤、老樹、昏鴉，小橋、流水、人家，古道、西風、瘦馬，夕陽西下——斷腸人在天涯！」不待侈陳孤客窮途、未知稅駕之悲，當前風物已足銷凝，如後者較難，所須篇幅亦逾廣。（《管錐編‧楚辭補注‧九辯》一）

錢先生所謂「擬物」，「取譬於有形之事」，當然是「比」。錢先生所謂「寓物」，「摹寫心動念生時耳目之所感接，……而假以烘托」，既不「直抒其情」，則應該是「興」的一種寫作方式。錢先生卻於後文引李仲蒙「敍物以言情謂之『賦』」的說法，似乎「寓物」即李說之「賦」。錢先生又說：「『敍物以言情』非他，西方近世說詩之『事物當對』者是。」[86]這樣，「寓物」即「賦」，亦即「事物當對」。此說筆者不敢苟同。李仲蒙明確說明：「敍物以言情謂之賦，情物盡等也。」既強調「情物盡」，必否定言外之意，而「事物當對」是強調言外之意的。此二概念，似有本質的不同，不容混淆。

（三）賦、比、興作為三種美學特徵

鄭玄說：「賦之言鋪，直鋪陳今之政敎善惡。」（《周禮·春官》）自鄭玄起，「鋪」和「直」就成了賦體的美學特徵。此二字均有正、反兩方面的意義。就正面而言，直則親切平易，峭激痛快；鋪則纖密巧麗，淋漓盡致。就反面而言，直則語淺意浮，淡乎寡味；鋪則肥辭脊義，淫靡繁濫。劉勰總結賦的創作，曰：「賦自《詩》出，分歧異派。寫物圖貌，蔚似雕畫。抑滯必揚，言曠無隘。風歸麗則，辭剪荑稗。」（《文心雕龍·詮賦》）指出賦刻畫逼眞的長處，強調剪裁浮辭，倡導「麗以則」的詩人之賦。鍾嶸指出，賦固然有意浮的弱點，「意浮則文散」，「嬉成流移，文無止泊，有蕪漫之累矣」，但也正因爲它不如比、興意深，無「詞躓」之虞，故可與比、興「酌而用之」（《詩品·序》）。

嚴羽論詩之風格，云：「其大概有二：曰優游不迫，曰沉著痛快。」他又說：「子美不能爲太白之飄逸，太白不能爲子美之沉鬱（《滄浪詩話·詩評》）。」那麼，「沉著痛快」可以說是杜甫詩的特點。這一特點明顯地表現於杜甫一些以賦體寫成的詩[87]。這些詩，其飽涵的情感是「沉著」的，其表現的形式是「痛快」的。所以，表面看似矛盾的「沉著」和「痛快」，可以統一於同一詩人的風格。陳廷焯說：「詩詞貴沉鬱，而論詩則有沉而不鬱，無害其爲佳者。杜陵情到之處，每多痛激之辭，蓋有萬難已於言之隱，不禁明目張膽一呼，以舒其憤懣。所謂不鬱而鬱也。」（《白雨齋詞話》卷六）杜甫所以多用正言直述的賦體，是因爲他作詩多涉及時事。凡國家之安危，民生之疾苦，杜甫感而發爲詩歌，故語多直露，成爲歷代爭議的一個熱門題目。陳子龍〈左伯子古詩序〉爲杜甫直陳時事的手法辯護，說：

> 有唐杜子美，當天寶之末，親經亂離。其發為詩歌也，序世變，刺當塗，悲憤峭激，深切著明，無所隱忌，讀之使人慷慨奮迅而不能止。然而論者或曰：「是無當於風騷之旨也。……」是或一說也，而不可以概論。夫吟咏之道，以三百篇為宗，六義之中，賦居其一。則是敷陳事實，不以託物為工；標指得失，不以詭辭為諷，亦古人所不廢耳。[88]

如此看來，賦的直言其事，寓情寫物，也自有其美學旨趣，不容抹煞。王世貞說：「詩固有賦，以述情切事爲快，不盡含蓄也。」（《藝苑卮言》）徵之於實例，元稹悼亡的〈遣懷〉詩八首，全用賦體，語淺情深，如其中之一：

檢得舊書三四紙，高低闊狹粗成行。
自言並食尋常事，惟念山深驛路長。

雖是直言其事的賦體，由於作者注意了顯示（show）而不直告（tell）的原則，使人覺得在常言淺語中洋溢着深厚的情感。

然而，也有用直告而成名詩的：「生年不滿百，常懷千歲憂。晝短苦夜長，何不秉燭遊？」「須作一生拚，盡君今日歡。」王國維稱之爲「專作情語而絕妙者」[89]。這又是賦體述情痛快的一面。不過，此類詩句，如名言雋語，膾炙人口，大抵說出了某種人類共通的感覺，故稱絕妙，但究其趣味，終究不是純粹詩的趣味，不可不辨。

賦體的另一美學特徵是摹寫工巧，長於體物。王夫之稱杜甫〈石壕吏〉一詩「每於刻劃處以逼寫見眞」[90]，便是一例。賀裳認爲史達祖〈雙雙燕・春燕〉一詞，好在「軟語商量」一句。王國維則贊成姜夔的意見，認爲好句在「柳昏花暝」句，斷言兩句「有畫工化工之殊」[91]。「畫工」，則指其摹寫逼眞，正是賦體之特長。「化工」，指其狀物帶有人的影子，有比、興之意。

賦與比、興的最大區別，是它「正言直述」。因此，在賦體中，符號就等於符號所代表的事物。由於不存在意義的轉換，詩的意義必定可以在本文中找到，而不必求之言外。比與興，則皆爲「託物寓情」，符號不等於符號所代表的事物，則必定有言外之意。吳喬說：「賦必在言中，可因言求意；比興意在言外，不可以言求意。」[92]

首先從美學特徵的角度分辨比與興的是劉勰。劉勰說：「且何者爲比，蓋寫物以附意，颺言以切事者也。」（《文心雕龍・比興》）「比」既然是「寫物以附意」，則比體中，符號與意的關係要多一層曲折。故「比」要比「賦」來得含蓄。但「比」又畢竟是「颺言以切事」，照周振甫的解釋，是「明白而又確切地說明用意」[93]。比起「興」來，它又不那麼含蓄隱晦。所以，劉勰說：「比顯而興隱」（《文心雕龍・比興》）。他明確地指出興的特徵是「隱」。在〈隱秀〉一章中，劉勰又對「隱」進行了闡述。他說：「隱也者，文外之重旨也。」「隱以復意爲工。」「夫隱之爲體，義生文外，秘響旁通，伏采潛發。」「深文隱蔚，餘味曲色。」那麼，根據劉勰的意見，興的美學特徵，可一言以蔽之曰「隱」，也就是含蓄蘊藉，有言外不盡之意；而且，這言外之意是不確定的。陳啓源說：

> 比、興雖皆託喻，但興隱而比顯；興婉而比直，興廣而比狹。

又說：

> 興、比皆喻，而體不同。興者，興會所至，非卽非離，言在此，意在彼，其詞微，其旨遠。比者一正一喻，兩相比況，其詞決，其旨顯，且與賦交錯而成文，不若興語之用以發端，多在前章也。[94]

陳說雖然立足於《詩經》，強調興語用以發端，對於比與興美學旨趣的不同，辨析卻相當清楚。特別是他說，「比者一正一喻，兩相比況，其詞決，其旨顯」，指出比體中，載體

(vehicle)與旨義(tenor)判若二分，兩者存在着一一對應的關係。而興則不然，「其詞微，其旨遠」，眞是「鑿空而道，歸趣難窮」，「言在耳目之內，情寄八荒之表」95。如果我們也用西方術語來表示興體中文辭與旨義的關係，則須用索緒爾的意源(signifier)和意指(signified)。在興中，這兩者之間的關係不是一對一，而是一對多。

儘管比與興都涉及言外之意，卻是兩種不同質的言外之意。錢鍾書曾加以分辨，他說：

> 夫「言外之意」(extral cution)，說詩之常，然有含蓄與寄託之辨。詩中言之未盡，欲吐復吞，有待引申，俾能圓足，所謂「含不盡之意，見於言外」，此一事也。詩中所未嘗言，別取事物，湊泊以合，所謂「言在於此，意在於彼」，又一事也。前者順詩利導，亦卽蘊於言中；後者輔詩齊行，必須求之言外。含蓄比於形之與神，寄託則類形之與影。96

錢先生所謂寄託，亦卽寓託，也就是我們此處所論之「比」。歌德曾說，寓託「像夢和影」與錢先生之說相符。錢先生所論之含蓄，相當於陳廷焯一再致意的「沈鬱」：「沈則不浮，鬱則不薄。」「感慨時事，發爲詩歌，便已力據上游，特不宜說破，只可用比興體，卽比興中亦須含蓄不露。斯爲沈鬱，斯爲忠厚。」97他特別指出，比與體並不全符合沈鬱的標準，僅是那些「含蓄不露者才可稱爲沈鬱」。在《白雨齋詞話》的其它地方，陳廷焯實際上把沈鬱的特性都歸於「興」。比如他說：「所謂沈鬱者，意在筆先，神餘言外。」(頁九)又說：「所謂興者，意在筆先，神餘言外。」(頁二七八)兩相對照，可以看出，陳廷焯之所謂沈鬱，等於含蓄，也就是興，那麼，錢先生所論之含蓄與寄託之別，其實就是興與比之別。

就美學特徵的層次而言，比與興都有深淺程度的區別。陳廷焯說：

或問比與興之別，余曰：宋德祐太學生〈百字令〉、〈祝英臺近〉兩篇，字字譬喻，然不得謂之比也。以詞太淺露，未合風人之旨。如王碧山咏螢、咏蟬諸篇，低回深婉，託諷於有意無意之間，可謂精於比義。98

德祐太學生〈百字令〉如下：

半堤花雨，對芳辰消遣，無奈情緒。春色尚堪描畫在，萬紫千紅塵土。鵑促歸期，鶯收佞舌，燕作留人語。繞闌紅藥，韶華留此孤主。真個恨殺東風，幾番過了，不似今番苦。樂事賞心磨滅盡，忽見飛書傳羽。湖水湖煙，峰南峰北，總是堪傷處。新塘楊柳，小腰猶自歌舞。

朱彝尊《詞綜》卷二十四對這首詞的解釋是：

三、四謂衆宮女行，五謂朝士去，六謂臺官默，七指太學上書，八、九謂只陳宜中在。「東風」謂賈似道。「風書傳羽」，北軍至也。「新塘楊柳」，謂賈妾。

如果這樣的解釋成立[99]，那就正如陳廷焯所言，「字字譬喻，然不得謂之比」了。因爲這首詞，實際上成了弗萊（N. frye）所說的「幼稚的寓託」（naive allegory），其中的意象只是「僞裝的意思」，是時事政治的代詞。弗萊指出，「詩的表達的基礎是喻(metaphor)，而幼稚的寓託的基礎是混亂喻（mixed metaphor）。」我們讀這首詞，感到它淺露、牽強，意象之間缺少一種內在的聯係。沈祖棻作了中肯的分析：

> 如它全篇以春事闌珊比國家衰亡，而中間忽然插入「忽見飛書傳羽」這種直賦時事的句子，就顯得既不協調，意思也不連貫。再如「鶯收佞舌」一句，與其上文所寫促歸的鵑，下文所寫留人的燕，情緻各別，放在一處，有些不倫不類，很清楚地只是單純地用來作為所寄託的時事的一個譬喻。「小腰」是指賈妾的，但在詞中說的卻是楊柳，而楊柳是只能舞不能歌的。[100]

「新塘楊柳，小腰猶自歌舞」是典型的混亂喻。這樣的詩，正如弗萊所說，「是說理文章的僞裝形式」，有着強烈的功利目的。其本質是「在某一特殊事件的刺激下，熟悉的思想突然變成感性經驗，又事過卽亡。」—[101]

像這種幼稚的寓託，其實算不得詩，所以陳廷焯說：「不得謂之比。」王沂孫的〈齊天樂・蟬〉[102]則不同。它首先具有意象結構，而不僅僅是「僞裝的意思」。詩中的意象，雖然有的來自自然界，有的來自想像，有的來自典故，卻很和諧地凝聚、圍繞在「蟬」這一重心的周圍，組成一個完整、連貫的總的意象。這樣的詩，也可以用弗萊的說法，叫「連貫的寓託」(continuous allegory)。詮釋、評論這樣的詩，不能只是把其中的意象翻譯成意思，而是要像對待其它文學作品一樣，「設法去弄清楚，從整個意象來看，它暗示了什麼教訓和例證」[103]。

但是，這樣的詩，雖然「低徊深婉」，樹義可謂「深矣、厚矣」，卻由於它有特定的寄託，故「可謂精於比義」，而仍「不足以言興」。那麼，怎樣的詩才算得上興呢？陳廷焯說：

> 所謂興者，意在筆先，神餘言外，極虛極活，極沈極鬱，若遠若近，可喻而不可喻，反複纏綿，都歸忠厚。[104]

這段話看起來玄乎，卻在美學特徵這一層次，把興的特點描寫得很準確、充分。這裏說的「意」是觸物有感的「感」，詩人必得先有了感觸才創作，故云：「意在筆先。」不可理解成詩人先有了一個意思(idea, cencept)要傳達，才開始作詩。所謂「神餘言外」，指難言之情或意，必定溢出語言通常所指涉的範圍之外。所謂「極虛極活」，指詩句所表達的情意，是不能確指，不能坐實，極端不確定的(indefinite)。所謂「極沈極鬱」，即蘊藉含蓄，有不盡之含意(infinite)。所謂「若遠若近，可喻而不可喻」，即文辭與現實的關係若即若離，若相關而若不相關；文辭所表達的情意，似乎可以說清楚，又似乎說不清楚。這樣的詩，恰如一幅寫意的山水畫，畫中無非是幾曲山、一泓水，觀者卻斷不能指實而言其為某山、某水。其寄情之深遠，又是「尺幅有千里之勢」。

總起來說，在美學特徵、美學要求、美學效果這一層面比較賦、比、興，可以大致得出以下結論：賦是直露的、鋪陳的；比和興是含蓄的。賦缺乏言外之意；比和興講求言外之意。以比和興來比較，則比不如興含蓄。比中存在着載體和旨義的一一對應關係。這種對應關係是穩定的。在興中不存在這樣的對應關係。意源和意指的關係是不確定的，是一對多，甚至一對無限的關係。

這樣，比與興的區別就大致相當於寓託和象徵的區別。歌德說：「在眞正的象徵裏，特殊代表普遍，不是像夢和影，而是對深不可測的奧秘活生生的瞬間的啓示。」[105] 這裏，歌德是從寓託與象徵的比較上來探討象徵的性質的。

象徵具有含蓄不盡之意，西方文論中屢見不鮮。卡利爾說：「就象徵本身而言，能稱爲象徵的，總是比較清楚、比較直接地體現和啓示着某種無限。這無限與有限相結合，它的存在是可見的，或者可以說，是伸手可觸的。」[106] 象徵所以能啓示無限，是因爲它決不是簡單的模倣和再現，而是如柯勒律治所說，「總是作爲它所代表的整體中的活生生的一部份存在着。」[107] 用錢鍾書先生描寫理趣的話說，象徵即「賦物以明理，非取譬於近(comparison)，乃舉例以概(illustration)也。或則目擊道存，惟我有心，物如能印。內外胥融，心物兩契，舉物卽寫心。非罕譬而喻，乃妙合而凝(embodiment or animation)也。」[108]「取譬於近」卽比，卽寓託；「舉例以概」卽西方之「舉隅法」(synecdoche)。柯勒律治曾直言象徵卽舉隅[109]。

蘭堡(R. Langbaum)認爲，比起寓託來，象徵有着「無窮不盡之含義」：「在中世紀和文藝復興時期的寓託體詩歌中，象徵與外在的思想或思想體系存在着一一對應的關係。

然而近代的象徵卻作爲想像探索的對象而存在。」[110]奧登（W. H. Auden）也說過：「象徵的對應決不是一對一的關係，而總是一對多的關係。不同的讀者體會不同的含義。」[111]繼承歌德、柯勒律治以來的傳統，伽達梅把象徵和寓託的區別提到一個新的高度來認識。他明確指出：

> 象徵和寓託的對立，恰如藝術和非藝術的對立。象徵使人覺得似乎具有無窮的，不確定的含義；而寓托，意義一旦獲得，即完成其全部任務。[112]

那末，象徵「使味之者無極，聞之者動心，是詩之至也」[113]；而寓托，則「見月忽指，得魚忘筌」，近於「理語」，也就是觀念、哲理的形象圖解了。

李可爾認爲，象徵「具有產生概念多樣性的能力，我的意思是，它能在概念的層次產生無限的潛在的詮釋。」[114]那末，象徵歸根結柢是一個詮釋的問題。多特洛夫（T. Todorov）也認爲象徵與詮釋密不可分，它們「壓根兒就是一個現象的兩個方面（製造和接受）[115]。」我們必須進一步在詮釋的層面，對賦、比、與進行比較和區別。

（四）賦、比、與作為三種詮釋方式

誠如鄭玄所言：「賦之言鋪，直鋪陳今之政教善惡。」或如鍾嶸所言：「直書其事，寓言寫物，賦也。」或如朱熹所言：「賦者，賦陳其事而直言之者也。」則賦體詩之意義，即

詩句的字面義 (literal meaning)。了解其字面義，則詩之意義可知。推而廣之，凡從詩句的字面義去理解詩的意義，這種讀法可稱之爲賦。例如，《詩經》第一首〈關雎〉，民國以來讀者普遍把它解釋爲「愛情詩」。這倒不一定因爲現代人比古人聰明，發現了該詩的「本義」或「眞義」，而是因爲現代人在「反禮教」、「戀愛自由」、「婚姻自主」的社會新潮衝擊下，成了「新的一代讀者」，選擇「賦」法解讀該詩的結果。古人未必一定不知道〈關雎〉是首愛情詩，只是在愛情詩的背後，他們還看到了與政教有關的更深的含義。

《毛傳》釋〈關雎〉爲「后妃之德」，以「君子」指文王，「淑女」指文王之妃大姒，歌頌文王、后妃這對千古模範夫妻。司馬遷則據《魯詩》，說這首詩「刺康王晏朝」。一說頌，一說刺，實在都是漢人苦於外戚當權、內宮不治的時弊，借用釋經的辦法，向當權者提出委婉的警告而已。《魯詩》固然是指桑罵槐；《毛傳》亦無非是「雖頌亦刺」。此爲一時之風尚。〈關雎〉之後好幾首詩都被釋成「后妃之德」，決非偶然。故《毛傳》、《鄭箋》必定將「窈窕」一詞釋爲「幽閒」；而後代，卻大抵釋爲姿容美好[116]。《毛傳》云：「言后妃有關雎之德，是幽閒貞專之善女，宜爲君子之好匹。」《鄭箋》更云：「后妃之德和諧，則幽閒處深宮，貞專之善女能爲君子和好衆妾之怨者。」這種解釋，說出來的話是后妃應該像大姒一樣，安處深宮，搞好內治；沒有說出來的話是后妃不該公然闖到前臺來，干預政治。這樣的詮釋，把詩中的辭語看作現實世界的代碼符號，是「比」的解讀方式。

但是，《毛傳》並沒有停留在這樣的詮釋上。它的用意，倒還在於通過文王、后妃的故事，揭示治國平天下的一般道理：「然後可以風化天下。夫婦有別，則父子親；父子親，則君臣敬；君臣敬，則朝廷正；朝廷正，則王化成。」（《毛傳·關雎》）這裏面推衍的邏輯我們不必理會，這種從特殊事例引出一般結論的詮釋方式，卻已超出了「比」的範圍，而達到了「興」的層次。這種「興」的詮釋方式，根子很深，至少可以追溯到孔子。《論語・八佾》云：

> 子夏問曰：「巧笑倩兮，美目盼兮，素以為絢兮」，何謂也？子曰：繪事後素。曰：禮後乎？子曰：起予者商也，始可與言詩已矣。

《詩經・碩人》（No. 57）中那三句詩（現在只剩下前二句），按字面義，當然是寫女人的美。孔子以「繪事後素」釋之，仍不免停留在「比」的層面。子夏從其中引出「禮後」的大道理，得到孔子的贊賞，認爲詩就是要這樣去解讀。「起予者商也」！「起」，不就是興嗎？孔子的理論「詩可以興」，在這裏有了最明確的體現。

後世論詩，在孔子的傳統裏做得比較好的，是南宋的朱熹。朱熹主張詩要「涵泳」：

> 「倬彼雲漢」則「為章於天」矣，「周王壽考」則「何不作人」乎。此等語言自有個血脈流通處，但涵泳久之，自然見得條暢浹洽，不必多引外來道理言語，却壅滯却詩人活底意思也。周王既是壽考，豈不作成人材？此事已自分明，更著個「倬彼雲漢，為章於天」喚起來，便愈見活潑潑地，此六義所謂「興」也。「興」乃興起之義。凡言「興」者，皆當以此例觀之。《易》以言不盡意而立象以盡意，蓋亦如此。（《朱文公文集》卷四十）

詩中意象「倬彼雲漢，爲章於天」（《詩經・大雅・棫樸》）乍看與下文「周王壽考，何（遐）不作人」若不相關，但朱熹認爲，涵泳既久，就能體會到其中的「血脈流通處」，由意象「喚起」的詩義「便愈見活潑潑地」了。朱熹說，這就是六義的「興」。朱熹這種解讀法，眼睛盯住本文，頗有現代的意味。

現代派藝術的理論家，西班牙的渥太伽（José Ortegay Gasset）嘗論及現代派藝術欣賞觀點。他說，當我們站在窗前看窗外的花園，我們的眼光自然會穿過窗子的玻璃而直達窗外的花木。玻璃越清爽，我們就越看不見它。但經過一番努力，我們便可不看花園而把視力集中在窗子的玻璃上。於是窗外的花園在我們的視線中消失，我們只看見玻璃上斑斑駁駁混亂的色彩。他斷言：「看到花園和看到窗玻璃是兩種互不相容、互相排斥的操作方式。它們的焦點不同。」渥太伽認爲，文藝作品的欣賞也是一樣。「大多數人不能把注意力集中在窗玻璃，亦卽藝術作品上。他們的視線總是毫不遲疑地掠過作品而熱衷地糾纏於作品所影射的人類現實。如果要他們放棄作品所影射的東西，把注意力集中於作品本身，他們就會說這裏面什麼也看不見。因爲事實上他們並沒有從中看到人的事物，而僅僅看到『藝術的』虛無。」[17]

我們當然不能說朱熹已經能做到只看窗玻璃而不看窗戶外的景物。朱熹還是很熱衷於窗外的花木的。但是朱熹提倡涵泳詩的本文，「不必多引外來道理言語」，已經在提醒讀者注意窗戶本身了。

朱熹論「興」，不免局限於《詩經》的研究。同是南宋的羅大經卻發揚光大之，論及一般詩歌的欣賞：

杜少陵絕句云：「遲日江山麗，春風花草香。泥融飛燕子，沙暖睡鴛鴦。」或謂此與兒童之屬對何以異。余曰不然。上二句見兩間莫非生意，下二句見萬物莫不適性。於此而涵泳之，體認之，豈不足以感發吾心之真樂乎！大抵古人好詩，在人如何看，在人把做什麼用。如「水流心不競，雲在意俱遲」，「野色更無山隔斷，天光直與水相通」，「樂意相關禽對語，生香不斷樹交花」等句，只把做景物看亦可，把做道理看，其中亦盡有可玩索處。大抵看詩，要胸次玲瓏活絡。（《鶴林玉露》乙編卷二）

羅大經主張「看詩」要「胸次玲瓏活絡」。通過涵泳、體認、玩索等一番功夫，如杜甫絕句近於「兒童之屬對」一類作品，也會悟出「兩間莫非生意」，「萬物莫不適性」這樣的道理來。所見無非色相，所得卻是形而上的「道」。錢鍾書認爲此類詩涵有禪趣[118]。其實，這些詩不必定「涵」禪趣，作者更不必先行在胸中橫梗一「禪意」。所謂「禪趣」，多半還是詮釋的產物，即羅大經所說：「大抵古人好詩，在人如何看，在人把做什麼用。……把做道理看，其中亦盡有可玩索處。」道理是看出來、玩索出來的，不一定係詩中所固有。赫希（E. D. Hirsch）說：

既然對於任何作品，讀者都可以很容易地玩索出與作者不同的意義，那麼，就作品本身的性質而言，並不要求讀者以作者之原義為他標準的理想答案。詮釋中的任何標準的概念，都意味著某種選擇，不是由書面本文的性質所要求的選擇，而是由詮釋者給自己提出的目的所要求的選擇。[119]

赫希的話與早他七百多年的羅大經說的話似乎相差無幾。兩相比較，羅大經說得直截明了得多。

清朝的王夫之，對「興」的解讀方式亦有類似的見解。他說：

> 「詩可以興，可以觀，可以羣，可以怨」，盡矣。……「可以」云者，隨所以而皆可也。……出於四情之外，以生起四情，遊於四情之中，情無所窒。作者用一致之思，讀者各以其情而自得。故〈關雎〉，興也；康王晏朝而卽為冰鑒；……人情之游也無涯，而各以其情遇，斯所貴於有詩。（《詩繹》二）

王夫之主張，讀者所得，不必符合作者之原義，「作者用一致之思，讀者各以其情而自得」，這眞是石破天驚的一句話。因爲歷來經生家釋詩，儘管有種種的不同，卻都聲稱自己說的是詩人本義，是遵循孟子「以意逆志」的原則。王夫之把這個二千年的傳統打破了。他的這句話，後來更被譚獻推演成「作者之用心未必然，而讀者之用心何必不然」[120]這樣一句名言。在世界詮釋理論中當有一席之地位。

王夫之提出這樣的理論，自有其根據。他說：「情眞事實，斯可博譬廣引。」[121]這裏的「眞」，當然是藝術的眞實。他提出了可「博譬廣引」的兩個因素，一是情：王夫之認爲：「詩以道情，道之爲言路也。詩之所至，情無不至。情之所至，詩以之至。……古人於此，乍一尋之，如蝶無定宿，亦無定飛，乃往復百歧，總爲情止，卷舒獨立，情依以生；……」（《古詩評選》卷四）這是從情的不確定性，推衍出詩義的不確定性。二是事：「事」而進入詩中，即成意象。詩義之不確定，在於意象涵意的寬泛性和不確定性。康德在《判斷力批判》中早就指出：

> 意象是指能換取許多思想，而又沒有確定的思想。卽不能用任何確定的思想或概念把它的由想像力所形成的表象充分地表達出來。因此也沒有語言完全適合於它，把它變成可以理解的。

康德這裏說的意象，實際上已屬於象徵的範疇。「比」和「興」說詩方式的區別可比之於寓託的解讀方式（allegorical reading）與象徵的解讀方式（symbolic reading）的區別。而「賦」的解讀方式，則相當於字面讀法（literal reading）。

「比」或「寓託」的解讀方式，是把詩中的意象看作某一眞實情事或某一觀念的符號和暗碼。詮釋者的任務也就是破譯這些符號和暗碼。如有名的宋人「鮦陽居士」解蘇軾〈卜算子〉詞：

> 缺月掛疏桐，漏斷人初靜。時有幽人獨往來，縹緲孤鴻影。驚起卻回頭，有恨無人省。揀盡寒枝不肯棲，寂寞沙洲冷。

鮦陽居士的解釋是：

> 缺月，刺明微也。漏斷，暗時也。幽人，不得志也。獨往來，無助也。驚鴻，賢人不安也。回頭，愛君不忘也。無人省，君不察也。揀盡寒枝不肯棲，不偷安於高位也。寂寞沙洲冷，非所安也。此詞與〈考槃〉詩極相似。（《類編草堂詩餘》卷一）

鮦陽居士立志在「復雅」，論詩以合於風雅之旨。他認爲蘇詞寫賢人失志，與《詩經•考槃》（No.56）一詩相彷。這樣的釋詩受到王士禎的奚落。王士禎在其《花草蒙拾》指責鮦陽「村夫子強作解事，令人嘔吐」。同一解釋，卻受到常州詞派的重視和贊同。其實指出蘇詞的要旨在「賢人失志」恐亦無大錯。鮦陽的問題在於將蘇詞說成句句，甚至字字是比，把詩的意象隔裂開來，孤立起來，破壞了原詩的意象的整體性，也就破壞了它作爲一個藝術整體渾全的美。這是「比」和「賦」的說詩方式。「賦」是拘於語言文字的字面意思，字字認作眞。「比」是謹守邏輯和理路，按理性思維方式進行生硬的聯想和比附。拿禪宗的話來說，這兩種方式都是「參死句」。

「迷人向文字中求，悟人向心而覺。」[122]「興」的說詩方式雖然一點也離不開文字，卻並非把文字看作現實的代碼。它著重涵咏和體認的功夫，追求內心的感發和啓引。理學家楊時說：「學詩不在語言文字，當想其氣味，則詩之意得矣。」[123]「氣味」當然來自語言文字，卻又超脫於語言文字。詩歌的音韵、意象等刺激，作用於讀者的感官，喚起讀者的聯想和內蘊的情感，使讀者似乎能「想其氣味」。王夫之讀鮑照〈擬行路難〉一詩，可以說是「讀詩想其氣味」的一個恰當例子：

看明遠樂府，別是一味。急切覓佳處，早已失之。吟咏往來，覺蓬勃如春煙瀰漫，如秋水溢目盈心，斯得之矣。（《古詩評選》卷一）

王夫之又嘗評王儉〈春詩〉[124]：

此種詩直不可以思路求佳。二十字如一片雲，因日成影，光不在內，亦不在外，旣無輪廓，亦無絲理，可以生無窮之情，而情了無寄。（《古詩評選》卷三）

這樣的詩，從容涵咏的結果，得到的是審美感興，是無窮的情，無窮的趣，無窮的意。然而，這樣的情、意卻不容指實，也不能指實。

文學作品的詮釋和欣賞，大致有以上所述三種方式。通過這三種方式，可以得到文學作品三個層次的含義。這三種方式並不是互不相容、互相排斥的。實際上，凡是優秀的文學作品往往可以或者應該同時用這三種方式去閱讀，去詮釋。梵萊希（P. Valéry）就說過：「優秀的作品沒有不可以存在大量同等可行的詮釋的。作品的豐富性在於其意義或價值的多寡。它一方面可以接受多種含義，一方面仍然還是它自己。」[125]以朱慶餘的小詩〈閨意獻張水部〉爲例：

洞房昨夜停紅燭，待曉堂前拜舅姑。
妝罷低聲問夫婿，畫眉深淺入時無？

以「賦」的方式讀這首詩，我們知道它寫的是新媳婦臨見公婆前的躊躕心理。拜見公婆是古代婦女的一件大事。能否給公婆一個好印象，討得公婆的歡心，關係著媳婦今後的處境。因此她必須著意打扮一番。打扮完畢後仍不放心：自己覺得好了，合不合公婆的意呢？於是就問問身邊的夫婿。由於是新婚，不免仍帶幾分羞澀。短短的一首詩，把一個新媳婦複雜的心理，微妙的神態，優雅的舉止，刻畫得活靈活現，細緻入微。這正是優秀賦體詩的特點。依這種方式讀，這首詩寫的無非是「閨意」。但是，這首詩的題目（這首詩的另一個標題是〈近試上張水部〉），朱慶餘和張水部的身份，以及我們所了解的唐朝的習俗，都提醒我們不能止於這種「賦」的解讀方式。唐朝有讀書人在科舉考試前向有權勢的名人「行卷」的習尙，目的在於得到賞識和提攜。朱慶餘做這首詩，就是向張籍「行卷」。從這一史實出發，我們知道詩人用了「比」的手法：以新婦自比，以新郎比張水部，以公婆比未來的主考官，以畫眉是否入時比寫作詩文是否合主考的意。此外，總的還有一比，即以士子應舉比女子嫁人。這麼多的比卻並未破壞這首詩的意象的整體美，這是該詩的巧妙、高明、成功之處。同時，以上的解讀尙未流入過份牽強的理性思維。如果我們倣效鮦陽居士的做法，說：洞房，隱居處也；昨夜，往昔暗時也；紅燭，尙明也；……那就眞的是「強作解語，令人嘔吐」了。

如果我們採用「興」的方式，將這首詩反復涵咏、玩索，我們似乎會「欣然會意」，得到超驗的含義（transcendental meaning），或者所謂「偉大的平凡」(great commonplaces)，亦即人所共通的感受。譬如說，遇到重大的事情，本已作了充分的準備，但事到臨頭，又缺乏自信，顯得忐忑不安等。

西方文論中對此種種解讀方式的區別由來已久。早在公元六世紀，羅馬教皇格利高里(St. Gregory I, 590-604)就提出《聖經》有字面的、寓託的和哲理的三種含義，也就是三種解讀方式。阿奎諾斯（St. Thomas Acquinas, 1225-74）在其〈神學論文〉（Summa Theologiae）一文中，講到聖經有兩種意義：歷史的或字面的意義，和精神的意義。他又進一步把精神的意義分成三類，分別爲寓託的（allegorical）、道德的（moral）和奧秘的（ana-gogical）。他的意見影響到後來的但丁（Dante Alighieri, 1265-1321）。但丁在給他朋友的信中自言他的《神曲》有四個層次的意義。第一是字面義，講他本人與詩人維吉爾同遊地獄和煉獄，與比屈麗絲同遊天堂的故事。另外三種含義是：寓託的（或曰世俗象徵的）、奧秘的（或曰他世的）和道德隱喻的。實際上，他是把詮釋《聖經》的方法運用於宗教詩的詮釋[126]。雖然阿奎諾斯強調世俗詩（Secular Poetry）只應理解其字面意義，實際上許多中世紀的抒情詩，其中包括許多愛情詩，卻往往被用寓託的方式來解讀，用以宗教的目的[127]。

當代西方文論往往從符號學或詮釋學的角度談論文藝作品的詮釋層次。潘諾夫斯基（Erwin Panofsky）從畫論的立場，提出詮釋的三層次分別爲圖象符號層次（iconography）、象徵再現層次（iconology）和象徵價值層次（symbolic value）[128]。伽達梅在其《眞理與方法》一書中介紹了意大利人貝蒂（Emilio Betti）的詮釋理論，提到認知的（cognitive）方式、規範的（normative）方式和再造的（reproductive）方式。認知方式指理解作品本文的原義。規範方式指根據各規範因子作出符合一定成規和標準的詮釋。再造方式指把以上兩種詮釋的結果付諸實踐，例如上演一齣劇，批評一首詩，演奏一段音樂等等。伽達梅認爲，上述三種方式並不是互相獨立、互相隔裂的。相反，「三種方式構成同一個現象」[129]。喬斯（H. R. Jauss）把上述伽達梅介紹的三種方式分別稱爲理解（intelligere）、詮釋（interpretare）和運用（applicare）。他並指出，這三種方式存在於同一個詮釋程序中；因此，應看作是詮釋程序的三合一統一體（the triadic unity of the hermeneutic process）。根據這一理論，他提出詮釋的三步驟：審美感性閱讀、回顧詮釋閱讀和歷史的閱讀[130]。

多特洛夫（Tzvetan Todorov）在其《象徵與詮釋》一書中，敍述了「意義的等級構造」（The Hierarchy of meanings），提出三種基本的文字（discouse）[131]。第一種是字面文字，此類文字只求其字面義，而不究其引伸、聯想、暗示義。第二是含混的文字。同一段文字的幾種意義受到同等對待時，這樣的文字就是含混的。正因爲是含混的，就可能有引發其他含義的象徵效果。第三是透明的文字。讀到這類文字，讀者會全然不顧其字面意義。多特洛夫特別指出：「自浪漫時代起，『寓托』這一術語有時就被用來指稱這一類文字。」[132]那末，多托洛夫的三類文字，其實就是中國的賦、興、比了。

通過以上對西方文論中關於意義層次和詮釋方式的粗略介紹，我們可以看到，中、西在這一主題上論述的架構基本上是相同的。儘管當代西方文論對語言、文學的本質的認識已經大大地深化，對這些本質的描述也日益細緻、全面、精確，但究其大旨，就詮釋層次而言，仍不出賦、比、興三途。多特洛夫指出，他所論述的三種文字並不能截然劃分和區別，而只是「極端而相對清楚的例子」。其他還有大量處於中間「狀志而模稜兩可的例子」[133]。這也使我們想到，賦、比、興的區分也同樣不是絕對的，古人所說「賦而興」、「比而興」等，確有其認識上的價值，絕非好作含混不清、模稜兩可之論。

西方的理論令我們對古人的詮釋方式刮目相看。我們現在如果再回過頭來，讀一讀《毛傳》對〈關雎〉一詩的解釋，就不難發現，原來我們的古人也並沒有把賦、比、興三種詮釋方式隔裂開來，對立起來，而恰恰是把它們看作如伽達梅和喬斯所說的，存在於同一詮釋程序中的「三合一統一體」。所以，我們有必要重新溫習《毛傳》的這段話：

> 雎鳩，王雎也，鳥摯而有別。水中可居者曰洲（按：以上「賦」）。后妃悅樂君子之德，無不和諧，又不淫其色，慎固幽深，若雎鳩之有別焉；（按：以上「比」）。然後可以風化天下。夫婦有別，則父子親；父子親，則君臣敬。君臣敬；則朝廷正；朝廷正，則王化成（按：以上「興」）。（《毛傳注疏》卷一）

一九九〇年五月 於荷士屯

附註

❶ 朱自清，《詩言志辨》，臺灣開明，一九六四，頁四九。

❷ 葉朗，《中國美學史大綱》，上海人民，一九八五，頁九〇。

❸ 葉朗即以「本義」爲標準，評判歷代對賦、比、興的論述，「槍斃」了許多說法。見其《中國美學史大綱》，頁九九—三。

❹ 徐復觀，〈釋詩的比興〉，見林慶彰編《詩經研究論集》，臺北，一九八三，頁六九。

❺ 鍾嶸語見其《詩品・序》；李仲蒙語見胡寅〈與李叔易書〉，載《斐然集》，《四庫全書珍本初集》；吳喬語見《西崑發微・自序》。

❻ 見《詩問四種》，程千帆編，濟南，一九八五，頁一五七。

❼ 引自朱自清《詩言志辨》，頁一〇五。

❽ 王符，《潛夫論・釋難》。

❾ 《十三經注疏》阮刻本，世界書局影印本，頁一五二二。

❿ 皇甫湜，《皇甫持正集》，卷四。

⓫ 中國的比強調物與物之間的相似和相關；西方的喻 (Meta phor) 強調意義的轉換。參見 Michelle Yeh, "*Metaphor an Bi: Western And Chinese Poetics*", in *Comparative Literature*, Vol.39, 1987.

⓬ 摯虞語見其〈文章流別論〉，《藝文類聚》五十六；劉勰見《文心雕龍・比興》。

⓭ 皎然，《詩式・用事》，載《歷代詩話》。

⓮ 鄭衆語見《毛詩注疏》卷一〈大序〉注；鍾嶸語見《詩品・序》；皎然語見《詩式・用事》，同註⓭；朱熹語見《詩集傳》卷一〈螽斯〉；吳喬語見《圍爐詩話》卷一；沈祥龍語見《論詞隨筆》，載《詞話叢編》。

⓯ 紀昀評，《文心雕龍》，〈比興〉篇，臺南，一九七四。

⓰ 引自王利器校注《文鏡秘府論校注》，北京，一九八三，頁一五九。

⓱ 朱自清，《詩言志辨》，頁八八－九。

⓲ 《詩・大雅・生民》「以興嗣歲」的「興」，另一解釋是「使……興旺」，見《詩經詞典》，向熹編，四川，一九八六。陳世驤探究「興」的原始意義，認爲其初義是「上揚」(uplift)；周

策縱研究「興」的古義，得出與章太炎大致相同的結論，認爲「興」有「陳述」之義。陳說見其〈原興〉；周說見其《古巫醫與六詩考》，臺北，一九八六，p.213ff。

19 王逸，〈離騷經序〉。

20 W. N. Ince, *The Poetic Theory of Paul Valéry*, Leicester, 1961, pp.6-9.

21 錢鍾書《談藝錄補編》第一〇二頁指出悟有兩種：①深造有得之悟，即修悟；②俯拾即是之妙悟。

22 于邵，〈送家令祁丞序〉。

23 摯虞語見其〈文章流別論〉；吳喬語見《圍爐詩話》卷一。

24 參見蔡英俊《比興、物色與情景交融》，p.138ff；呂正惠〈物色論與緣情說〉，載《抒情傳統與政治現實》，p.25ff。

25 李仲蒙語見胡寅文，同註5；沈祥龍語同註14。

26 陸德明語見《毛詩正義‧大序》；孔穎達語見《毛詩正義‧大序》；王夫之語見《薑齋詩話》卷上；陳廷焯語見《白雨齋詞話》，上海，一九八四，頁二七八。

27 王昌齡語見《文鏡秘府‧文意》；章學誠語見《文史通義‧易教下》；聞一多語見《說魚》，《聞一多全集》第一卷，頁一一七。

28 王利器，《文鏡秘府校注》，頁二九三。

29 黑格爾，《美學》，第一卷，朱光潛譯文。

30 鍾嶸語見《詩品‧序》；劉勰語見《文心雕龍‧比興》；白居易語見〈與元九書〉；鄭樵語見《六經奧論》；羅大經語見《鶴林玉露》卷四；黃宗羲語見〈汪扶晨詩序〉；陳廷焯語見《白雨齋詞話》，頁二七八。

31 引自 **H. Read**, *A Concise History of Modern Painting*, London, 1969, p.171.

㉜ J. S. Mill, *Literary Essays*, London, 1967, p.69, p.72.

㉝ V. C. Aldric h, *Philosophy of Art*, New Jersey, 1963, p.8, cf. p.23.

㉞ 劉寶楠，《論語正義》，引自敏澤《中國文學批評史》，北京，一九八一，頁四五。

㉟ 柳宗元語見〈楊評事文集後序〉；馮班語見《鈍吟雜錄》；陳廷焯語見《白雨齋詞話・自序》。

㊱ 參觀呂正惠《杜甫與六朝詩人》，頁一二四。

㊲ 最早可見於孔穎達《周禮正義》卷七：「廞，猶興也，興象生時褻而為之。」但此「興象」一語尚非批評用語。

㊳ 殷璠，《河嶽英靈集・序》，見《全唐文》卷四三六。

㊴ 王運熙、顧易生，《中國文學批評史》，中册，上海，一九八五，頁一二五。龔鵬程，《詩史、本色與妙悟》，臺北，一九八六，頁一二五注。

㊵ 柯勒律治曾論及詩歌的特殊任務是傳達「愉快的興趣」(Pleasurable interest)，見其 *Biographia Literaria* 第十四章；愛倫・坡 (E. A. Poe) 認為詩的第一要旨是趣 (Pleasure)，而非理 (truth)。他主張詩中要深到靈魂的愉悅的興起或興奮 (Pleasurable elevation or excitement of the soul)，見其 *The Poetic Principle*；〈方澹齋詩序〉：「詩獨以趣勝……。」見龔鵬程，《詩史、本色與妙悟》，頁五六。

㊶ Ferdinand de Saussure, *Caurse in General Linguistics*, Londcn, 1978, p.118.

㊷ 參見江盈科《亘史外鈔》卷三〈詩評〉：「詩言志，志者心之所之，即性情之謂也。而其發揮描寫不能不資於事物，蓋比興多取諸物，賦則多取諸事。」引自龔鵬程，《文化、文學與美學》，臺北，一九八八，頁一三三。

㊸ 朱熹在講解《詩經》時，並沒有局限於寫作技巧的層面，而往往涉及到閱讀、詮釋的層面，故有「賦而興也」的說法，似乎引起混淆。

㊹ 同註④，頁八六。

㊺ N. Frye, *Anatomy of Criticism,* Princeton, 1971, p.71.

㊻ C. Chadwick, *Symbolism,* London, 1971, pp.1-2; J. Culler, *Structuralist Paetics,* London, 1975, p.226; p. Ricoeur, *Treud and Philosophy,* Londo n, 1970, p.17; René Wellek & Austin Warren, *Theory of Literature,* Penguin, 1973, p.188.

㊼ G. Maturo, *Claves simbólicas de Garcia Márquez,* Buenos Aires, 1972, p.33.

㊽ H. Kreitler and S. Kreitle r, *Psychology of the Arts,* Durham, 1972, p.312, p.317.

㊾ 同上，p.317; *Ricoeur,* pp.12-3.

㊿ *Ricoeur,* p.9.

51 我國古人也大抵看到了這其中的問題，孔穎達《左傳正義》：比之隱者謂之興，興之顯者謂之比。比之與興，深淺爲異耳。

52 朱熹《詩集傳》辨興有二：「有以所興爲義者，……有全不取義者……。」嚴粲《詩緝》：「興多兼比，比不兼興。」他分興爲「兼比者」和「不兼比者」兩類。所謂「取義」「兼比」，即以相似爲基礎的興；所謂「不取義」「不兼比」，卽無相似，或不以相似爲主的興。這樣的「興」近於西方文論所說「標誌語」(indices)，或「姿態語」(gesture language)。

53 黃侃《文心雕龍札記》・〈比興篇〉：「原夫興之爲用，觸物以起情，節取以託意，故有物同而感異者，亦有事異而情同者。」引自《文心雕龍注》，臺北，一九七〇，頁六〇三。

54 比喻常常有「功能詞」作爲比較雙方的關係詞；象徵則沒有這類詞，我們很可能讀著象徵而不知其爲象徵。

55 我們可以引下面這條象徵的定義：「(象徵是)一物，它意指另一物但同時又要求注意它本身的意義。」見 Wellek and Warren, *The Theory of Literature,* p.189.

56 P. Wheelwright 給象徵的定義是：「一般說來，象徵是一個相對穩定而又可重複的感覺經驗的要素，它代表著某種更大的意義或一系列的意義。這樣的意義不能用感覺經驗本身來表達，或充分表達。」見其 *Metaphor and Reality*, Bloomington, 1962, p.92；韋勒克和沃倫也談到象徵的特點之一是其「反複性和持續性」，見其 *The Theory of Literature*, p.189.

57 白居易詩見〈琵琶行〉；李賀詩見〈李憑箜篌引〉。趙宧光《彈雅》評李賀詩：「予謂賀詩妙在興」。

58 杜甫詩見〈解悶〉之二；李白詩見〈酬殷佐見贈五雲裘歌〉。

59 W. Empson, *Seven Types of Ambiguity*, Penguin, 1961, p.25.

60 法國象徵派詩人接過美國詩人愛倫•坡的衣缽，努力清除詩中非詩的雜質，作連接用的虛詞往往成了現代派掃蕩的對象。

61 A. MacLeish, *Poetry and Experience*, London, 1960, p.6.

62 王利器，《文鏡秘府校注》，頁二七九。

63 楊萬里，〈答建康府大軍監門徐達書〉，《誠齋集》卷六十七。

64 宋胡寅《斐然集》，王應麟《困學紀聞》，明楊慎《升庵詩話》，王世貞《藝苑卮言》，清劉熙載《藝概》，及今人錢鍾書《管錐編》等名著均予載錄稱引。

65 黑格爾，《美學》，朱光潛譯，引自王元化《文心雕龍創作論》，上海，一九六九，頁一五九。

66 葉嘉瑩，〈中國古典詩歌中形象與情意之關係例說〉，收入《迦陵談詩二集》，臺北，一九八五，頁一三六。

67 向秀〈思舊賦序〉：「日薄虞淵，寒冰淒然，鄰人有吹笛者，發聲寥亮，追思曩昔游宴之好，感音而嘆，故作賦云。」清楚地說明了他作賦的動因是「感音而嘆」。

68 明謝榛也曾論述創作過程：「凡作文，靜室隱几，冥搜邈然，不期詩思遽生，妙句萌心，且含毫咀味，兩事兼舉，以就興之緩急也。」見《四溟詩話》卷三。謝榛描述的這一過程，似乎沒有考慮如何啓發讀者之情這一點。雪萊論詩，說「詩人是黑暗中的夜鶯，獨自唱著甘美的歌，消解自己的寂寞。」（《詩辯》）布雷德利 (A. C. Bradley) 的名言：「雄辯是說給人聽的；詩是人不經意聽見的。」都說明寫詩並不考慮如何打動讀者。所謂「對讀者的感發」應是從讀者一面去說的，卽劉勰所謂「觀文者披文以入情」。

69 「虛作」有二意：1.非實指，如謝榛所言：「或有時不拘形勢，面西言東，但假山川以發豪興耳。」（《四溟詩話》卷四）2.指言在此而意在彼。

70 王國維認爲有「政治家之眼」和「詩人之眼」的區別。「政治家之眼，域於一人一事；詩人之眼，則通古而觀之。」（《人間詞話》刪稿，三七則）

71 參見馮友蘭《新知言》，上海，一九四八，頁一〇〇。

72 《清詩話》，第二册，頁五二三。

73 J. Maritain, *Creative Intuition in Art and Poetry*, New York, 1953, p.60.

74 王夫之，《夕堂永日緒論》，內編第十一。

75 李重華，《貞一齋詩說》，《清詩話》第二册，頁九三二。

76 S. Mallarmé, *Response à une Euquête*, 1891, 引自 *La Doctrine Symboliste: Documents*。錢鍾書譯文見其《也是集》，香港，一九八五，頁一一六。

77 E. M. W. Tillyard, *Poctry,Direct and Oblique*, London, 1934, p.67.

78 同上，頁六七－九。

79 呂正惠指出：杜甫「有時還要刻意去追求」工巧。見其《杜甫與六朝詩人》，頁一三二。

80 這並不是否認這首詩可以有其他解釋。例如，劉若愚就把這首詩歸入「矇矓詩」，並介紹了它可能具有的三層含義。見其 *Ambiguities in Li shang-yin's Poetry,* in *Wen-lin: Studies in the Chinese Humanities,* ed. Chow Tse-tsung, Madison, 1968.

81 龔鵬程，《詩史、本色與妙悟》，頁五五一六。

82 Tillyard, p.30.

83 G. Vanor, *L' Art symbolist,* Vanier, 1889, p.38.

84 J.H. Van der Hoop, *"Character and the Uncon scious"*,in *Symbolism in Medieval Thought,* New Haven, 1929, p.13.

85 S. T. Coleridge, *Miscellaneous Criticism,* ed. T. M. Raysor, Londen, 1936, p.29.

86 錢先生《談藝錄補編》又說「事物當對」相當於「索物以註情」的比。一說相當於賦，一說相當於比，令人困惑。

87 杜甫多以比、興寫成的五、七律，也有一句話，叫做「沉鬱頓挫」。

88 《安雅堂稿》卷四，引自龔鵬程《詩史、本色與妙悟》，頁五八。

89 王國維，《人間詞話》，北京，一九八二，頁二一二、頁二二六。

90 王夫之，《古詩評選》，卷四。

91 王國維，《人間詞話》删稿，二六則。

92 同註❺。

93 周振甫，《文心雕龍選譯》，北京，一九八〇，頁二一〇。

94 引自金公亮《詩經學新論》，載許東方編《詩學研究》，臺北，一九七八。

95 劉熙載《藝概・詩概》。

96 《管錐編》第一卷，頁一〇八一九。

97 《白雨齋詞話》，頁七、頁九。

98 同上，頁二七七。

99 沈祖棻說：「這種解釋，我們就詞的本身和它所流傳的本事及其時代背景來研究，都可以認爲基本上是對的。」見其《宋詞賞析》，上海，一九八〇，頁二三七。

100 同上，頁二三七—八。

101 N. Frye, *Anatomy of Criticism*, pp.90-1.

102 王沂孫〈齊天樂・蟬〉如下：

一襟餘恨宮魂斷，年年翠陰庭樹。乍咽涼柯，還移暗葉，重把離愁深訴。西窗過雨。怪瑤珮流空，玉箏調柱。鏡暗妝殘，爲誰嬌鬢尚如許？銅仙鉛淚似洗，嘆移盤去遠，難貯零露。病翼驚秋，枯形閱世，消得斜陽幾度？余音更苦。甚獨抱清商，頓成淒楚？漫想薰風，柳絲千萬縷。

103 N. Frye，同註101。

104 陳廷焯，同註97，頁二七八。

105 引自 Erich Heller, *The Disinherited Mind*, New york, 1959, p.161.

106 T. Carlyle, *Sartor Resartus*, London, 1897, p.175.

107 T. Coleridge, *The Statesman's Manual*, ed. W. G. T. Shedd, New York, 1875, pp. 437-8.

108 《談藝錄》，香港，一九七九，頁二七五—六。

109 同註85。

110 R. Langbaum, *The Poetry of Experience*, New York, 1957, p.65.

111 引自 W. Y. Tindall, *The Literary Symbol*, Bloomington, 1962, p.21.

112 引自 Paul de Man, *Blindness and Insight*, London, 1983, p.188.

113 鍾嶸語，見《詩品・序》。

114 P. Ricoeur, *Interpretation Theory: Dis course and the Surplus of Meaning*, Texas, 1976, p.64.

115 T. Todorov, *Symbolism and Interpretation*, tr. C. Porter, London, 1983, p.19. 這點對我們中國人來說並不陌生，最早把「興」用於討論《詩經》的孔子，就把「興」看作一種讀詩、解詩的方式。

116 參見《管錐編》第一卷，頁六五一六。

117 José Ortega Y Gasset, *"The Dehumanization of Art"*, in *Valazquez, Goya, and The Dehumanization of Art*, London, 1972, p.68.

118 錢鍾書《談藝錄》，頁二七六。

119 E. D. Hirsch, Jr., *Validity in Interpretation*, New Haven, 1967, p.24.

120 譚獻，《復堂詞話》。

121 王夫之，《古詩評選》，卷三。

122 《大珠禪師語》。

123 《龜山語錄》。

124 王儉〈春詩〉：「蘭生已匝苑，萍開欲半池。輕風搖雜花，細雨亂叢枝。」

125 引自 R. Wellck, *Four Critics*, London, 1981, p.35.

126 *Wimsatt and Brooks*, pp.147-8.

127 參見 R.T. Davies, ed. *Medieval English Lyrics*, London, 1963, pp.24-5.

128 參見 G. Thurley, *The Romantic Predicment*, New York, 1983, p.28.

129 Hans-Georg Gadamer, *Truth and Method*, English ed. New York, 1986, pp.276-7.

130 H. R. Jauss, *Toward an Aesthetic of Reception*, Minneapolis, 1982, p.139.

131 原文 "discourse" 一字，意指用於語言分析的一段具體的言語或文字。此處多特洛夫指文字。

132 T. Todorov, *Symbolism and Interpretation*, pp.52-9.

133 同上，頁五六。

中國詩中時間與空間並峙的現象

——乾坤萬里眼，時序百年心

張曉風

前言

人類生活在時間空間中，或自覺或不自覺，卻都是不爭之事實。人類根據其生活經驗將時間空間經由自覺或不自覺的方式納入文學作品中，也應視作理所當然不足爲奇的反應。此處獨拈中國詩歌來討論，便顯然認爲中國詩較之西方詩——或推而廣之，中國美學較之西方美學——更爲注重時空並峙交錯間所產生的不可言述的或震慄焦慮、或悲傷怨悱、或安詳恬適、或廓然近道的心情。

爲了釐清論述範圍，此處先說明三點：

第一、本文中所說的中國詩是廣義的，包括詞、曲、對聯和新詩、現代詩。

第二、本文中所提的時空，不是指消極式的時空，而是指積極性的時空。何謂消極式時空？舉例言之，如：「紅豆生南國、春來發幾枝。」（王維〈相思〉）「嬴氏亂天紀，賢者

避其世，黃綺之商山，伊人亦云逝。」（陶淵明〈桃花源詩〉）

第一例上句言空間，下句標時間，然此處時空只爲說明紅豆之產地及出產季節，是交待事物的背景。第二例前兩句言時間，後兩句點空間，然此時空只是避秦故事之背景，不算避秦行動之重點。

何謂積極性時空？如：「天涯地角有窮時，只有相思無盡處」（晏殊〈木蘭花〉）「文章千古事，得失寸心知。」（杜甫〈偶題〉）

第一例所說的「時」「處」在該詞中，已形成如同結論的強度，它是整首詞的情緒中心，而不是用以托襯其他人事物的背景。第二例亦然，文章千古是時間範圍內之事，然此千古盛事卻賴我小小的方寸之空間去忖度、去斟酌，此處的時間和空間因挾其巨大的力量而和詩人間扯成了平等的地位。

第三、本文所舉例證爲了方便起見，集中於近體詩以後的例證，雖然陶謝詩中已不乏時空並峙觀念，但近體以後因爲偶句盛行，故以時間與空間相對的模式逐漸建立起來，以近體以後的詩句入例，較爲便利。

第一節　從中國語詞和神話觀察中國民族强烈的時空觀

考諸中國語詞，如「宇宙」一詞，「上下四方」謂之宇，「古往今來」謂之宙。又「世界」一詞亦是結合時間和空間的語詞，（這兩個詞後來習慣上雖為「空間」所獨占，但仍能溯其本意）中國人將時空並置的傾向十分明顯。

從創世神話的觀念來看，北歐系統的神明原來埋藏在廣漠荒寒凍原裏，及至出現一隻大牛，用牠的舌頭舔化冰上的鹽，不意竟舔出了神族之長：博力（Bori），他是後來諸神之長峨丁的祖父。這大約是北歐苦寒之地的想法，神明竟因爲感「溫度」而產生。「溫度」是北歐民族最刻骨銘心的經驗，值得與神明的出現相提並論。而在中國，盤古故事如下：

> 大地混沌如雞子，盤古生其中；萬八千歲，天地開闢，陽清為天，陰濁為地；盤古在其中，一日九變，神於天，聖於地。天日高一丈，地日厚一丈，盤古日長一丈。如此萬八千歲，天數極高，地數極深，盤古極長，後乃有三皇。❶

更早的記錄說明他死後的奇異變化：

> 首生盤古，垂死化身，氣成風雲，聲為雷霆。左眼為日，右眼為月，四肢五體為四極五嶽，血液為江河，筋脈為地理，肌肉為田土，髮髭為星辰，皮毛為草木，齒骨為金玉，精髓為珠石，汗流為雨澤；身之諸蟲，因風所感，化為黎甿。❷

相較之下，中國的盤古則是因本身在屬於空間的身量上不斷膨脹，在屬於時間的壽命上持續延長而成就爲一神明。整個過程中，且採取與天地同步成長的步調。天之漸高，地之積厚，與盤古之日長已包含着「三才」的觀念。而盤古本人死後亦化爲空間（山林河川）和時間（日月星辰之運行）以及可以感知時空的人類。

其實說到時間這麼重要的主題，任何優秀的神話都不會放過它。希臘神話中的Chronos便是「時間之神」。此神亦大有來歷，他是大神宙斯的父親，他曾把孩子一一吞入肚裏，但么兒宙斯得母助逃過此刼。宙斯日後得爲衆神之長，在他能逃開「時間之吞噬」這一點上早已註定。北歐神話中的大力士雷神托爾也曾往巨人國和一位老嫗角力，居然一膝跪倒。托爾引爲奇恥，及至知道自己是和所向披靡的「時間」交手，也就無話可說了。

如果說在西方神話中的時間和神明之間有吞噬毆鬪之狀況，中國則不然。中國神話中許多事件常產生在一個特殊的場合，即王母娘娘的誕辰盛筵。鏡花緣中百花仙子在王母娘娘的壽筵上不巧和嫦娥打了一個不該打的賭，所以百年後落入凡塵。豬八戒是在天河元帥的任內因在壽筵上醉酒調戲嫦娥而貶入凡胎。至於孫悟空之所以被鎮在五行山下等待唐三藏，也是因爲他大鬧了王母娘娘的蟠桃大會。蟠桃會雖不等於壽筵，但蟠桃亦和長壽有關，王母娘娘園中有桃三千六百株，前一千二百株是三千年一熟，喫後可成仙了道，體健身輕。中間一千二百株，六千年一熟，喫後霞舉飛昇，長生不老。後面一千二百株九千年一熟，喫了可與天地齊壽日月同庚。〈漢武帝故事〉裏的漢武帝曾蒙西王母賜食二枚桃，他私自留下桃種，想爲人間引進這種特殊品種的桃子。西王母笑而止之，她只提醒劉徹，這種桃子三千年一結子，凡人如何收成？

似乎中國仙界，總在度其熱熱鬧鬧的壽筵，對一年一年綿延下去的歲月並無齟齬不快之處。除了王母娘娘，其他如紅樓夢中的那塊石頭，日久通靈乃成爲寶玉。《西遊記》裏的那塊石頭久受日月精華，竟成石卵石胎。《白蛇傳》中的小青和白娘子也分別是青魚和白蛇修煉了一千年而成的——總之，中國神話傳說中的一切好事之遂行皆由日積月累的時間所造成。

以上所舉，偏於時間者多。如果要提到空間概念，如孫悟空初出石卵，第一個動作便是「拜四方」，人和自然的關係於焉定位。所謂「天地含情，萬物化生」❸。中國的金木水火土五行觀念，除了是物質上的分類之外，它也是空間方面的大地方位，以及時間方面的春秋季節。至於它也是五臟六腑，以及婚姻生尅，那又是另一種鋪衍了。

第二節　和西方文學作品比較，中國文學作品中的時空安排特色

中國文學中因以上所述的現象而有較爲強烈而明顯的，反覆將個人放入時空中的鏡頭。這種安排，西方的希臘文學傳統中顯然也有。但如舉例相較，則希臘在「三一律」❹的規則下，「伊德柏斯王」有必要在一時（指一日，或延為二日）、一地、一事件中，完成其緊張壓縮的情節。而中國之「紅鬃烈馬」卻反其道而行，其時間可延至悠悠十八年，地點可以時而武家坡，時而西涼國，事件則可自「相府招親」，到「別窰」到「西涼國」到「回窰」到「相府算糧」等等。其龐雜不統一處亦恰如現實生活。比較接近中國戲劇時空觀的應是莎劇，其《冬天的故事》（The Winter's Tale）一劇，皇后的沉冤經過漫長的十六年仍未得清。莎氏乾脆令劇中之「串場人」（Chorus）在第四幕中扮作時間老人，敍述他自己是如何一方面長於製造錯誤，一方面也長於爲錯誤平反。此劇的空間亦在二個國家往返不已。

論者每以莎氏非飽學之士爲憾，其實苟非如此，莎氏恐難擺脫希臘劇型之窠臼。

中國人慣於把「舞臺上的人生」和「現實中的人生」都放入有餘不盡的時間空間，而要求其自然產生相激相蕩或相契相溶的結果。一如置沙於蚌中，時至則生珠，設葭灰於律管，氣至而灰飛，文學家反可袖手旁觀。最明顯的例子，便是馬致遠的〈天淨沙〉：

枯藤、老樹、昏鴉
小橋、流水、平沙
古道、西風、瘦馬
夕陽西下，斷腸人在天涯

作者只須將斷腸之人投入夕陽之時分，天涯之客途，其悲情似乎自己便能自現。

頗受爭議的俄國劇作家契可夫，其劇本因爲缺乏情節，常難以爲人接受。其實契氏的劇本如果在人物表上加入「時間」一角，應可助人瞭解。他人之劇情如寶劍交鋒，戛然斷裂，以是而生悲情。契氏之劇則如寶劍置鞘中，霜刃未曾一試，待之千年，腐作塵泥，是另一種悲傷。因循苟且，將壯志消磨殆盡的時間歷程幾乎是契劇最重要重覆不已的主題。

如果我們把世界各國文學一一付之檢驗，看他們各自如何處理時空與人的關係，應是極有意義的比較。粗略看來，日本文學在人與時空關係上最接近中國態度。許多「和歌」或「俳句」的選集其編排竟是依春夏秋冬的「時序」。其內容也較重視人與時間空間的關係，如石川丈山❺之漢詩：

「仙客來遊雲外巔，神龍棲老洞中淵」（〈富士山詩〉）

「山氣殊人世　常含太古情　四時雲樹色　一曲澗泉生……」（〈幽居即事〉）

第一例中，一句言空間，二句述時間。第二例一句言空間，二句言時間，三句表時間，四句復導入空間。

松尾芭蕉（1643～1694）堪稱俳句大師，其名作：「寂寞古池塘　青蛙跳入水中　潑刺一聲響」❻句似平平，論者認爲作者欲以蛙之兩棲，象喩人之生死，如此則陸地水澤是兩個空間，躍池則是了生死之際刹那的時間。

非常有趣的是，在各方面急遽現代化的日本，二年前的暢銷書竟由一本用和歌形式寫成的《沙拉紀念日》奪得❼。該書作者爲俵萬智，係一年輕女性，她以傳統文學形式寫現代都市人的感情，其中對時間和空間的敏感仍維持不變，而且廣受讀者喜愛，「紀念日」的書名亦顯然是把自己心情納入時間的做法。

日本文學中如果就詩歌一項觀之，無論漢文詩或「俳句」「和歌」，皆重視時間空間，而追溯其原因，亦甚容易解決，日本漢化程度極深，是處處皆可尋得證據的。

最後，且舉美國詩人康明思（E.E CUMMINGS 1894～1962）的詩來作結。康氏和龐德氏（EZRA Pound 1885～1972）同時，兩人皆深慕中國文字及文化。龐氏甚至宣稱中文最宜於寫詩，龐氏發此奇論係因中文可用一個單字所提供之視覺性抵英文一句，故極爲羨慕。然則康氏已不僅止於羨慕，乃至動手自行另鑄字模，另拼英文，其月亮一字不寫作moon，而分別代以 MooN 及 mOOn，前者以象「山高月小」之狀，後者則狀月之初出，望之似較大。兩者各將O字化成圓形來冒充象形文字，康氏有著名之「蚱蜢」詩及「落葉」詩分別錄此：

R-p-o-p-h-e-s-s-a-g-r
r-p-o-p-h-e-s-s-a-g-r
who
a)sw(e loo)k
upnowgath
PPEGORHRASS
eringint(o-
aThe):l
eA
lp:
S　　　　a
(r
rIvInG　　.gRrEaPsPhOs)
:　. to
rea(be)rran(com)gi(e)ngly
,grasshopper;:

L)a
1(a
le
af
fa

11

s)
one
1
iness

康氏於英語詩壇被人視作特立獨行之異人，其行爲不僅空前且亦絕後。然揆其初心，只因英文屬拼音文字，投之於耳不失鏗鏘。書之於紙，則不堪滿足視覺藝術。康氏鋌而走險，是不得已的實驗，可一不可再。康氏的安排其實只求將蚱蜢於草地上跳躍之情狀轉繪紙上，至於落葉垂直下落墜地的路線，他也刻意模擬。如果以中國詩相比，唐寅寫登山「一上一上又一上，一上上到高山上」，詩雖平平，卻充滿登高的視感（如果「上」字用古寫「二」，空間的感覺就更明顯了），康氏的行爲就英文詩而言，顯然是「行險以徼幸」，但卻可用來作爲反證，解釋中國文字較之英文是一個更重視覺性，更強調空間感的文字。以此類文字入詩，詩中字句便自然容易拼湊出清晰的空間。空間旣立，以中國文字喜佈置對稱感的習慣而言，時間亦自然點出。

第三節　詩以外的文體中時間空間並峙的現象

本文所以選擇詩的體裁來進行討論，是爲了在這種濃縮的文體中比較方便觀察時空並峙的現象。但其實其他文體中這種現象也普遍存在，《莊子秋水篇》裏謂：

「井鼃不可以語於海者　拘於虛也
夏蟲不可以語於冰者　篤於時也」

能突破自我設限的時間空間，知道自己是無限中的有限，因而謙沖恬退，這是一切智慧的泉源。在儒家而言，謙虛，是一個「道德修養」問題。在莊子，則視爲簡單的「數學」上的比例問題。〈秋水篇〉中這短短的兩句對偶提供了無數人悟道的契機。

張載的「爲天地立心、爲生民立命、爲往聖繼絕學、爲萬世開太平」也是人人能詳的宋儒理想。較之〈秋水篇〉，儒家雖也談時間空間，但重點仍放在「人」身上，希望以「人」為空間的中心，為時間和道統的傳承者。李白的〈春夜宴桃李園序〉的觀察也類似：

「夫天地者萬物之逆旅
光陰者百代之過客」

及至蘇軾，在〈赤壁賦〉中的：

「寄蜉蝣於天地，渺滄海之一粟」

皆是企圖以大小懸殊的比例來驚醒自狂自大自是的人類。

而在科舉時代，「人生天地之間」往往是一個非常方便而現成的文章開頭。及至民國以後的小學生，包括光復後的臺灣，其作文亦每以「光陰像流水一般過去了」，為首句。似乎古今學子在不知不覺間都標明了中國人必須先把自己定位於時空才覺安然的心態，一切的論點和事理，都必須從這一點出發。

影響所及，連原來不屬中國文化系統的佛教，在宣教之際，也喜標出時空。近世紅衣法師的名句「華枝春滿，天心月圓」，是指時空交錯至最圓滿璀燦的境界。此詩與《鶴林玉露》所載一尼悟道詩頗可比照觀之，其詩曰：「盡日尋春不見春，芒鞋踏遍隴頭雲，歸來笑拈梅花嗅，春在枝頭已十分。」又曹洞宗的藥山大師回答太守李翱何為道時說：「雲在青天水在瓶。」舒川天柱山的崇惠禪師在回答「如何是西來意」時，亦云：「白猿抱子來青嶂，蜂蝶啣花綠蕊間」。他們的一貫手法皆是用最本然和諧的時空關係來設喻、來啓悟。

第四節　中國詩中上下兩句各含明顯「時」「空」字樣者

中國古典詩因受字數及平仄限制，往往在不同的詩中會出現一些類同的字眼。（如絕句第三句句首每喜用「不知何處」）此節中所錄的則是「處」和「時」的對峙。這一組組合廣爲詩人所愛用，幾乎到了形成「模式」的程度。其中最出名的是：

「行到水窮處　坐看雲起時」（王維〈終南別業〉）

這首詩後人亦曾重組作：

「水窮行到處　雲起坐看時」

所不同者原詩重在簡單的「到達水窮處」的事實以及「看到雲的事實」。改寫後則較重過程，水窮處，乃我一路行來之處，雲起之現象，乃我久坐待到之現象。兩組句子意境不同，但將「處」「時」並列則一。

杜甫亦有句如下：

「竹深留客處　荷淨納涼時」（〈陪諸貴公子丈八溝携支納涼晚際遇雨兩首〉）

錢起有句如下：

「雲留下山處　鳥靜出溪時」（〈酬元秘書晚出藍溪見寄〉）

「泉壑凝神處　陽和布澤時」（〈奉和聖製登會昌山應制〉）

黃滔於這種組合尤感興趣：

「江城日暮見飛處　旅館月明聞過時」（〈雁〉）

「一船風雨分襟處　千里煙波迴首時」（〈旅懷寄友人〉）

「百花無看處　三月到殘時」（〈晚春關中〉）

「花作城池入官處　錦隨刀尺少年時」（〈贈旌德呂明府〉）

同樣的，司空圖亦甚喜此模式：

「凡鳥愛喧人靜處　閒雲似妬月明時」（〈山中〉）

詩僧齊己有句如下：

「古屋無人處　殘陽滿地時」（〈落花〉）

與齊己唱酬的鄭谷亦有句如下：

「落花相逐去何處　幽鷺獨來無限時」（〈水〉）

「背山南雁不到處　倚櫂北入初聽時」（〈越鳥〉）

邵雍的詩句，風格上已近禪詩：

「月到天心處　風來水面時」（〈清夜吟〉）

詞中史達祖亦有句謂：

「臨斷岸新綠生時　是落紅帶愁流處」（〈綺羅香〉）

以上例句皆十分規則的以「處」爲上句末字，以「時」爲下句末字，下面數例則稍作變化：

「幾處自煙斷　一川紅樹時」（司空圖〈閒步〉）

「時時風折蘆花亂　處處霜摧稻穗低」(張賁〈奉和襲美題褚家林亭〉)
「到處花爲雨　行時杖出泉」(錢起〈送贇法師往上都〉)
「支離東北風塵際　飄泊西南天地間」(杜甫〈詠懷〉)

「處」與「時」之所以能如此反覆以一組的模式呈現在句中，事實上已說明「時間」與「空間」在中國中古以後的詩人心目中已形同共生現象，詩人用之十分自然。這種不須經過思索過程的習慣其實反而應該更可以認定是文化深層中的民族基調。

第四節　中國詩上下句之間不含明顯「時」「空」字眼却暗含時空觀念者

上節所舉之例，一一明標「處」「時」，固可視爲世界詩壇獨特之現象，然就時空之比照觀言，亦有一缺點：凡明言「處」「時」者，往往體裁難脫寫景之範圍。寫景雖亦可寄情，然人生亦有寫景所不能盡之情，故不明註「處」「時」，可使內容具較大彈性。下面舉例：

1. 駱賓王

「城闕千門曉　山河四望春」(〈客中言懷詩〉)

城闕千門爲空間，曉爲時間，山河四望爲空間，春爲時間。

2. 儲光羲

「雲閒天地色　日照山河春」（〈秦中初齊詩〉）

前句言空間，後句言時間。

3. 杜甫

「錦江春色來天地　玉壘浮雲變古今」（〈登樓〉）

首句錦江春色爲時間，天地是空間，下句玉壘浮雲是空間，古今是時間。

4. 王維

「鳥道一千里　猿色十二時」（〈送楊長史赴果州〉）

千里之鳥道，十二個時辰無時或已的令人腸斷之猿聲，交織成特殊的離別情緒。

5. 李賀

李賀的詩在時空處理上有其截然不同的手法，可以獨立討論，此處只能簡單取二例句：

「園中莫種樹　種樹四時愁　獨睡南窗月　今秋似去秋」（〈莫種樹〉）

其第一句表空間，第二句轉言時間，第三句復言空間，第四句再言時間。

「吾不識青天高，黃地厚，惟見月寒日暖，來煎人壽。」（〈苦晝短〉）

其前兩句爲空間後兩句言時間。

6. 韋　莊

「草占一方綠　樹藏千古春」（〈嘉會里閒居〉）

此例甚奇，因有一「占」字，草地乃自告形成一空間，樹本身本來應視爲一空間，但因藏千年年輪，有千度春秋，故又形成一時間。

「去雁數行天際沒　孤雲一點淨中生」（〈題盤豆驛水館後軒〉）

前一句爲長天雁沒，是空間，孤雲漸漸生成，是時間。

7. 蘇　軾

「長淮忽迷天遠近　青山久與船低昂」（〈出潁口初見淮山〉）

長淮行舟不知天之遠近，是空間。青山長期與小舟一起浮沉，因爲是自始至終久久同行，所以可視爲一時間。

「老僧已死成新塔　壞壁無由見舊題」（〈和子由澠池懷舊〉）

上例的「時間之無常」，是交由「老僧死而如今只見新塔」而完成，「空間之必毀」則交由壞壁來形容。蓋詩人題詩於壁，本期用「詩永言」來完成某種永恆性，但人間萬象皆不可恃，詩壁如果亦倒，則所謂的永恆之詩又將焉附？

8. 陳與義

「長溝流月去無聲
杏花疏影裏　吹笛到天明」（〈臨江仙〉）

此例的空間感是用「裏」字說明的，而時間感則由「到」字點出。從用字的靈巧自如而言，「裏」「到」比「處」「時」更好，因爲「裏」可包括「處」，而「處」不能盡括「裏」，「到」可包括「時」，「時」卻不能說明「到」的過程性。

9. 對聯

「泉自幾時冷起
峯從何處飛來」（西湖董香光聯）

此例企圖用此刻之冷泉，引人回溯億萬年前之冷泉，是時間的回顧。又以眼前之山峯迫人想像山名「飛來」，究自何方飛來，是空間想像力的馳騁。

10. 對聯

「天增歲月人增壽
春滿乾坤福滿門」（常見春聯）

此聯甚爲普遍，幾可視爲春節期間最受歡迎的春聯，上聯謂天人之間皆於此際各增歲月，是時間。下聯謂乾坤大化與各家各戶皆充滿祝福，是空間。儒家言天人合一，是求「合其德」。民間所云的天人合一較少道德意味，只高高興興的祈望人與天地同春同壽。

第五節　中國詩中將人置入時間空間而造成其特殊處境者

嚴格的說，所有的「時間」「空間」中不可能沒有人，沒有人則時空亦無由感知。但上一節中所舉例句儘量強調其時空的客觀性，如「草占一方綠，樹藏千古春」，較少涉及人在此兩重壓力下所承受的力道。

本節所討論者比較注重人在時間空間交迫而來時的感受，下面且舉十四例：

1. 陳子昂

「前不見古人　後不見來者　念天地之悠悠　獨愴然而涕下」（〈登幽州臺歌〉）

此例一二句言時間之無限，第三句指空間之難窮，人當其間乃廢然摧沮。此詩簡明樸古，但論者所以給予極高之評價，應在其引起的人的內在反省和震憾。

2. 張祜

「故國三千里，深宮二十年，一聲何滿子，雙淚落君前。」（〈宮詞〉）

以三千里乘隔的空間，加以二十年幽閉的時間，宮人的怨悱愁苦不言可喻。

3. 高適

「故國今夜思千里　霜鬢明朝又一年」（〈除夜作〉）

空間是遠離故鄉三千里之空間，時間則是除夕將盡之時間。霜鬢旅人，遠離故鄉，坐對愁夜，不知如何跨越這艱難的今歲至明春的過程。又戴叔倫〈除夕夜宿石頭驛〉，有「一年將盡夜，萬里未歸人」句，意思類似。

4. 柳宗元

「一身去國三千里　萬死投荒十二年」（〈別舍弟宗一〉）

此例和上例類同，但上例把時間凝縮在除夕一夜的煎熬，此例則著重十二年來長期的零煎細熬。

5. 杜甫

「萬里悲秋常作客　百年多病獨登臺」（〈登高〉）

此例第一句是指空間的分離，而此離情的承受人是「常作客」的我，第二句「百年多病」是指這一生的歲月，而忍受此生之苦的人也是「獨登臺」的我。

「男兒生世間　及壯當封侯」（〈後出塞〉）

第一句講空間，第二句因有「及壯」兩字，說明封侯的事須在一段極迫促的時間內完成，而「限時」造成必然的壓力。男兒不但須在此茫茫大地上打拼謀生存，更希望爭取到某一地位。而野心能厲人之志亦能帶來焦慮渴苦。這類的時空，已足造成某種的壓迫感。

6. 王維

「獨坐幽篁裏　彈琴復長嘯　深林人不知　明月來相照」（〈竹里館〉）

此詩深林句表空間，明月表時間。但不可忽略的是「獨坐」兩字，獨坐表示此中有人。是人，獨享整個幽篁的幽趣。是人，感知月光整夜相隨的情意，是人在領略月夜深林的清絕。

7. 李後主

「四十年來家國　三千里地山河」（〈破陣子〉）

此例就一般人言之可能只指客觀的時空，但就後主言，卻將家國山河與一己之命運連成一體，而感到裂心的傷痛。

8. 黃庭堅

「春風春雨花經眼　江北江南水拍天」（〈次元明韻寄子由〉）

此例前句言時間，後句言空間，然因「花經眼」句而成有「我」之境。春風春雨乃經我之眼而成其爲時間上之滄桑。江北江南，水浪拍天，也是經我之耳而成其爲空間上的壯濶。

「夢幻百年隨逝水　勞歌一曲對青山」（〈光山道中〉）

此例前句言時間後句言空間，然因有「夢幻」兩字乃成有我之局面，「勞歌」亦指人，爲對方。

9. 蘇　軾

「七千里外二毛人　十八灘頭一葉身」（〈八月七日初入贛過惶恐灘詩〉）

此例第一句前半句言空間，後半句言時間，且兼及人。第二句前半是空間後半句言人。然此人既係「一葉身」，一葉乃形成和「十八灘頭」懸殊的渺小感，加上前一句說明的此人已是髮色斑白的人，益顯出詩人與時空抗衡兩皆危殆中的惶惑無依。

「此生此夜不常好　明月明年何處看」（〈中秋月〉）

此例前一句言時間，後一句言空間，然言「時間之不長好」乃謂從人觀之，故悟良宵之不永。「何處」？本是客觀地理，然而加一「看」字則成我看，則指出我的轉蓬一般的宦途，其中便有了人世的無奈和悲涼。

10. 辛稼軒

「千古興亡　百年悲笑　一時登覽」（〈水龍吟〉過南澗雙溪樓）

此詩以個人的百年身世去比照歷史的千古興亡，猶嫌「時間比例」上不足驚人，更提出「一時」這一剎那未作更強烈的比照。而此一時的行爲是「登覽」，於是個人身處時空兩大強勢壓力下的處境便更顯得淒美悲壯了。

11. 羅貫中

「是非成敗轉頭空　青山依舊在　幾度夕陽紅」（《三國演義》卷頭詞）

青山是空間，夕陽是時間，然因加上是非成敗轉頭空的句子，則把人和時間之間歸入一種不定的、可以更迭的關係，而空間如青山者，則用來代表恆常不變的自然。

12. 李之儀

「我住長江頭　君住長江尾　日日思君不見君　共飲長江水」（〈卜算子〉）

此例一二句形成一遙遠相隔之空間距離，三句則爲日日月月壘成的思念時間，四句謂相思之餘的反應，唯共飲一江之水耳。在時間和空間的雙重隔絕裏，人的情感反因而堅純深摯。

13. 對聯

「四大皆空　坐片刻無分你我
兩頭是路　吃一盞各自東西」（楹聯叢話）

此例所述爲廟中茶館之對聯，其上聯「坐片刻」是指短暫的茶敍時間。「無分你我」是指如此短暫緣聚中的個人，不應再生分別心。下聯「兩頭是路」是指，出得此門後不盡的東南西北的歧路，是空間。人處其間應善自珍惜各奔東西前的一盞茶的情分。

14. 貫雲石

「十年故舊三生夢　萬里乾坤一寸心」（〈神州寄友〉）

貫氏爲維吾爾人，係元代散曲大家，由此例觀之，其以時空交疊並峙之立意可視爲深度漢化的結果。上句十年交情爲時間，然此時間其實包含於三生緣分中，是更爲周延曼衍的時間，下句萬里乾坤是空間，然此萬里攝入我一寸心內，則此空間亦成一伸縮自如之空間了。

第六節　詞中由「領字」所產生的「時間」和「空間」效果

「領字」是詞中所獨有的節奏安排，一般詞作者並不一定善用它，卻爲周邦彥、柳永等較精音律的詞人所喜用。吳梅氏以爲詞牌中除「十六字令」一詞牌之第一句爲眞正的一字句外❽，其他在實質上更能發揮「一字句」功能的，反而是「領字」。下面先列十例：

1 漸新痕懸柳　澹影穿花　依約破初暝（王沂孫〈眉嫵〉）
2 寒蟬淒切　對長亭晚　驟雨初歇（柳永〈雨霖鈴〉）
3 對瀟瀟暮雨灑江天，一番洗清秋（柳永〈八聲甘州〉）
4 漸霜風淒緊　關河冷落　殘照當樓（柳永〈八聲甘州〉）
5 漸酒空金榼，花困蓬瀛（秦少游〈滿庭芳〉）
6 又酒趁哀絃　燈照離席（周邦彥〈蘭陵王〉）
7 念月榭携手　露橋聞笛　沉思前事似夢裏（周邦彥〈蘭陵王〉）
8 歎年華一瞬　人今千里夢沉書遠（周邦彥〈過秦樓〉）
9 念橋邊紅藥　年年知為誰生（姜白石〈揚州慢〉）
10 怕梨花落盡成秋色　燕燕飛來　問春何在　惟有池塘自碧（姜白石〈淡黃柳〉）（以上劃△者為領字）

領字因爲安排在句首，可以帶動整個句子，而有趣的是，領字所領的句子每每恰是「時間」和「空間」的組合。如例句三，江天暮雨是空間，洗出一番淸秋是時間。前設「對」字爲領字，對字一出，有如把個人放在天平的一邊，另一邊卻是灑向江天的無邊暮雨，是洗滌之後的清秋，天平兩頭如須等重，則「我」所承受的沉重之情可不言而喻。

例句一例句四例句五的領字是「漸」。和例三的「對」字相比，「漸」字是和時間更有關連的字眼。如果沒有「漸」字，霜風淒緊的一陣緊似一陣的時間層次便沒有那麼清楚。領字的基本作用原是節奏上的一種變化，是屬於音律方面的設計。至於領字在句中兼又完成強調時間和空間的作用，則是意外的收獲。

第七節　現代詩中以時間空間並峙之現象

以上諸節所討論者或爲詩或爲詞或爲曲或爲聯，皆爲中國古典詩之例證。本節擬就民國以來之新詩及遷臺以後之現代詩爲例再作觀察。

民初自胡適之先生的「嘗試集」開始，作詩極力求變，當時或因受西詩影響，亟思「以事入詩」，或「以理入詩」，而不喜抒情傳統。例如胡氏「我實在不要兒子、兒子自己來了」（〈我的兒子〉）或「這棵大樹很可惡，他礙著我的路」（〈樂觀〉）皆不含以時間空間映襯而生的人生觀照，此外如李金髮的〈棄婦〉、聞一多的〈死水〉、〈洗衣歌〉或〈罪過〉〈一句話〉乃至魯迅的〈我的失戀〉，都在有意無意間揚棄舊詩的這項傳統。

但其間也仍有些詩人不知不覺間在維繫這項傳統，其中最明顯的是宗白華的〈夜〉：

「一時間
覺得我的微軀

是一顆小星，
瑩然萬星裏
隨著星流。
一會兒
又覺著我的心
是一張明鏡，
宇宙的萬星
在裏面燦著。」

宗氏後以「美學大師」名，於其早歲詩作中，已看他掌握了中國式的時空互映的美感重點。宗氏在〈我和詩〉一文中曾將王維作品視同啓蒙詩，且自謂「行到水窮處，坐看雲起時」爲他每日反覆吟誦的句子，其友人有句「華燈一城夢，明月百年心。」宗氏以爲頗能代爲其心情，此兩句皆明顯以空間對峙於時間❾。

除宗氏外，冰心的〈春水一〇五〉亦在婉約中強調永恆時間裏個人的依歸：

「造物者
倘若在永久的生命中
只容有一次極樂的應許。

我要至誠地求著：
『我在母親的懷裏，
母親在小舟裏
小舟在月明的大海裏。』」

此外，汪靜之的詩〈時間是一把剪刀〉細繹之亦可得見其時空設計：

「時間是一把剪刀，
生命是一疋錦綺；
一節一節地剪去，
等到剪完的時候，
把一堆破布付之一炬！

時間是一根鐵鞭
生命是一樹繁花，
一朶一朶地擊落，
等到擊完的時候，
把滿地殘紅踏入泥沙！」

徐志摩膾炙人口的〈偶然〉，其實亦是兩組空間和時間的交錯：

「我是天空的一片雲，
偶爾投影在你的波心——
　你不必訝異，
　更無須歡喜——
在轉瞬間消滅了踪影。

你我相逢在黑夜的海上，
你有你的，我有我的，方向
　你記得也好，
　最好你忘掉，
在這交會時互放的光亮！」

及至遷臺以後，由於「現代詩」較新詩更傾向於深思內省，所以對時間和空間的感應乃更爲強烈，下面且舉十二位詩人的作品爲例：

1. 覃子豪

覃子豪常被人視爲「現代詩」的拓荒者或導師，在〈瓶之存在〉中他反覆敍述瓶是包容，自足完整的宇宙，其句謂：

「日出日落，時間在變，而時間依然
你握時間的整體
容一宇宙的寂寞
在永恆的靜止中，吐納虛無。」

相對於五四那一代主流文人的慷慨陳情，覃氏所標榜的風格顯然較爲沉靜凝粹。

2. 洛夫

洛夫之詩集名稱如《靈河》、《外外集》、《石室之死亡》、《無岸之河》、《時間之傷》都充滿了時空意識，其〈時間之傷〉一詩之第二段如下：

「門後掛著一襲戰前的雨衣
口袋裏裝著一封退伍令
陽臺上的曇花
白白地開了一夜
時間之傷在繼續發炎
其嚴重性

決非唸兩句大悲咒所能化解的」

其中以老舊軍用雨衣和退役令記錄一段蝕去的歲月，曇花則是在無人一見的空間裏耗去的，兩者皆屬不能化解不能超度之痛。另〈迴響〉一詩第三段如下：

「你一再問起：
『千年後我瘦成一聲悽厲的呼喚時
你將在何處？』
我仍在山中
仍靜立如千仞之崖
專門為你
製造悲涼的迴響。」

詩中以千年為期，兩人相約，預先安排了厲呼與崖壁的廻響。〈無題四行〉的第十四則如下：

「月曆雖是一幅複製的山水
時間却不容褻玩。」

《月光照在鹽田上》首段如下（詩中月曆因以山水畫為飾，故兼有時間與空間之性質。）：

「剛升起的月亮
被鹽田切成
一方塊
一方塊的
千年寒玉」

其中鹽田月光是空間，一方方千年寒玉則是時間。兩相輝映，澄明瑩徹。

3. 余光中

余氏用筆，素多變化，是極能掌握諸多技巧之詩人，後期詩集題名爲《與永恆拔河》，亦充滿時間意識。謹舉數詩爲例如下：

早期紀念亡母的〈登圓通寺〉：

「這是重陽，可以登高，登圓通寺
漢朝不遠
在這聲鐘與下聲鐘之間」

首句中重陽是時間，登圓通寺是空間，在此又牽入二千年前漢代費長房登高避難的典故。

〈西貢〉一詩，憂時兼懷人：

「海問和天問都是一樣
海是茫茫天是悠悠的蒼古」

其句以海爲空間，以天爲時間，兩處皆茫茫不得索知。〈獨自〉一詩中至少有三段時空互映的段落：

「月光還是少年的月光
九州一色還是李白的霜
祖國已非少年的祖國。」

如霜的月光是自李白至今的時間，祖國則是傷痛的空間：

「白是新自青是古來就青青
月落鐵軌靜，邊界只幾顆星
高高低低在標點著渾沌。」

新白指白髮，是時間。青是青山，是空間。兩者皆堪悼傷，月落是時間，渾沌是模糊的空間；兩者皆令人情黯。

「一頭獨白對四周的全黑」

一頭獨白是時間，是以一個歷經時間滄桑的我去抗衡四周全黑的空間，悲壯感於焉產生。余氏作品，既多且精，又富於實驗精神，可舉之例甚多，以下各例，皆堪細味：

「在這裏，在茫茫后土的邊緣
租來的土地，借來的時間。」（〈半島上〉）

「步雨後的紅蓮，翩翩，你走來
　像一首小令
從一則愛情的典故裏你走來
從姜白石的詞裏，有韻地，你走來。」（〈等你，在雨中〉）

「一面古鏡，古人不照照今人
一輪滿月，故國不滿滿香港。」（中秋月）

「或者所謂春天也不過就在電話亭的那邊
廈門街的那邊有一些蠢蠢的記憶的那邊。」（〈或者所謂春天〉）

「歷史冷落的公墓裏

任一座石門都捶不答應
空得恫人、空空、恫恫、的回聲
從這一頭到那一頭
一盞燈，推得開幾呎渾沌。」（〈守夜人〉）

「縱長城走萬里運河流千年
也難抵細細的一絲蟋蟀
把忘歸的浪子牽回。」（〈雨後寄夏菁〉）

4. 周夢蝶

周夢蝶的詩亦能掌握此種時空對峙的美感，如：

「人在船上，船在水上，水在無盡上
無盡在，無盡在我刹那生滅的悲喜上。」（〈擺渡船上〉）

「明年髑髏的眼裏，可有
虞美人草再度笑出？
鷺鷥不答：
望空擲出一道雪色。」

「乘沒遮攔的煙波遠去
頂蒼天而蹴白日。」（〈聞鐘〉）

5. 白　萩

白萩的作品中〈一株絲杉〉《流浪者》曾廣爲人所討論，該詩，排列方法奇特，白氏在詩中經營「視覺空間」的意圖因而十分顯明。他的另一首出名的〈樹〉，其中開首爲：

「我們站著站著站著如一支入土的
椿釘，固執而不動搖
噢，老天，這是我們的土地，我們的墓穴。」

看來似乎白氏比較注重空間效果，其實像〈雁〉中的句子亦頗富時空對照的美感：

「天空還是我們祖先飛過的天空。
廣大虛無如一句不變的叮嚀。」

他的另一首作品〈然則〉中有句如下：

「我們是一枚釘死的鐵釘

入木的部份早已腐銹
腐銹在檻內而望著藍天的眼光卻猶為新亮的釘頭。」

詩中的空間只有釘眼那麼大，詩中的時間卻由一根鐵釘肩負，鐵釘半腐銹半新亮，整個生銹腐朽的過程便是時間。

6. 瘂　弦

瘂弦的詩一貫寓傷痛酸惻於俏皮流麗間，如〈走索者〉的幽默，令人亦驚喜亦觳觫。但另一方面言，此類詩比較不易安排時空交錯的場面，唯細察之，亦尚有數處：

「哈里路亞！我們活著。走路、咳嗽、辯論，
厚著臉皮佔地球的一部分
沒有什麼現在正在死去，
今天的雲抄襲昨天的雲。」（〈深淵〉）
「一朶花、一壺酒、一床調笑、一個日期。」（〈深淵〉）

7. 鄭愁予

鄭愁予的詩〈偈〉明白說出自己與時空的關係：

「我不願做空間的歌者
寧願是時間的石人。」

鄭氏另一首詩〈定〉：

「我更長於永恆，小於一粒微塵。」

作者的時間意識和空間意識表現得十分鮮明。

8. 商　禽

商禽的詩如〈透支的腳印〉，其第一、二、三段分別有下列三句話：

「若是必須重覆我曾說過的一切話語，每一聲笑，在這沒有時間的空間裏」

「這真好。不再有『時間』。沒有話語」

「今夜我在沒有『時間』和語言的存在之中來到這昔日我們曾反覆送別的林蔭小徑。」

他另一首因富於音樂性，而常爲人所朗誦的〈遙遠的催眠〉亦有句如下：

「守著形象守著你
守著速度守著夜
守著陰影守著黑
我在夜中守著你。」

還有一首類似「散文詩」的〈長頸鹿〉整首如下：

「那個年青的獄卒發覺囚犯們每次體格檢查時身長的逐月增加都是在脖子之后，他報告典獄長說：『長官，窗子太高了！』而他得到的回答却是：『不，他們瞻望歲月』

仁慈的年青獄卒，不識歲月的容顏，不知歲月的籍貫，不明歲月的行蹤；乃夜夜往動物園中，到長頸鹿欄下，去梭巡，去守候。」

以囚室爲設定空間，囚人便日日活在瞻望與期待裏。這小小一詩，與撒母耳貝克特(Samuel Beckett 1906~1 989)的荒謬劇《等待果陀》(absurd theatre)有等質等量的悲傷。（附帶一提的是貝氏或因曲高和寡之故，《等待果陀》的首演竟安排在一處觀衆無處可避的巴黎某監獄裏，不意居然大受歡迎。「瞻望」「等待」和囚人的心情居然如此相應，此事可與商禽詩合觀，亦一巧合。）

9. 渡也

渡也的〈無頭石雕佛像〉：

「從中原流浪到美國
從中古流浪到現代」

此例所說的流浪已經變成屬於無依於時間，無著於空間的雙重流浪。

10. 陳義芝

陳義芝的〈致胡適〉有句如下：

「總是有一點空白
像未完成的時間一樣
等著誰去不朽。」

在以上許多例句中，大部分現代詩在時空對稱的安排上都相當接近古典詩，但特別值得一提的有二例，其一是不太爲讀者熟知的季野的〈宿營〉：

「行離早晨
就入鎮市

行離鎮市
就是正午
行過正午
就是鄉野
行去鄉野
就是下午
行過下午
就是森林
行出森林
就是黃昏
行盡黃昏
就是亂葬崗
行入亂葬崗
就是初夜
行經初夜就
宿營。」

其第一句動詞爲「行離」，行離一般應指行離空間，作者卻用以指時間。依此類推，本詩中所有與時間有關字眼「正午」「下午」「黃昏」皆已空間化。時間變成行軍者的「距離除以速度」後所產生的空洞座標點。在整首詩逐漸進入最後的亂葬崗外的宿營區之前，已先行經營出一段機械的、規則的、單調的途程。這種特殊的表現方式，看似刻板而少變化，卻是現代詩的擅場，爲受制於較短篇幅的古典詩歌所不及。

其二是夏宇的〈蜉蝣之八〉：

「時鐘只能敲五下，槍彈六發
擺了酒插上花，不合理的
情節删好改好
一個完美的
通俗劇。」

此詩乍看是寫合規合矩的空間佈署和時間定位，待至末句始知是在搭一座通俗濫戲的戲臺。作者忽然之間抽身離開她所安排妥當的時空，而將此時空擲給不相干的演員，供他們去進行修剪適度的悲歡離合。換言之，不是寫自己的時空，而是寫自己在種種要求和局限下爲別人設下了種種受局限的時空。此類安排亦爲傳統詩詞所罕見。

第八節 結 論

本文之撰述，係基於下列二條基本理念：

第一、詩歌或其他藝術之創作，必有其屬於民族的美學基礎，美學雖然在歸屬上可劃入哲學領域，但美學生命力的表現卻恆在文學藝術。漢民族基本上以「對稱」的陰陽互生，相映相峙爲美感基礎。考之於建築、室內設計或對仗句法無不皆然。而在詩的範圍中平仄之對仗屬於「音樂性之抑揚相對」，詞性對仗屬於文法上，「語言規矩之相對」，前者求其異，後者求其同，但兩者皆屬形式類。至於內容方面，雖因千變萬化難以劃分，但其中「時空」觀念之對照，至少是極爲明顯而常見的一種。「時」「空」之對峙應可視爲中國詩中極重要的屬於內涵方面的美感基礎。

第二、民國以來之新詩，因急於「自立門戶」，故每善強調其「一空依傍」的叛逆性格。胡適如此，寫〈我的失戀〉的魯迅如此，及至中原文人初渡臺灣，身處政治方面極力提倡「復興中華文化」的氛圍中，仍不改他們強調以「橫的移植」代替「縱的繼承」的宣言。此類論點加起來足以使得詩人自己和讀者都十分相信現代詩已和傳統宣告一刀兩斷的絕決關係[10]。但如今重來細檢四十年來乃至七十年來的資料，發現這些產品的包裝容或不同，但其基本成分並無太大的差異。單以一項「時空並峙」爲檢驗標準，已可測知這屬於全民族的共同的美感經驗，是不容易排拒在詩情之外的。

但是以上兩點雖是本文撰述的理念，卻非目的。本文企圖提供的測試詩的方法，只是一個手段，其目的也無非希望透過這條方法，對我們引以爲傲的中國詩作更深層的認知罷了。

附註：

❶ 《太平御覽》卷二引〈三五歷記〉。

❷ 《繹史》卷一引〈五運歷年記〉。

❸ 見《易乾鑿度》及《列子・天瑞篇》。

❹ 三一律（Three unity），幾爲希臘戲劇之金科玉律，亦稱「和合律」。莎士比亞不遵守，然如百年前之現代戲劇之父易卜生氏，其名劇《挪拉》、《群鬼》仍不出三一律之矩度。

❺ 石川丈山（一五八三——一六七二年）爲德川家康重臣，多有戰功。中歲出家，設詩仙堂於京都，供奉三十六位中國詩人，詩仙堂至今猶爲京都勝景，以花木雅淨聞名。

❻ 原詩作〈古池や蛙とびこむ水の音〉。

❼ 該書自一九八八年底維持最暢銷之紀錄至一九八九年初，半年之間，約售出二百五十萬册，該書於臺北「文經社」發行，至今亦售得七版。

❽ 以蔡伸的十六字令爲例：天　休使圓蟾照客眠　人何在　桂影自嬋娟。

❾ 見宗氏〈我與詩〉一文。（見《美從何處來》三二七頁，成均出版社，七十四年二月初版）。

❿ 「我們認爲新詩乃是橫的移植而非縱的繼承」。
這個曾廣受評議的論點，是紀絃的主張，發表於他自己所主編的《現代詩》（一三期，民國四十五年二月一日出版）屬於六大信條中的第二條。
但民國五十九年出版的中國文學大系（一七五〇——一九七〇年）（巨人出版社）詩輯之序文（洛夫）及民國七十三年出版的《創世紀詩選》（《創世紀詩刊》自民國四十三年創刊三十週年紀念集爾雅出版社）之序文（洛夫）皆有文反省該論點，並且有所修正。

傳統理想的美女形象

——析杜甫〈麗人行〉

沈　謙

中國傳統的美女模樣若何？

這眞是個耐人尋味的問題。

歷史上馳名的美女，從春秋時的西施，漢代的趙飛燕、王昭君、貂禪、晉代的綠珠，唐代的楊貴妃，五代十國的大小周后，宋代的李師師，乃至明清之際的陳圓圓……，都沒有留下存眞的畫像。所謂國色天香，傾國傾城，只能留待人們想像。

除了後人想像「是耶非耶？立而望之，翩何姍姍其來遲」❶之外，歷代詩文中對於絕色佳麗的描繪，堪稱琳琅滿目，美不勝收。其中最具代表性的就是杜甫〈麗人行〉中的兩句：

態濃意遠淑且眞，肌理細膩骨肉勻

這兩句話，從美女的具體身裁、肌膚，到抽象的風度、氣韻；從外表的裝飾打扮，到內在的德行修養，靡不畢具，且兼合內在美與外在美，福慧雙修，堪稱古今中外最完美的理想佳人典範。詩聖杜甫不愧爲詩聖，連美女的描繪都是如此聖手巧妙，細膩傳神，且看這首〈麗人行〉：

三月三日天氣新，長安水邊多麗人。態濃意遠淑且真，肌理細膩骨肉勻。繡羅衣裳照暮春，蹙金孔雀銀麒麟。頭上何所有？翠微㔩葉垂鬢脣。背後何所見？珠壓腰衱穩稱身。

就中雲幕椒房親，賜名大國虢與秦。紫駝之峯出翠釜，水精之盤行素鱗。犀筯厭飫久未下，鸞刀縷切空紛綸。黃門飛鞚不動塵，御廚絡繹送八珍。簫鼓哀吟感鬼神，賓從雜遝實要津。

後來鞍馬何逡巡！當軒下馬入錦茵。楊花雪落覆白蘋，青鳥飛去銜紅巾。炙手可熱勢絕倫，慎莫近前丞相嗔。

〈麗人行〉屬樂府中的雜曲歌辭，杜甫用此樂府舊題敍楊貴妃姊妹暮春遊宴曲江的情景，諷刺其奢侈淫蕩的生活。楊國忠於天寶十一年（西元七五二年）爲右丞相。本詩大概作於天寶十二年（七五三）。時當安史之亂爆發前兩年。杜甫年四十二歲，困居長安已歷七年，鬱鬱不得志。據《舊唐書・楊貴妃傳》記載：「玄宗每年十月，幸華清宮，國忠姐妹五家扈從，每家爲一隊，著一色衣。五家合隊，照映如百花之煥發，遺鈿墜舃，瑟瑟珠翠，燦爛芳馥於路。而國忠私於虢國，不避雄狐之刺；每入朝，聯鑣方駕，不施帷幔。」可見其奢亂之一斑。諺云：「一人得道，鷄犬升天。」自從楊貴妃受寵於唐玄宗之後，三個姐妹都封爲國夫人，大姨嫁崔家的封韓國夫人，三姨嫁裴家的封虢國夫人，八姨嫁柳家的封秦國夫人。甚至連他哥哥楊國忠，也通過裙帶關係，爬上了右丞相兼吏部尚書的寶座。杜甫眼見如此不平之事，發爲詩歌，不愧「詩史」之稱。同時技巧高妙，不愧「詩聖」之作。浦起龍《讀杜心解》評此詩云❷：「無一刺譏語，描摹處，語語刺譏；無一慨嘆聲，點逗處，聲聲慨嘆！」

要想對此詩的寫作背景有一番概括性的體認，則劉孟伉《杜甫年譜》所載最爲簡要❸：

> （生活）在長安，益知權門貴戚豪奢無度之內情，因玄宗每於常歲十月赴華清宮，至次年春乃還。而諸楊湯沐館則在宮之東垣，連蔓相照，帝臨幸必徧五家，賞賜不貲。且楊國忠私於三姨虢國，聯車出入，不施帷幔。從遊華清如此，即還長安，亦莫不爾。虢國在長安宣陽坊左，國忠宅在其南，每自省門歸家，必至虢國第，郎官御史白事者皆隨以至，居同第，出騈騎，相調笑不以為羞；平日如此，每遇上巳修禊同出曲江遊宴，亦莫不然。是年春，杜甫因作〈麗人行〉，以見諸楊豪奢放蕩之一斑。起首點出時地：「三月三日天氣新，長安水邊多麗人」，接寫麗人容貌服飾之華美，次寫飲食音樂之精新，次乃備言狎呢情狀，末乃點出權貴作威作福醜態：「炙手可熱勢絕倫，愼莫近前丞相嗔！」

〈麗人行〉係長篇歌行體，採形式整齊的七言句，整首詩共計二十六句，一百七十八字。約可分爲三段。

第一段爲首十句，敍曲江水邊遊春仕女之佳麗。

第二段爲中十句，敍楊氏姐妹豪華飲宴之奢侈。

第三段爲末六句，敍楊國忠驕橫與聲勢之顯赫。

杜甫〈麗人行〉這首敍事詩，有極美麗的一面，也有極奢淫的一面。楊倫《杜詩鏡銓》引蔣弱六評云❹：「美人相、富貴相、妖淫相，後乃現出羅刹相，眞可笑可畏。」其中敍理想的美女形相，極態盡姸，栩栩若生，令人神往情移；敍貴戚之豪華飲宴，窮盡奢靡，荒淫已極，令人慨嘆憤怒。可謂窮形盡狀，諸相畢呈，一一播映到讀者眼前。以下且分段予以闡析：

一、美人形象，極態畫姸

先看首段的前十句：

三月三日天氣新，長安水邊多麗人。
態濃意遠淑且真，肌理細膩骨肉勻。
繡羅衣裳照暮春，蹙金孔雀銀麒麟。
頭上何所有？翠微匐葉垂鬢脣。
背後何所見？珠壓腰衱穩稱身。

此敍長安近郊曲江水邊遊春仕女之佳麗：三月三日上巳節，是傳統中仕女遊春踏青的好日子，偏巧又正逢天氣清新，惠風和暢，難得的好時光。在長安東南郊外曲江與芙蓉苑一帶園池勝景的水邊，有許多美女在賞春，享受如此良辰美景，賞心樂事！她們一個個姿態艷麗，氣質高華，賢淑文雅而又純眞可愛；同時皮膚細膩，骨肉勻稱，身裁姣好，兼具內在美與外在美，眞是天生麗質，丰神絕世！細看麗人的服飾，更是華貴艷麗，令人目眩神迷；身穿錦繡羅衣，配上各色各樣的裝飾吉祥圖案，有金線繡的孔雀，有銀線繡的麒麟，艷光耀眼，與大好春光相互輝映，令人目不暇給！更有的頭上戴著嵌翡翠的時髦花飾，垂到鬢髮邊上，搖曳生風；有的衣後襟上綴著明亮珍珠，裝束合身，婀娜多姿！

「三月三日天氣新，長安水邊多麗人。」點出時間、場景與人物。時間是「三月三日——上巳」，古人多於水邊祓禊，祈求降福消災。晉王羲之〈蘭亭集序〉卽爲此雅集而作。一直到後世，上巳仍然是郊遊踏青的好日子。何況這一年的上巳正是天氣清新，惠風和暢的大好良辰。

場景是「長安水邊」，詩中雖未明言長安水邊的何處，但顯然是指當時長安東南郊的曲江水邊。唐時曲江流穿長安城東南。唐康駢《劇談錄》卷下寫曲江：「其南有紫雲樓、芙蓉苑，其西有杏園、慈恩寺。花卉環周，煙水明媚，都人遊翫，盛于中和上巳之節。彩幄翠幬，匝於堤岸，鮮車健馬，比肩擊轂。」[5]可證曲江爲長安近郊馳名的風景名勝。杜甫在長安時期，也曾有不少作品描繪曲江一帶的風光。如：〈曲江三章〉、〈九日曲江〉、〈曲江陪鄭史飲〉、〈曲江二首〉、〈曲江對酒〉、〈曲江對雨〉等。

人物是「麗人」。此麗人係泛指到曲江遊春的美女，並未明言究竟是何人。劉向《別錄》云：「昔有麗人善雅歌，後因以名曲。」郭茂倩《樂府詩集・雜曲歌辭》除了收錄杜甫〈麗人行〉之外，另有崔國輔〈麗人曲〉：

紅顏稱絕代，欲並眞無侶。
獨有鏡中人，由來自相許。

首二句寥寥十四字，即已交代時間、場景、人物、事件。如此簡潔扼要的筆法，在杜甫詩中，頗爲常見：

皇帝二載秋，閏八月初吉。
杜子將北征，蒼茫問家室。〈北征〉
暮投石壕村，有吏夜捉人。〈石壕吏〉

此二首詩與〈麗人行〉同樣以時間開端，然後再敍及人物、場景、事件。可見異曲同工之妙。

「態濃意遠淑且眞，肌理細膩骨肉勻。」敍麗人的神態與體貌之美。由於此「麗人」並非專指，即可以將杜甫理想中的美人形象集中投射，薈聚於一身。從中國傳統的美女形象而言，此二句實可謂理想之典範。略作分析如下：

㈠身裁美——骨肉勻：此言麗人之骨肉勻稱，肥瘠相宜，增之一分則太長，減之一分則太短。身裁絕佳。

㈡肌膚美——肌理細膩：此言麗人之肌膚紋理細嫩光滑而潤澤。《詩經・衞風・碩人》形容衞莊公夫人莊姜之美云：「手如柔荑，膚如凝脂。」言手細嫩柔美得像茅草的嫩芽，皮膚潔白潤澤得像凝脂。又《古詩十九首》：「燕趙多佳人，美者顏如玉。」美人如玉，可以使人聯想到：①肌膚之潔白如玉，②肌膚之潤澤如玉，③內蘊溫潤如玉之美德。均可以與杜甫的「肌理細膩」相互參證。

㈢姿態美——態濃：此言麗人之盛妝濃麗，姿態美妙，艷光耀目。《詩經・碩人》所謂「巧笑倩兮，美目盼兮。」可與此相參證。

㈣風韻美——意遠：此言麗人風度神韻之美，氣質高華，丰神絕世，顧盼煒如，舉手投足之間，有不可名狀之萬千儀采。

㈤德行美——淑且眞：此言麗人賢淑文雅，純眞活潑，天生麗質，自然美妙。不但有淑女之端莊溫柔與體貼，更有嬌女之純眞純潔與俏黠。

如此看來，「態濃意遠淑且眞，肌理細膩骨肉勻。」二句，寥寥十四字，從麗人之身裁美、肌膚美、姿態美，乃至於風韻美、德行美。衆美薈聚，靡不畢具。從具體的美到抽象的美，從外在美到內在美，集古今中外美人特點之大全。不但是中國傳統社會中理想的美女形象的典範。假如以此標準作爲現代選美的依據與借鏡，一定可以提昇美的水準！我們幾乎可以斷言，杜甫〈麗人行〉的「態濃意遠淑且眞。肌理細膩骨肉勻」二句，堪稱爲古今中外所有描繪美女形象的壓卷作。杜甫之稱「詩聖」，豈是偶然！

首段接下來的六句，則著力描繪麗人之服飾。

「繡羅衣裳照暮春，蹙金孔雀銀麒麟。」寫麗人之衣裳。繡羅，刺繡的絲綢。蹙金，謂蹙結其金以爲飾綴。孔雀、麒麟，則爲衣裳刺繡的圖案。許文雨《唐詩集解》引胡夏客云❻：「唐宣宗嘗語大臣曰：玄宗時，內府錦襖二，飾以金雀，一自御，一與貴妃。今則卿等家家有之矣。此詩所云，蓋楊氏服擬於宮禁也。」此二句意謂：麗人身穿青羅細紗織的衣裳，上面用金絲銀線繡著孔雀或麒麟，極言其服飾之華貴，光彩照人，與暮春之美景相映成輝。用金孔雀、銀麒麟的刺繡圖案，亦非偶然，因爲孔雀是百鳥之王，麒麟是百獸之珍。均有吉祥的象徵意義。

「頭上何所有？翠微㔩葉垂鬢脣。背後何所見？珠壓腰衱穩稱身。」寫麗人身上的飾物。㔩葉，髮髻上的花飾；腰衱，腰帶的衣後襟。不但頭上戴翡翠的首飾插遍髮髻，一直垂到鬢邊，而且珍珠綴的腰珮掛滿衣襟，裝扮得恰到好處。此四句句法上頗見變化。在形式整齊的七言句中插入兩個五言問句，使得句法參差錯落，且自問自答也使整段詩頓起波瀾。如此的描繪，頗帶樂府民歌風味，且看：

頭上倭墮髻，耳中明月珠。
湘綺為下裙，紫綺為上襦。〈陌上桑〉

長裾連理帶，廣袖合歡襦。
頭上藍田玉，耳后大秦珠。
兩鬟何窈窕，一世良所無。〈羽林郎〉

著我繡裌裙，事事四五通。
足下躡絲履，頭上玳瑁光。
腰若流紈素，耳著明月璫。
指如削葱根，口如含朱丹。
纖纖作細步，精妙世無雙。〈焦仲卿妻〉

可見杜甫對「麗人」的描繪，充分擷取了樂府民歌中的精髓。以上首段杜甫對「麗人」的描繪，極態盡妍，從意態到肌骨，衣裙到佩飾，裏裏外外，上上下下，前前後後，無不窮盡其美妙。李蔚青在《中國歷代詩歌鑑賞辭典》中評云❼：「讀之彷彿觀一幅美妙的工筆重彩仕女畫，讓人贊歎不已，撫掌叫絕。」洵非虛譽。

二、飲宴豪華，窮盡奢靡

再看中段的十句：

就中雲幕椒房親，賜名大國虢與秦。
紫駝之峯出翠釜，水精之盤行素鱗。
犀筯厭飫久未下，鸞刀縷切空紛綸，
黃門飛鞚不動塵，御厨絡繹送八珍。

簫鼓哀吟感鬼神，賓從雜遝實要津。

此敍楊氏姐妹飲宴之豪華奢侈：其中最引人注目的是楊貴妃的姐妹，三姨虢國夫人、八姨秦國夫人等皇親國戚，來此游宴，眞是窮極奢靡：翡翠的鍋裏烹調出甘旨的駝峯，水晶的盤子捧出鮮美的白魚。可是這些貴夫人早已厭膩美味，手拿着犀角雕成的筷子卻難以下箸。那些名廚師拿着鸞刀，細切肴餚，精調美味，也是白忙了一陣子，因爲他們的超凡手藝，並沒有人欣賞，還有天子御膳房烹調的龍肝、鳳髓等八珍美味，黃門宦官絡繹不絕地飛馬傳送而來，也是乏人問津。同時，筵前演奏音樂助興，樂聲之美妙，可以感動衆神。許多身居要職的官員，紛紛趕來作客，場面眞是熱鬧！

「就中雲幕椒房親，賜名大國虢與秦。」轉入秦虢本題。首段泛寫曲江遊春諸女之美麗。以下十句專注於楊氏姐妹之華侈。雲幕，鋪設幕帳如雲霧。《西京雜記》：「成帝設雲幄、雲帳、雲幕於甘泉紫殿，世謂之三雲殿。」椒房，以皇后所居之椒房殿代皇后。椒房親，外戚，此指楊貴妃之姐妹。《三輔黃圖》：「椒房殿，在未央宮，以椒和泥塗壁。」以椒塗宮室，取其蕃實之義，亦取其溫暖，辟除惡氣。虢與秦，以封號代貴妃姐妹。《舊唐書・楊貴妃傳》：「有姐三人，皆有才貌，玄宗並封國夫人之號。長曰大姨（適崔氏）封韓國；三姨（適裴氏）封虢國；八姨（適柳氏）封秦國。」此二句點出地點與人物，從熱鬧的泛論中，將目光焦點凝聚到在曲江設幕宴遊的楊氏姐妹身上。

「紫駝之峯出翠釜，水精之盤行素鱗。」言味窮水陸。翠釜，翡翠之釜，謂精緻之鍋。水精，水晶，謂盤皿之考究。素鱗，白鱗魚，亦指鮮魚。素鱗與駝峯相對，包括水中與陸上之珍味，「素」與「紫」顏色相映。又「出」「行」兩動詞頗爲傳神。翡翠的鍋子盛出紫色的駝峯，水晶盤傳送白色的鮮魚。可見器皿精緻，肴饌精美，色香味具全。

「犀筯厭飫久未下，鸞刀縷切空紛綸。」言飲食暴殄。犀筯，犀牛角雕成的筷子；鸞刀，帶鸞鈴的小刀。極言食器之精。厭飫，飽膩。紛綸，忙亂貌。儘管用的是翠釜晶器，拿的是犀筯，面對厨師細切精烹的山珍海味，卻興致缺缺。因爲這些難求的美肴，她們早已習以爲常，不足爲奇，食飽飲膩，沒有胃口了。讓厨師們白忙了一陣，精心辛苦的手藝傑作，乏人欣賞。一個「久」字，一個「空」字，頗見精神。

「黃門飛鞚不動塵，御厨絡繹送八珍。」言寵賜優渥。黃門，宦官。飛鞚，飛馬傳送。《明皇雜錄》：「虢國每入禁中，常乘驄島，使小黃門爲御。紫驄之駿健，黃門之端秀，皆冠絕一時。」❽御厨，皇帝之御膳房。八珍，謂龍肝、鳳髓、豹胎、鯉尾、鴞炙、猩唇、熊掌、酥酪蟬等八種珍味。在「犀筯厭飫久未下」的情況下，皇帝的御厨仍奉旨不斷傳送八珍之美味，爲諸姨上巳曲江修禊盛筵添菜助興，內廷太監鞚馬飛馳而來，路不動塵，眞是排場驚人！

「簫鼓哀吟感鬼神，賓從雜遝實要津。」言聲樂之盛，趨附之衆。簫鼓，一作簫「管」，雜遝，衆多貌。要津，交通要道或渡口，此指重要的官職。上句謂奏樂助興，清越高亢的美妙音樂，簡直可以感動鬼神。上巳修禊祀神，所以演奏哀調。下句言賓客、隨從之盛況，且頗多達官貴人身居要職者，足見趨炎附勢者甚多。《古詩十九首・今日良宴會》：「何不策高足，先據要路津！」逢迎巴結天子身邊的紅人，當然是先據要路津的捷徑！

中段敍楊氏姐妹之華侈，以食器之精、美味之珍、車馬之忙，音樂之盛，客從之衆，烘托出諸楊之浮華奢侈，暴殄天物，描繪生動，刻畫得淋漓盡致。窮極奢淫的畫面，躍然紙上，讓讀者充分感覺其生活之荒靡。其中無一刺譏，而語語帶刺譏，見於言外，將諷刺藝術發揮到極致！

三、貴戚驕橫，氣勢炙人

最後看末段的六句：

後來鞍馬何逡巡！當軒下馬入錦茵。
楊花雪落覆白蘋，青鳥飛去銜紅巾。
炙手可熱勢絕倫，愼莫近前丞相嗔！

此敍楊國忠驕橫與聲勢之顯赫：在如此極盛大的排場，極熱鬧的氣氛中，忽見一人從容騎馬而來，從錦茵上昂然直到軒前，架勢非凡。看樣子，他理應是當朝宰相楊國忠吧！楊家一門，眞是聲勢顯赫，有貴妃，有宰相，又有韓國夫人、虢國夫人、秦國夫人，權傾一時。紛紛似雪的楊花，蓋住了水面的白蘋，連西王母的侍者——青鳥，都飛臨銜取遺在地上的紅巾。楊家的權勢絕無倫比，熱得燙手，閒雜人等，只能閃在一邊看熱鬧，千萬別靠近他們，以免宰相生氣，徒自惹禍上身！

「後來鞍馬何逡巡，當軒下馬入錦茵。」末段敍楊國忠出場，聲勢顯赫，炙手可熱。以

「後來」承上接下。逡巡，徘徊不進貌，可見其扈從之盛，氣度非凡。軒，門戶。錦茵，錦織之地毯，或解作如地毯之草坪，指楊氏姐妹遊宴之處。上句言楊國忠前呼後擁，從容不迫地姍姍來遲，架勢十足。下句言楊國忠驅馬直入，旁若無人，狀甚意氣洋洋，驕貴倨傲，自非等閒之輩。字面上此雖未明言楊國忠，但觀本段末句「愼勿近前丞相嗔」，自可想見此係何許人也。陳貽焮在《唐詩鑑賞辭典》評此云❾：「彼『後來』者鞍馬逡巡，無須通報，竟然當軒下馬，徑入錦茵與三夫人歡會；此情此景，純從旁觀者眼中顯出，當日擊者和讀者目瞪口呆驚詫之餘，稍加思索，便知其人，便知其事了。」

「楊花雪落覆白蘋，青鳥飛去銜紅巾。」諷刺瀆倫亂禮。字面上似若寫春景，故仇兆鰲《杜詩詳註》云❿：「楊花青鳥，點暮春景物，見唯花鳥相親，遊人不敢仰視也，一時氣燄可畏如此。」實際上借前人典故刺楊氏兄妹亂倫。按北魏胡太后逼通楊華，華懼禍，南逃降梁。太后思念不已，作〈楊白花〉歌辭⓫：

> 陽春二三月，楊柳齊作花。
> 春風一夜入閨闥，楊花飄蕩落南家。
> 含情出戶脚無力，拾得楊花淚沾臆。
> 秋去春還雙燕子，願銜楊花入窠裏。

青鳥係神話故事中西王母座前之青鳥，職司傳遞消息，喻使者。薛道衡〈豫章行〉：「願作王母三青鳥，飛來飛去傳消息。」《漢武故事》：「七月七日，上於承華殿齋坐中，忽有青鳥從西方來集殿前，有頃，王母至，有三青鳥如烏，夾侍王母旁。」

此二句語含譏刺，故詩意隱晦。茲列舉二家解說，以窺其詳。

(一) 蕭滌非《杜甫詩選注》⑫：「兩句都是隱語，是以曲江暮春的自然景色來影射楊國忠和其妹虢國夫人的曖昧關係。楊花覆蘋——古有楊花入水化爲萍的說法，萍之大者爲蘋。是楊花，萍和蘋雖爲三物，實出一體，故以楊花覆蘋影射兄妹苟且。青鳥代表情人的信使，飛去銜紅巾，指爲楊氏兄妹傳遞消息。」

(二) 李蔚青在《中國歷代詩歌鑑賞辭典》評云：「據這兩典而論，似揭露楊家兄妹的曖昧之情。『楊花』、『白蘋』比楊氏兄妹，『青鳥』、『紅巾』喻他們之間的私情。以比爲賦，以喻爲敍，似是而非，說非又似，虛虛實實，隱隱顯顯，不落俗境，亦不同於以上所有詩句，確有一番匠心獨遠其中。」

其實，楊國忠兄妹苟且之事，早已是公開的秘密。《舊唐書·楊貴妃傳》：「國忠私於虢國，而不避雄狐之刺。每入朝，或聯鑣方駕，不施帷幔。」《楊太眞外傳》：「虢國又與國忠亂焉。略無儀檢，每入朝謁，國忠與韓、虢連轡，揮鞭驟馬，以爲諧謔。從宦嫗百餘騎，秉燭如晝，鮮裝袨服而行，亦無蒙蔽。」可見其恣意招搖，恬不知恥。杜甫以「楊花雪落覆白蘋，青鳥飛去銜紅巾」二句詩，予以譏刺，詩意隱晦，在可解與不可解之間，堪稱高手過招，點到爲止。

「炙手可熱勢絕倫，愼莫近前丞相嗔！」直言楊氏兄妹驕縱專恣。炙手可熱，氣燄薰天，聲勢灼人，嗔，同瞋，發怒。上句言其權傾天下，勢若中天，無人可比。下句警惕旁觀者保持距離以策安全，不要趨近看熱鬧，以免觸怒丞相，招惹不測之禍。

《麗人行》的主旨在諷刺楊貴妃兄妹驕縱奢靡，荒淫無道。從以上的評析中，可以充分領略其用意，清施補華《峴傭說詩》評云：

> 〈麗人行〉，前半竭力形容楊氏姐妹之游冶淫泆。後半敘國忠之氣燄逼人，絕不作一斷語，使人於意外得之！此詩之善諷也。通篇皆先敘後點，「就中雲幕椒房親，賜名大國虢與秦」，結楊氏姐妹。「炙手可熱勢絕倫，慎莫近前丞相嗔」，結國忠，章法可學。

又陳貽焮在《唐詩鑑賞辭典》評云：

> 從頭到尾，詩人描寫那些簡短的場面和情節，都採取像〈陌上桑〉那樣一些樂府民歌中所慣常用的正面詠歎方式，態度嚴肅認真，筆觸精工細膩，著色鮮豔富麗、金碧輝煌，絲毫不露油腔滑調，也不作漫畫式的刻畫。但令人驚歎不置的是，詩人就是在這一本正經的詠歎中，出色地完成了詩歌揭露腐朽，鞭撻邪惡的神聖使命，獲得了比一般輕鬆的諷刺更為強烈的藝術批判力量。

當然，假如我們再從杜甫的其他作品中來衡量的話，揭露腐朽，諷刺現實，正是杜甫一貫的作風。如：

虢國夫人承主恩，平明上馬入金門。
却嫌脂粉涴顏色，淡掃蛾眉朝至尊。〈虢國夫人〉
彤庭所分帛，本自寒女出。
鞭撻其夫家，聚斂貢城闕。
…………
朱門酒肉臭，路有凍死骨！〈自京赴奉先詠懷〉

「朱門酒肉臭」，正是〈麗人行〉詩中所敍楊氏奢靡之寫照。透過以上的探討，除了充分感受到「詩史」之精神，「詩聖」之妙藝，更有一分嶄新的意外收穫，那就是歷來詩評家專注於〈麗人行〉的諷刺性⑬。殊不知此詩中的「態濃意遠淑且眞，肌理細膩骨肉勻」。不但描繪了傳統中理想的美女形象。更是古今中外詠美女詩篇的壓卷作。理想的佳人典範，栩栩若生，躍然紙上。除了現代審美所品頭論足的身裁美、肌膚美之外，更有姿態美、風韻美、德行美。誠如仇兆鰲《杜詩詳註》所云：「濃如紅桃裛露，遠如翠竹籠烟，淑如瑞日祥雲，眞如澄川朗月。」這才是完美佳人絕世丰神的寫眞！

附註

❶ 漢武帝劉徹〈李夫人歌〉，見《漢書・外戚傳》：「上思念李夫人不已，方士齊人少翁言能致其神，廼夜張燈燭，設帷帳，陳酒肉，而臺上居他帳。遙望見好女如李夫人之貌，還幄坐而步，又不得就視。上愈益相思悲感，爲作詩曰：「是耶非耶？立而望之，偏何姍姍其來遲！」（藝文印書館）

❷ 見浦起龍《讀杜心解》卷二之一〈麗人行〉末評。（古新書局）

❸ 見劉孟伉《杜甫年譜》公元七五三年（天寶十二載，癸巳）四十二歲（生活）。（西南書局）

❹ 見楊倫《杜詩鏡銓》卷二〈麗人行〉評。（華正書局）

❺ 康駢《劇談錄》載《文淵閣四庫全書》子部三四八小說家類。（商務的書館）

❻ 見許文雨《唐詩集解》卷四〈麗人行〉注。（正中書局）

❼ 李蔚青〈評麗人行〉，載劉晉玲、田軍、王洪主編《中國歷代詩歌鑒賞辭典》。（中國民間文藝出版社）

❽ 唐鄭處誨《明皇雜錄》卷下，載《文淵閣四庫全書》子部三四一小說家類。（商務印書館）

❾ 陳貽焮〈評麗人行〉，載蕭滌非、程千帆、馬茂元等撰《唐詩鑒賞辭典》。（上海辭書出版社）

❿ 見仇兆鰲《杜詩洋注》卷二〈麗人行〉評。（里仁書局）

⓫ 見郭茂倩《樂府詩集・雜曲歌辭十三》。（里仁書局）

⓬ 見蕭滌非《杜甫詩選注・麗人行》注。（上海古籍出版社）

⓭ 傅庚生《杜詩散繹》五〈朱門酒肉臭，路有凍死骨——杜詩的人民性〉云：「在杜甫早期的作品裏，諷刺統治集團比較突出的首推〈麗人行〉。」（建文書局）

楚辭體製九章惜誦涉江疑句之辨識

張正體

一、前言

《楚辭》體製，騷體的構篇造辭，是運用楚人舊俗習用的語尾詞「兮」字，作爲句末的語尾詞；或置於句中作語助詞。此種造句風格，在中國文學發展史上，可說突破了詩經傳統的方法、形式、腔調之體式，建立了新的文學創作形象，應是中國文學創作，最早求新、求變的先聲，於中國文學的發展，影響至大。

今日坊間流播的《楚辭》，大都以《章句》本、《補註》本、或《集註》本爲藍本，其中彼此有若干句子；互有差異，究其原因，係年代久遠。《章句》本雖是最早，出自漢王叔師之輯，但係經宋陳說之改訂，已非叔師之舊，乃晁補之所重編。而《補註》本係宋洪興祖所撰；《集註》本是宋朱熹所作，皆各有所本，由於代代繙刻，或手民誤植、或脫遺錯落，因之相沿成習的流傳下來。而歷代研究《楚辭》的專家學者，對於《楚辭》的構篇造辭，大都忽略未肯下工夫去整理，以致那些疑句，繼續混淆流播。究竟何者是屈子原作？何者是後人增損？教人眞僞莫辨！何去何從!?

筆者有鑑及此，三十餘年來無時不以此爲念，近十年來，先後已發表七篇有關《楚辭》體製之專論，尤以民國七十六、七十七年，於第八、九屆古典文學研究會，發表〈《離騷》疑句之辨識〉❶、〈《九歌》疑句之辨識〉❷，自量其間尚有商榷之處，但卻爲研究楚辭開拓一條新的研究途徑，如果能收拋磚引玉之效，於願足矣！

茲再就《楚辭》的〈九章〉的〈惜誦〉、〈涉江〉之疑句，分別辨識於後：

二、〈九章・惜誦〉疑句之辨識

〈九章〉是《楚辭》體製的篇章之一，其篇目依章句本的次序，即〈惜誦〉、〈涉江〉、〈哀郢〉、〈抽思〉、〈懷沙〉、〈思美人〉、〈惜往日〉、〈橘頌〉、〈悲回風〉等九篇。據叔師〈九章篇首敍〉說：「〈九章〉者，屈原之所作也。章者，著也，明也。言己所陳忠信之道，甚著明也。」但朱熹《集註》本說：「後人輯之，得其〈九章〉，合爲一卷，非出於一時之言也。」這兩種不同的說法，如果就今存《楚辭》作品〈九章〉各篇的內容，詳加研究推敲，則以朱熹之說，較符實際。

據王叔師〈九章敍〉說：「屈原放於江南之野，思君念國，憂心罔極，故復作九章。」因此，後人皆認爲九章各篇是屈子再遭放逐時所作。但實際研究，雖大部份爲再放之作，但其中卻有初放前被讒見疏；及初放時的作品，由此足證朱熹之說是正確的。

〈九章〉各篇的構篇造辭句法，除〈懷沙〉是用五、四言聯句式，橘頌作四、三言式外，其餘七篇大都是七、六言聯句式的造辭。

(一)〈惜誦〉造辭之句例

〈惜誦〉是〈九章〉的首篇，惜是愛也，痛也。誦是讀古訓公開言之。全篇八十八句，共有疑句二十五句❸。在〈九章〉篇中，此篇應是放逐前的作品，篇中很多句子，是反映其被讒失職的心情沉痛也。

〈惜誦〉全篇作品，以今存宋洪興祖撰《楚辭補註》本❹研究，其造辭句例，應是皆作七、六言聯句，上、下句辭意相貫的聯句式四十四聯，共八十八句爲正確。今篇中作六、五言及六、六言各二聯四句，共八句。六、七言一聯二句、七、四言一聯二句，七、五言一聯二句，七、七言五聯十句，七、八言二聯四句、八、五言一聯二句，八、六言三聯六句，八、七言一聯二句，計爲十七聯，共三十四句。其中疑爲後人繙刻時，因手民誤植，或脫遺，或錯落參差，或後人未加考究而自行增損，以致不符構篇之七、六言聯句的句例，因而發生成爲疑句者，共有二十五句，茲以宋洪興祖撰的《楚辭補註》本爲依據，分別把該疑句，一一加以辨識更訂之。

(二)〈惜誦〉疑句辨識更訂

惜誦全篇發生之疑句，係以《補註》本爲基準，然後與其他《章句》本、《集註》本、《文選》等版本相較，再以其全篇的辭意，及其構篇之造辭，詳加研究分析，確定其造辭是七、六言聯句式成篇。茲將各該疑句，一一加以辨識並更訂之，以供參考。

余惜誦以致愍兮，猶發憤以杼情：此二句係〈惜誦〉的篇首起次句，宋洪興祖撰《補註》本作「惜誦以致愍兮，發憤以杼情」的六、五言聯句，各家皆同《補註》本。筆者按楚騷的造辭句法，雖有六、五言聯句式，但就全篇造辭研究，應皆作七、六言聯句爲正，且作六字句之文義欠完整，究竟是何人「惜誦以致愍」呢？主辭未寫出，況其下文自第三句起，卽連續十四句作七、六言聯句，實不可能於起始兩句作六、五言句也。前賢疏解《楚辭》，皆習於審音正字，對於造辭句法，尚罕見論述。因此，筆者以爲句首脫遺一「余」字；次句首脫遺「猶」字形容詞，應分別增益之，更訂爲「余惜誦以致愍兮，猶發憤以杼情」。如此則文義非常完整的表現出來，而造辭句法亦可與其下文一氣爲七、六言聯句式。

誼先君而後身兮：此句是〈惜誦〉的第十七句，《補註》本作「吾誼先君而後身兮」八字句，各家皆同《補註》本。按其下偶數句《補註》本作「羌衆人之所仇」六字句，《考異》註：「一本羌下有然字，一本仇下有也字。」筆者認爲有「然」、「也」字，並不影響辭意，故仍應以補註本作六字爲正確。所以其上句之文義係承上文一氣而來，句首之「吾」字疑爲後人就語釋之意而增入，應予刪去，更訂爲「誼先君而後身兮，羌衆人之所仇」的七、六言聯句，可與下文第十九、二十句「專惟君而無他兮，又衆兆之所讎」的辭意、句法相類也。

吾壹心而不豫兮，羌又不可保也：此兩句是〈惜誦〉的第二十一、二十二句，《補註》本作「壹心而不豫兮，羌不可保也」的六、五言句，諸家皆同《補註》本。據《考異》註：「一本此句與下文皆無也字。」筆者按此之上下文，皆作七、六言聯句，中間出此六、五言聯句，就誦讀之聲調較激。就辭意分析，作六、五言聯句，亦欠貫串一氣，疑上句首有一主詞「吾」字脫落，下句羌下脫遺「又」字，應分別增益，更訂爲「吾壹心而不豫兮，羌又不可保也」的七、六言聯句，如此文義方稱完整一氣，而符七、六言聯句的構篇。

余事君而不貳兮：這是〈惜誦〉的第二十七句，《補註》本作「事君而不貳兮」六字句，而註說：「而一作其。」諸家皆同《補註》本。按其下偶數句作「迷不知寵之門」六字，如此造辭，則上下聯句皆爲六字句，與楚騷造辭句例風格不合。再就辭意分析，句首應有主辭，疑脫遺一個「余」字，應予增益之，更訂爲「余事君而不貳兮，迷不知寵之門」的七、六言聯句爲正。

亦非心之所志：此是〈惜誦〉的第三十句，補註本作「亦非余心之所志」七字句，而句下《考異》註：「一本此句末與下文皆有也字。」而朱熹《集註》本、戴東原《屈原賦注》作「亦非予之所志也」七字句，又清蔣驥《山帶閣注楚辭》作「亦非余之所志也」。其餘各家同《補註》本。筆者按此是第二十九句「忠何罪以遇罰兮」七字句的偶句，照《補註》本所作，是成爲七、七聯句，朱本、戴本、蔣本亦同。雖「余」與「予」形異而義同。若依《考異》注句末有也字，則變爲七、八言聯句，與楚騷造句風格不類，故筆者認爲句末不應有也字，且疑《補註》本所作句中非下的「余」字，乃第二十七句首所有，傳刻時誤移於此句中，故應刪去，更訂爲「亦非心之所志」六字句爲正。

又謇不可釋也：此句是〈惜誦〉的第三十四句，《補註》本作「謇不可釋」四字句，王夫之《楚辭通釋》同《補註》本。而《考異》註：「一本句末有也字。」查朱《集註》本、蔣驥《山帶閣注楚辭》、戴東原《屈原賦注》皆從之，作「謇不可釋也」五字句。按此是第三十三句「紛逢尤以離謗兮」的偶數句，各家皆同補註本作七字句，則成爲上七字；下句四字的造辭，設如依朱本等句末有「也」字，亦係七、五言聯句，如此的作法，是楚騷造辭格調所罕見。絕不是作七、四字聯句的。且此句的上下文皆作七、六言聯句，中間應無出以四字句之理，就聲調說，四字句的聲情激越，則前後朗讀聲情到此句，必然無法融協，因此，筆者以此句首脫遺一「又」字，句末應從朱本等作有「也」字，故更訂爲「又謇不可釋也」六字句，以符七、六言聯句式，則辭意可相類。蓋此句之上下文之偶數句首，皆有一又字是也，故更訂如上。

又莫察之中情：此是〈惜誦〉之第三十八句，《補註》本作「又莫察余之中情」七字句，諸家皆同《補註》本筆者按此句是承三十七句「心鬱邑余侘傺兮」七字句的偶句，依楚騷的造辭格調，上句七字，其下偶句當作六字，此騷辭的長短句格律。又就辭意分析，每一聯句的上下句辭意是相貫的，其上句既用「余」字，則下句察下的「余」字，疑爲手民所誤置，應卽刪去，更訂爲「又莫察之中情」六字句爲正。

固煩言不結詒兮：此句是〈惜誦〉的第三十九句，《補註》本作「固煩言不可結詒兮，願陳志而無路」的八、六言聯句，王夫之、戴東原同其作。但《考異》註：「固一作故，一本結下有而字。」清蔣驥《山帶閣注楚辭》同《考異》註。筆者按若結下有「而」字，則成爲九、六言聯句了，所以絕對沒有「而」字，同時不下的「可」字，疑爲後人就語釋之意而增者，應予刪除。就辭意分析，「不可結詒」與「不結詒」的辭意是相同的，何必多一「可」字，故更訂爲「固煩言不結詒兮」七字句爲正。

退靜默莫余知兮，進號呼又莫聞：此兩句是〈惜誦〉的第四十一、四十二句，《補註》本作「退靜默而莫余知兮，進號呼又莫吾聞」的八、七言聯句，王夫之、戴東原及《經典寶藏》同《補註》本，但蔣驥《山帶閣注楚辭》作「退靜默而莫余知兮，進號呼又莫余聞」，同樣是八、七言聯句，而於偶句改「吾」爲「余」，辭意雖同，而用字有異，又清陳本禮

《屈辭精義》是上下句皆「予」字。筆者按楚騷的造辭格調，雖有八、七言聯句的句例，但觀此兩句的上下文皆作七、六言聯句，中間突出八、七聯句，就辭意說，實無此必要，蓋上句默下之「而」字，屬無義可解的虛字；疑爲後人所增，應予刪去。又上句既用「余」字，則下句應無再用「吾」或「余」字之必要，蓋上下聯句，辭意是一氣貫串的，所以下句莫下的「吾」字，疑爲後人就解釋的意思不加考究增入的，可以刪去，更訂爲「退靜默莫余知兮，進號呼又莫聞」的七、六言聯句式爲宜。

昔余夢於登天兮：此是〈惜誦〉的第四十五句，《補註》本作「昔余夢登天兮」六字句，諸家皆同《補註》本所作。按下文偶數句是「魂中道而無杭」六字句，上下句皆作六字句，與楚騷造辭格調不符，就誦讀的聲調說，上下文皆作七、六言聯句，中間出六、六言句，則前後聲情欠順暢，故句中夢下應脫落一個虛字，經筆者研究應增一「於」字作語助詞，所以更訂爲「昔余夢於登天兮」七字句也。

君可思不可恃：此是〈惜誦〉的第五十句，《補註》本作「君可思而不可恃」七字句，各家皆同《補註》本。按此句是承四十九句「終危獨以離異兮」七字句的偶句，依楚騷造辭句例，上句作七字句，其下偶句當作六字句，故句中思下「而」字，疑爲後人所增的虛字，無義可解，應予刪去，更訂爲「君可思不可恃」爲宜。

懲於羹而吹韲兮，何不變此之志：此兩句乃〈惜誦〉的五十三、五十四句，《補註》本作「懲於羹者而吹韲兮，何不變此志也」的八、六言聯句，而《考異》註說：「一無者字。一云懲熱於羹韲。韲一作齏。」按王夫之《楚辭通釋》同《補註》本。而朱熹《集註》本、戴東原《屈原賦注》則皆無者字。又蔣驥《山帶閣注楚辭》、陳本禮《屈辭精義》作

「懲熱羹而吹齏兮」七字句。近人劉永濟《屈賦通箋》說：「按無者字是。羹熱齏冷，言羹卽知其熱，猶言齏卽知爲冷。以是知有熱字者爲非。」故筆者亦認爲羹下的「者」字乃是語助詞，無義可解，應爲後人所增，可刪除從朱本更訂爲「懲於羹而吹齏兮」。至其下句係五十三句之偶句，《補註》本作「何不變此志也」六字句，王夫之、戴東原、蔣驥、陳本禮各家皆同。但《考異》註說：「一云何不變此之志。一本自此句至又何以爲此援，並無也字。」筆者按此是承「懲於羹而吹齏兮」的偶句，依楚騷的造辭格調，上下聯句之辭意相貫，且主詞亦應具對比之形式，以《補註》本所作句末用「也」字作語尾詞，不若從《考異》註作「何不變此之志」較合宜，且句末用也字，其韻不叶，作志字音始叶，故更訂如上。

又猶有曩之態：此是〈惜誦〉的第五十六句，《補註》本作「猶有曩之態也」六字句，各家皆同《補註》本，但《考異》註：「猶有一作又猶。」按此是「欲釋階而登天兮」的偶句，依句例應六字句。以上文《考異》註：「並無也字。」則成爲五字句，實有未合，故筆者疑句首脫遺一虛字，應從《考異》註於首句增「又」字，而後把句末「也」字刪除，更訂爲「又猶有曩之態」六字句，如此辭意相類，音韻相叶也。

衆駭遽以離心兮，又何以爲此伴：此句是〈惜誦〉的第五十七、五十八句，《補註》本作「衆駭遽以離心兮，又何以爲此伴也」的七、七言聯句，而《考異》註「一無衆字」。按上句如無衆字，則成六、七言聯句，有背楚騷造辭格調，故應有衆字，其句末的也字，乃無義可解的語尾詞，今據考異註無也字，更訂如上。

又何以爲此援：此句是〈惜誦〉的第六十句，《補註》本作「又何以爲此援也」七字句。按上文五十四句《考異》註無「也」字，今從其說將也字刪除，更訂為「又何以為此援」六字句為正。

聞作忠以造怨兮，吾忽謂之過言：此兩句是〈惜誦〉的第六十五、六十六句，《補註》本作「吾聞作忠以造怨兮，忽謂之過言」的八、五言聯句，諸家皆同。按屈賦騷體之造辭，大都是兩句字數相等，而於奇數句末加用兮字，以成長短句形，故作八、五言聯句，與屈賦的句例相背，再就其辭意分析，上句首的「吾」字，應是下句首的，疑為手民誤移於上句首所致，今把上句首吾字刪去，下句首增一吾字，更訂為「聞作忠以造怨兮，吾忽謂之過言」的七、六言聯句，如此的辭意，較之作八、五言聯句，來的恰當也。

吾今而知其然：此句是〈惜誦〉的六十八句，《補註》本作「吾至今而知其信然」八字句，王夫之《楚辭通釋》同《補註》本。但朱《集註》本、戴東原《屈原賦注》則作「吾今而知其然」六字句。然據《考異》註：「一云：吾至今而知其然。一云：吾今而知其然。」又蔣驥《山帶閣注楚辭》、陳本禮《屈辭精義》作「吾至今廼知其信然」八字句。按此是承六十七句「九折臂而成醫兮」七字句的偶句，依楚騷造辭句例，上句是七字句，則下句必作六言以應。就辭意分析，「吾至今」與「吾今」的辭意是一樣的；又「而知其信然」和「而知其然」是相類的，所以句中吾下『至』字；及其下「信」字，疑為後人就語釋的意義，而未究其造辭而增者。復據劉氏《考異》說：「《御覽》七百二十四引無『至』字。按明繙宋本及黃省曾校本，皆無『至』字、『信』字。」今據以將「至」、「信」二字刪除，更訂為「吾今而知其然」。

蓋堅志而不忍：此是〈惜誦〉的第七十八句，《補註》本作「堅志而不忍」五字句，王夫之、戴東原、朱冀《離騷辨》皆同《補註》本。但蔣驥《山帶閣注楚辭》、陳本禮《屈辭精義》係作「蓋堅志而不忍」六字句，故《考異》註說：「一云蓋志堅而不忍。」按此是承七十七句「欲橫奔而失路兮」七字句的偶句，則應作六字句，方符騷賦七、六言聯句的格調。就其辭意分析，其上下句主詞的關係看，作「堅志」與上句的「橫奔」對比，較「志堅」允當，今從蔣本更訂爲「蓋堅志而不忍」六字句是也。

「願春日爲糗芳」：此句是《惜誦》的第八十四句，據《補註》本作「願春日以爲糗芳」七字句，各家皆同《補註》本。筆者按此句是承八十三句「播江離與滋菊兮」七字句的偶數句，依楚騷造辭格調，應作六字句以成七、六言聯句式，再就辭意研究，句中日下「以」字，疑爲後人傳刻時誤增，應予刪除，更訂爲「願春日爲糗芳」六字句爲正。

(三)〈惜誦〉疑句辨識後話

〈惜誦〉篇中之疑句，經一一分別辨識訂正，這個工作說起來容易，但實際做起來，可說困難重重，蓋以研究資料貧乏。只是憑個人研究古典文學數十年一得之愚；及今日的科學方法，把楚地民歌的格調與特質，研究整理一些楚聲造辭的韻味與格調，是用楚人習用的「兮」字，置於兩句六字句的奇數句末，作爲語尾詞，以成詞意相貫的長短句。如於句中任意增損一、二字，則與楚騷七、六言聯句造辭的風格相背，不但有害辭意，而且有損楚騷的聲情韻味也，這是研究楚辭造辭必須注意的。

三、〈九章・涉江〉疑句之辨識

〈九章・涉江〉，其構篇之造辭，以《補註》本爲準說，全篇有正文四十六句，作七、六言聯句二十三聯；又亂辭六句（作四、三言句式），共爲五十二句。

〈涉江〉是〈九章〉的次篇，係屈子抒寫自漢北而遷於湘沅，一路所經之事，山川幽峭，灘磧險遠，觸目興懷。首言己志行之貞潔，謀國之遠大，而不見知。次引義以自安，而終以事君不明，姦邪誤國，雖欲強自寬抑，而有所不能，因以爲怨，全篇除亂辭六句作四、三言句式，其餘是作七、六言聯句式。

按亂辭的四、三言句式，本是詩經的句法演化的，亦即是把七言句的上四下三的句法，於下三字末，加楚人的語尾詞「兮」字，以足四言句，使成爲四言句兩句，而其辭意、語氣相貫不可分，就稱爲四、三言句式也❺。

(一)〈九章・涉江〉之疑句

〈九章・涉江〉之句子，是爲〈九章〉各篇中最多疑句的，同時是《楚辭》中令人生疑的構篇，不但上下句之字錯置脫遺，或上下句前後倒置，甚至造辭句式格調參差，紊亂異常，使人讀之，如雜有砂礫之米飯，無法下咽，而疑竇叢生。尤以構篇造辭句式，自起句至第四句，是以「兮」字置於兩句六字句的奇數句末的七、六言聯句。但自第五句至第十二句，竟變爲以兮字置於每句中作語助詞的〈九歌〉句式（其中第七句不用兮字），第十三句至十六句，又恢復〈離騷〉的七、六言聯句，而十七、十八句又再用九歌的六言句式，自十九句至二十二句，再用七、六言聯句，二十三、二十四句又變爲五、四言聯句，二十五句至三十八句又是七、六言聯句，三十九至四十一句又作九言的折腰句，此句法在〈九歌〉篇中，亦未之見也。且辭意不相類，而韻亦不叶，爲清代以下，所有研究《楚辭》的專家學者所疑也。接下四十二句至四十五句，又再作七、六言聯句，最後的亂辭乃用四、三言句式結束。就文章的寫作看，構篇的句子，活潑而多變，若依楚騷的造辭風格，就有很大問題，蓋楚騷係屈原據楚地民歌創作的新詩體，在當時《詩經》風行，以四言句爲主的潮流下，絕不可能一氣就有變化多端的構篇形式，且楚騷是富有音樂性，並具楚聲韻味，以兮字置於聯句的奇數句末的聲情；與兮字應用於句中作語助詞的聲情，是截然不同的韻味，所以在一篇作品中，絕不能若〈涉江〉如此錯落參差的作品，況屈賦二十五篇中除〈涉江〉外，可說沒有第二篇了。因此，筆者確定〈涉江〉的構篇造辭，疑爲後人傳授時失察所致，必非屈子原作，但各家又皆如此作，既無他本可資校讎，故不厭其煩，切實深入逐字推敲，仔細就辭意、語氣、韻叶、聲情、風格等方面研究，以其起始四句爲準則，肯定爲七、六言聯句的造辭，然後把句中脫遺誤移的字，分別加以增刪，尤以第五句至十二句；及二十三、二十四、三十九至四十一句等的前後次序，加以重組以符合屈子作品的風格。但願本篇辨識，能起拋磚引玉之效，大家共同注意，不要再把錯誤的句子，依樣芦蘆的代代翻印流播，使先賢絕代綺華的篇章失色。

(二)〈九章·涉江〉疑句之辨識

〈九章·涉江〉全篇辭意，寫出作者遭頃襄王放逐，溯江而上及於湖湘之作。從篇中述及的地名與時令看，應是緊接哀郢而來的。玆以其篇首四句七、六言聯句式爲句例，分別把篇中之疑句辨識校訂之：

被明月珮寶路兮：此是〈涉江〉的第五句，《補註》本作「被明月兮珮寶路」的〈九歌〉七言折腰句式，諸家皆同《補註》本。按本篇起四句是作七、六言聯句，把兮字置於聯句的奇數句末，剛開始作四句，不可能卽改變語氣，以兮字置於句中作語助詞，如此中間突出一句，雖同是楚騷造辭的格調，但兩者的聲情卻有差別，所以如此作法，猶如歌曲突然一句變調，故絕非屈子原作如此。疑爲手民誤將句末的語尾詞，誤移於句中作語助詞，就造句辭意說，並無不可，若從全篇起始的造辭格調研究，就不能這樣作法，應把句中兮字，移於句末作語尾詞，使與上文一氣。但據清江有誥說：「此上疑脫一句。」而近人劉永濟《屈賦通箋》則說：「按下文『登崐崙兮食玉英』，亦五句三韻，故諸家於此不疑有脫句，然上二句言冠服，下四句言車駕，中出此句，屬上則意類而辭隻，屬下又辭意皆不類，疑本在崐崙句上，後人因此句亦言被佩，因誤移在冠切雲句下耳。不悟上冠劍之文，實，此被佩之言，虛，不得爲類也。」

筆者研究辨識結果，肯定此句應在「冠切雲」句下，絕非在「登崐崙」句上；而且應把句中之兮字移於句末作語尾詞，以作爲七、六言聯句的奇數句，而其下偶句，卽爲《補註》本「吾方高馳」句下的第八句「駕青虯兮驂白螭」，爲後人傳刻時，誤移於「吾與重華游」句之上，並於句中增一「兮」字，因此句言車駕，與「游園」事相關，所以應將「駕青虯」句移歸「被明月」句下，把句中之兮字刪除作偶句，更訂爲「被明月珮寶路兮，駕青虯驂白螭」。則意類辭同而韻叶也。

駕青虯驂白螭：此句應是〈涉江〉的第六句，爲「被明月」句之偶句，但《補註》本誤移爲第八句；作「駕青虯兮驂白螭」的七字折腰句，諸家各本皆同《補註》本。筆者按此句言車駕，就其詞意分析應是手民誤移於「吾方高馳」句下，並於句中增兮字，故應把兮字刪去，歸於「被明月」句下作偶句，更訂如上。

方高馳而不顧兮：此是涉江的第七句，補註本作「吾方高馳而不顧」七字句，句下考異註：「一本句末有兮字」。各家皆同補註本。按此句是七、六言聯句式的奇數句，句末應有兮字語尾詞，後人繙刻時，誤於句首將語譯意的「吾」字增入；而又脫落語尾詞「兮」字，今應將句首「吾」字刪去，再據考異註「一本句末有兮字」更訂如上。

世溷濁莫余知：此是涉江的第八句，補註誤移作爲第六句，亦卽與「駕青虬驂白螭」句互易，並於句末增一「兮」字。王夫之、蔣驥、戴東原諸家皆與補註本同。而清代屈辭大家陳本禮屈賦精義」作「世溷濁莫余知兮」七字句，但據補註本考異註：「一無兮字」。筆者按此應是第七句「方高馳」的偶句，其句末是無兮字爲正，故更訂爲「世溷濁莫余知」六字句。

與重華遊瑤圃兮：此是〈涉江〉的第九句，《補註》本作「吾與重華遊兮瑤之圃」九字句，諸家與《補註》本相同。筆者按九字句於第六字作語助詞的造句，在屈賦作品中尚罕見其例，雖《補註》本的〈九歌・山鬼篇〉中有「余處幽篁兮終不見天」的九字句，但此句經筆者考訂爲錯增二字，並脫遺一句❻，且其兮字是作第五字，亦不同也。就行文的辭意語氣說，上句既用余字，則此句首不用吾字，仍然是有吾字的意味，疑爲手民誤增。又句中瑤字下「之」字乃無義可解的虛字，「瑤圃」是瑤玉的園圃，「瑤之圃」的意相同，何必多此贅字？故亦應刪去，再把句中的兮字，移於句末作語尾詞，更訂爲「與重華遊瑤圃兮」七言句爲正。

登崐崙食玉英：此是〈涉江〉的第十句，《補註》本作「登崐崙兮食玉英」七字句，諸家皆同《補註》本，按此句是第九句「與重華遊瑤圃兮」的偶句，依楚騷七、六言聯句式的格調，上句七字，下句應作六字，故句中「兮」字是語助詞，應予刪去，更訂爲「登崐崙食玉英」六字句，則上下句的辭意可相類。

吾與天地並壽兮，名與日月同光：此兩句是〈涉江〉的第十一、十二句，《補註》本作「與天地兮同壽，與日月兮同光」的六、六言聯句，而句下《考異》註：「一云同壽齊光，一云比壽齊光。」而王夫之《楚辭通釋》同《補註》本。《集註》本及蔣驥《山帶閣註楚辭》作「吾與天地兮比壽，與日月兮齊光」。但戴東原《屈原賦注》作「與天地兮同壽，與日月兮齊光」。陳本禮《屈賦精義》作「吾與天地兮同壽，與日月兮齊光。」但《中國歷代經典寶藏》作「與天地兮並壽，與日月兮齊光」。筆者按此兩句不論其作「同壽同光」、或「比壽齊光」、「同壽齊光」、「並壽齊光」、「並壽同光」，其義皆相類，並無不可，但兩句同用一字，不如用不同的一仄一平爲佳。至若於句中以兮字作語助詞，就有與上下文的構篇造辭不類了，依全篇語氣辭意分析，仍應作七、六言聯句，故上句首應有「吾」字，疑爲手民誤移於第九句首「吾與重華」句，今從蔣本增益之，把兮字移於句末作語尾詞，壽上的「同」字改作「並」字，更訂爲「吾與天地並壽兮」七字句。至下句係上句的偶句，句首疑脫遺一「名」字，句中兮字應刪去，更訂爲「名與日月同光」，則上下句辭意可類同也。

哀南夷之莫知兮：此是〈涉江〉的第十三句，《補註》本作「哀南夷之莫余知兮」八字句，各家皆同《補註》本。按此句之上下文的辭意分析，句中莫下「余」字，疑爲後人就語釋的意思增入，應予刪去，更訂爲「哀南夷之莫知兮」七字句爲正。

步余馬於山皐兮，邸余車乎方林：此二句是涉江的十七、十八句，《補註》本作「步余馬兮山皐，邸余車兮方林」六言兩句，諸家皆同補註本。筆者按上下文皆作七、六言聯句式，中突出六、六言句，且把兮字用於句中第四字，乃與楚騷構篇格調不合，蓋屈子據楚地民歌創作，以當時的背景，應無如此突變句法之作，所以句中之「兮」字，應爲「於」或「乎」字語助詞之誤，又上句是七、六言聯句的奇數句，依楚騷造辭格調，句末應有兮字，故更訂爲「步余馬於山皐兮，邸余車乎方林」爲正。

朝余發於枉陼兮，夕乃宿乎辰陽：此是〈涉江〉的二十三、二十四句，《補註》本作「朝發枉陼兮，夕宿辰陽」的五、四言聯句，諸家皆同《補註》本。筆者按上下文皆作七、六言聯句，中突出此五、四言句，就造辭誦讀的聲調說，五、四言的聲情較激越，不若七、六言之和暢，疑此上下句各皆脫遺兩字，上句朝下應增「余」字，發下增一「於」字爲語助詞；下句夕下疑脫一「乃」字，宿下應有「乎」字作語助詞，故分別更訂成「朝余發於枉陼兮，夕乃宿乎辰陽」七、六言聯句，則辭意相類，聲調暢叶。這樣的造辭，在〈離騷篇〉中有「朝吾濟於白水兮」的七言句相類；又〈九歌〉的〈湘夫人篇〉中亦有「朝馳馬兮江皐，夕余濟兮西澨」句也。

乃猨狖之所居：此是〈涉江〉的第三十句，《補註》本作「猨狖之所居」五字句。而《考異》註：「一本此句上有乃字。」王夫之，戴東原諸作皆同《補註》本，但朱熹《集註》本、蔣驥《山帶閣注楚辭》、陳本禮《屈賦精義》皆作「乃猨狖之所居」六字句。筆者按此是承二十九句「深林杳以冥冥兮」的偶句，依楚騷七、六言聯句式的格調，應作六字句爲正，今從朱本等更訂如上。

不變心而從俗兮，固愁苦而終窮：此二句是〈涉江〉的三十七、三十八句，《補註》本作「吾不能變心而從俗兮，固將愁苦而終窮」的九、七言句，王夫之、戴東原之作與《補註》本相同，但朱熹、蔣驥、陳本禮皆作「吾不能變心以從俗兮，固將愁苦而終窮」，兩者所作字數是相同，而不同處是《補註》本上句苦下「而」字，朱本等上句苦下「以」字，雖同是無義可解的虛字類，但兩句同用一「而」字，不若一「以」一「而」爲佳，蓋「以」屬去聲，其音較激，「而」屬平聲，其音平順，誦讀的聲情有別。又上句首的「吾」字及不下「能」字，疑爲後人就解釋的意思而增的；下句固下「將」字亦屬多餘的，就辭意分析，以屈子文學天賦，應不致如此浪費用字，故應分別刪去，更訂爲「不變心以從俗兮，固愁苦而終窮」的七、六言聯句，則辭意相類，聲調諧和。

接輿髡首兮，桑扈臝行；比干菹醢兮，伍子逢殃；賢不必以兮，忠不必用：此六句是《涉江》的第三十九至四十四句，《補註》本作「接輿髡首兮桑扈臝行，忠不必用兮賢不必以，伍子逢殃兮，比干菹醢」的九字兩句，五、四言一聯。王夫之《楚辭通釋》、蔣驥《山帶閣注楚辭》、戴東原《屈原賦注》等皆作「接輿髡首兮，桑扈臝行；忠不必用兮，賢不必以；伍子逢殃兮，比干菹醢」，成爲三聯的五、四言聯句式，卽相當於六句也。但清代屈辭大家陳本禮《屈賦精義》則作「接輿髡首兮桑扈臝行，忠不必用兮賢不必以；伍子逢殃兮，比干菹醢」，是九言一句，五、四言各一句，合計是五句。因此，清代江有誥說：「『接輿髡首』句下，疑脫偶句。」近人劉永濟於《屈賦通箋》說：「按此句與下伍子句，辭意俱相偶，惟韻不相叶，疑上句本作『比干菹醢兮，伍子逢殃』。殃與行爲正叶，惟以韻奇出，似脫一韻。疑『以』乃『昌』字之誤，以古文作[illegible]，『昌』古文作[illegible]，形近致誤，賢不必昌指接輿、桑扈，忠不必用，指比干、伍子也。今更定其辭曰：『比干菹醢兮，伍子逢殃；接輿髡首兮，桑扈臝行；忠不必用兮，賢不必昌。』則文義一貫，而韻不參差矣。」

筆者按此數句，諸家所作皆有商榷之處，究其原因，係皆只注意用字正音，與辭意韻叶，而未考究其造句故也。就「接輿髡首句說」句說，當筆者未看到江有誥之說前，亦疑其必脫遺一偶句，及看到江、劉二氏之說，反而不敢貿然認定，因而再四反復推敲，始發覺係後人將此數句的次序前後倒置的關係所致，蓋自接輿句起，應是連續作五、四言聯句三聯，「接輿」句並非九字句的造辭也。至劉永濟疑「以」爲「昌」之說，雖頗合邏輯，實則爲附會之詞。蓋「昌」字之義與「以」字有別。在此處據《考異》註：「以亦用也。」補曰：「不使大臣怨乎不以，《左氏》曰：「師能左右之以。」可見「以」之用與「昌」之義大別，故以「以」爲「昌」之誤的說法，實非也。今就這幾句的辭意、格調、韻叶分析，疑爲後人把句子前後倒置，以致錯落參差，應加以重組是正確的，但筆者並不同意劉氏改「以」爲「昌」及其更訂之辭，而乃是就原作句子的次序，加以調整卽可，改訂爲「接輿髡首兮，桑扈臝行；比干菹醢兮，伍子逢殃；賢不必以兮，忠不必用」。如此更訂，則辭意相類，文義亦可一氣貫串，而行、殃、用正叶也。

又何怨乎今人：此是〈涉江〉的第四十六句，《補註》本作「吾又何怨乎今之人」八字句，諸家皆同《補註》本。筆者按此是承四十五句：「與前世而皆然兮」七字句的偶句，依楚騷七、六言聯句的格調，應作六字句以應，就詞意分析，句首的「吾」字及句中今下「之」字，疑爲後人傳刻時，誤把解釋的意思而增入的，可予以刪去，更訂爲「又何怨乎今人」六字句爲正。

將董道而不豫兮，固重昏而終身：此兩句是〈涉江〉的四十七、四十八句，亦乃全篇正文的結聯句。《補註》本作「余將董道而不豫兮，固將重昏而終身」的八、七言聯句，各家皆同《補註》本。筆者按八、七言聯句，雖亦是楚騷造辭之一種格調，但就全篇所作，應該作七、六聯句爲主，五、四言聯句爲副，不可能於結束兩句作八、七言的，且就辭意分析，上句首的「余」字，下句固下「將」字，疑爲後人就語釋的意思增入的，應予刪去，更訂爲「將董道而不豫兮，固重昏而終身」七、六言聯句爲正。

腥臊並御，芳不薄兮：此是〈涉江〉之亂辭，第四句，依《補註》本作「腥臊並御，芳不得薄兮」。諸家皆同《補註》本。筆者按〈涉江〉的亂辭的句法，係由詩經句法所演變的四、三言句式，這種句法乃上四下三的七言句，辭意相貫不可分，下三字末加「兮」字爲語尾詞是也❼。所以《補註》本下句中「不」下的「得」字，乃多餘的，疑爲後人就解釋的辭意增入，蓋「不得薄」與「不薄」的意思是相同，應予刪去，更訂爲「腥臊並御，芳不薄兮」爲正。

懷信侘傺，吾將行兮：此是〈涉江〉亂辭的結束句，《補註》本作「懷信侘傺，忽乎吾將行兮」的四、六言句，諸家皆同，但《考異》註：「一無忽字。」筆者按在全本屈賦作品中，並無四、六言句式，且就辭意分析，吾將行的「將」字，就有「忽乎」的意味在內，疑爲後人傳刻時，把解釋的辭意而增入，故應予刪去，更訂爲「懷信侘傺，吾將行兮」爲正。

(三)〈九章・涉江〉疑句辨識後話

〈涉江〉是〈九章〉篇章之一篇絕世佳作，全篇正文四十八句，前半的辭情激越高亢，後半的愁苦悽愴，如依今存諸家所作之造辭句子，實大有商榷之處，尤其是第五句至十二句，三十九句至四十四句的參差錯落，前後倒置，造成辭意不類，聲韻不叶，格調不合，二千年來僅見清代江有誥及近人劉永濟疑有脫句，重訂句子次序之說，其餘皆依樣葫蘆而代代相傳。

時至今日，坊間各種《楚辭》版本，彼此互有疑句差異，但卻各有所本，各是其是，究竟何者是原作者之作？何者是後人訛誤，根本無人聞問，而任令其繼續去流播，良可浩歎！

四、結　論

《楚辭》篇章，屈賦諸作疑句的發生，大都是因秦始皇統一天下，實施焚書坑儒，屈賦諸作皆富有忠君愛國思想，當然無法逃過秦火刼難。秦亡漢興後，有關經書之傳授，大都出自經師之口授，因此，而略有差異，再經歷代翻刻，手民誤植，脫遺錯置，校勘不精，或後人不加考究，而將語譯意思，隨意增損所致也。

二十世紀九十年代的今天，是一個科學發達，尋根探源的時代，《楚辭》體製的篇章，是中國文學之一大寶藏，必須加以研究整理，使這些絕世綺靡的篇章，再回復二千年前，原作者創作的風貌，於中國文學的發展，當有很大的裨益。但因相距年代久遠，可供研究資料缺如，所以辨識更訂工作，越加困難重重。爲開拓《楚辭》的研究領域，故爰以今之科學方法，用歸納、繽繹方法，再融會筆者浸淫古典文學五十年的經驗；大膽嘗試辨識更訂，冀望有拋磚引玉之效，共同來肩負這一神聖的工作吧！

附註

❶詳拙作《離騷》疑句之辨識，《古典文學》第八集，臺灣學生書局印行。

❷詳拙作〈《九歌》疑句之辨識〉，《古典文學》第十集，臺灣學生書局印行。

❸本文所指之疑句，大部份係先賢研究《楚辭》的專家、學者所說的不同句子，一部份是筆者就其構篇、造辭，歸納大多數之造辭句子，研究繽繹出來，而確定其是脫遺、錯移訛誤，或後人未加考究，擅自增損的句子而言。

❹詳宋洪興祖《楚辭補註》本，藝文印書館印行。

❺詳《丘海季刊》第二十五期。

❻同詳註❹。

❼詳拙作〈《楚辭》體製造辭之辨識〉，《古典文學》第三集，臺灣學生書局印行。

附錄一：訂正後〈九章・惜誦並敘〉

〈九章〉乃屈原之所作也，〈惜誦〉係九章之首篇，係屈子初放前的作品。篇中很多句子，是反映放逐前；被讒去職的沉痛心情。全篇有八十八句，就其辭意語氣，應皆作七、六言聯句式為正。茲據宋洪興祖撰《補註》本的構篇造辭；其與楚騷七、六言聯句有異的疑句，分別辨識訂正如次：

余惜誦以致愍兮，猶發憤以杼情；所作忠而言之兮，指蒼天以為正。令五帝以折中兮，戒六神與嚮服；俾山川以備御兮，命咎繇使聽直。竭忠誠以事君兮，反離羣而贅肬。忘儇媚以背衆兮，待明君其知之。言與行其可迹兮，情與貌其不變；故相臣莫若君兮，所以證之不遠。

誼先君而後身兮，羌衆人之所仇；專惟君而無他兮，又衆兆之所讎。吾壹心而不豫兮，羌又不可保也。疾親君而無他兮，有招禍之道也。思君其莫我忠兮，忽忘身之賤貧。余事君而不貳兮，迷不知寵之門；忠何罪以遇罰兮，亦非心之所志；行不羣以巔越兮，又衆兆之所咍。紛逢尤以離謗兮，又謇不可釋也；情沉抑而不達兮，又蔽而莫之白。心鬱邑余侘傺兮，又莫察之中情；固煩言不結詒兮，願陳志而無路。

退靜默莫余知兮，進號呼又莫聞；申侘傺之煩惑兮，中悶瞀之忳忳。昔余夢於登天兮，魂中道而無杭；吾使厲神占之兮，曰：有志極而無旁；終危獨以離異兮，曰：君可思不可恃。故衆口其鑠金兮，初若是而逢殆；懲於羹而吹虀兮，何不變此之志。欲釋階而登天兮，又猶有曩之態。衆駭遽以離心兮，又何以為此伴。志同極而異路兮，又何以為此援；晉申生之孝子兮，父信讒而不好。行婞直而不豫兮，鮌功用而不就。

聞作忠以造怨兮，吾忽謂之過言；九折臂而成醫兮，吾今而知其然。矰弋機而在上兮，罻羅張而在下；設張辟以娛君兮，願側身而無所。欲儃佪以干傺兮，恐重患而離尤；欲高飛而遠集兮，君罔謂汝何之。欲橫奔而失路兮，蓋堅志而不忍。背膺牉以交痛兮，心鬱結而紆軫。檮木蘭以矯蕙兮，糳申椒以為糧。播江離與滋菊兮，願春日為糗芳；恐情質之不信兮，故重著以自明；矯茲媚以私處兮，願曾思而遠身。

附錄二：訂正後〈九章．涉江並敘〉

〈涉江〉乃〈九章〉的次篇，係屈子抒寫被讒遭遷江南，一路所經山川險峭，觸景興懷之感。全篇正文四十八句，是乃作七、六言聯句式二十一聯，五、四言聯句式三聯；亂辭六句，用《詩經》的四、三言句式，而於下三字末加用「兮」字，以足四言是也，共為五十四句。經據《補註》本的構篇造辭，逐聯與楚騷七、六言聯句；及五、四言聯句的聲情、辭意、韻叶者，分別辨識訂正如次：

余幼好此奇服兮，年既老而不衰；帶長鋏之陸離兮，冠切雲之崔嵬。被明月珮寶璐兮，駕青虯驂白螭；方高馳而不顧兮，世溷濁莫余知。與重華遊瑤圃兮，登崑崙食玉英。吾與天地並壽兮，名與日月同光。

哀南夷之莫知兮，旦余濟乎江南；乘鄂渚而反顧兮，欸秋冬之緒風。步余馬於山皋兮，邸余車乎方林；乘舲船余上沅兮，齊吳榜以擊汰。船容與而不進兮，淹回水而疑滯。朝余發於枉陼兮，夕乃宿乎辰陽。苟余心其端直兮，雖僻遠之何傷。入漵浦余儃佪兮，迷不知吾所如。深林杳以冥冥兮，乃猨狖之所居；山峻高以蔽日兮，下幽晦以多雨。霰雪紛其無垠兮，雲霏霏而承宇。哀吾生之無樂兮，幽獨處乎山中；不變心而從俗兮，固愁苦而終窮。

接輿髡首兮，桑扈臝行；比干菹醢兮，伍子逢殃。賢不必以兮，忠不必用。與前世而皆然兮，又何怨乎今人。將董道而不豫兮，固重昏而終身。

亂曰：鸞鳥鳳皇，日以遠兮。燕雀烏鵲，巢堂壇兮。露申辛夷，死林薄兮。腥臊並御，芳不薄兮。陰陽易位，時不當兮。懷信侘傺，吾將行兮。

杜甫〈丹青引〉論韓幹畫馬爭議述評

簡恩定

杜甫〈丹青引贈曹將軍霸〉詩中謂韓幹畫馬云：「幹唯畫肉不畫骨，忍使驊騮氣凋喪。」由於韓幹畫馬無論於當時或後代均有甚高評價，杜甫此論遂引發後人頗多爭議。率先提出質疑的爲晚唐張彥遠於《歷代名畫記》卷九中謂：「杜甫豈知畫者！徒以幹馬肥大，遂有畫肉之誚。」稍後的顧雲亦於〈蘇君廳觀韓幹馬障歌〉詩中云：「杜甫歌詩吟不足，可憐曹霸丹青曲。直言弟子韓幹馬，畫馬無骨但有肉。今日披圖見筆跡，始知甫也眞凡目。」（《全唐詩》卷六百三十七）張、顧二人，一前一後，已直謂杜甫爲「眞凡目」而不知畫。此後經唐入宋，韓幹畫馬技藝經李伯時、蘇軾和黃庭堅的大加贊揚，地位更加確立，而杜甫論韓幹畫馬之不當，已幾近定論。一直到明代王嗣奭方從「借客形主」的觀點來說明杜甫並非意在貶韓，《杜臆》卷六中謂：「韓幹亦非凡手，『早入室』、『窮殊相』，已極形容矣，而借以形曹，非抑韓也。」此種主張，清人王引之及楊倫皆採信❶，近人徐復觀於《中國藝術精神》一書中（臺北學生書局出版）亦從之。然而細究諸家之說，實有未足之處：張彥遠、顧雲等以杜甫有「幹惟畫肉不畫骨」之語而認定杜甫不知畫，然而杜甫〈畫馬贊〉中明謂：「韓幹畫馬，毫端有神。」又云：「瞻彼駿骨，實惟龍媒。」可見杜甫並非不能欣賞韓幹畫馬之妙。王嗣奭以爲〈丹青引〉中所論韓幹畫馬乃「借以形曹（霸），非抑韓也（幹）。」然而撇開「畫肉不畫骨」之意不談，「忍使驊騮氣凋喪」仍是重貶，如若杜甫有意借客形主，又何須出此重語？凡此種種，實不足以解吾人之惑。因不避辭費之譏，再予以申論。

杜甫是否知畫

欲討論上述問題之前，首先必須釐清的是杜甫是否知畫？如若杜甫根本不懂畫，則張彥遠、顧雲兩人所言並非無的放矢，面對〈畫馬贊〉與〈丹青引〉中所論韓幹畫馬的矛盾，只能解釋成乃杜甫隨興之語，不値深究。反之，杜甫如果懂畫，則不僅張、顧二人失言，卽連王嗣奭、徐復觀所言都有可議，因爲杜甫如果懂畫，必定不會使用「氣凋喪」、「畫肉不畫骨」等語來評論韓幹畫馬，而目的只是「反襯霸之盡善，非必貶韓。」（《杜詩鏡銓》卷十一〈丹青引〉中引王引之語）杜甫雖然並非畫家，亦無有論畫專著，然而卻有論畫之詩數首，今人郭鶴鳴先生嘗於〈也談杜甫丹青引之韓幹畫馬〉文中謂：

> 至於杜甫究竟是否知畫？此一問題其實並不容易解決，因為杜甫並無評畫論藝的專著傳世，他本人不是畫家，題畫之作雖然不少，但光憑這些偶然興到的題畫詩來論斷他是不是一個懂畫的內行人，這就未免過於冒險。（詳見《國文天地》五卷一期頁八十）

杜甫的題畫詩是否全爲偶然興到之作而不足以證明其是否知畫？欲解決此一問題，必先了解杜甫的論畫詩及其影響。宋代鄧椿所著《畫繼》卷二中載有令穰習畫的過程謂：「令穰字大年，雅有美才高行，讀書能文。少年因誦杜甫詩，見唐人畢宏、韋偃，志求其蹟，師而寫之，不歲月間，便能逼眞。時賢稱嘆，以爲貴人天質自異，意所專習，度越流俗也。」杜詩中論及畢宏、韋偃之作爲〈戲韋偃爲雙松圖歌〉，全詩如下：

> 天下幾人畫古松，畢宏已老韋偃少。絶筆長風起纖末，滿堂動色嗟神妙。兩株慘裂苔蘚皮，屈鐵交錯迴高枝。白摧朽骨龍虎死，黑入太陰雷雨垂。松根胡僧憩寂寞，龐眉皓首無住著。偏袒右肩露雙脚，葉裏松子僧前落。韋侯韋侯數相見，我有一匹好東絹，重之不減錦繡段。已令拂拭光凌亂，諸公放筆為直幹。（《杜詩鏡銓》卷七）

《歷代名畫記》卷十評畢宏謂：「樹石擅名於代，樹木改步變古，自宏始。」同卷又評韋偃（偃字作鷗）謂：「俗人空知鷗善馬，不知松石更佳也。咫尺千尋，駢柯攢影；烟霞翳薄，風雨颼飀。輪囷盡偃蓋之形，宛轉極盤龍之狀。」杜甫詩謂「天下幾人畫古松，畢宏已老韋偃少。」將韋偃與畢宏畫松相提並論，足見杜甫並非「空知鷗善馬」的俗人。至於評韋偃畫松爲「兩株慘裂苔蘚皮，屈鐵交錯廻高枝。白催朽骨龍虎死，黑入太陰雷雨垂。」《杜詩鏡銓》引朱鶴齡注謂：「皮裂，故幹之剝蝕如龍虎；骨朽枝迴，故氣之陰森如雷雨下垂。」兩相比較，杜甫評論韋偃畫松之語，實不多讓於張彥遠之評。由此可見，令穰所以因誦杜詩而興起蒐求畢宏、韋偃眞蹟以師之原因，必是有感於杜甫妙於形容之故。論畫乃至如此妙於形容，可謂杜詩乃隨興之作乎？再看《畫繼》卷九「雜說」論遠中記載：

> 予嘗取唐．宋兩朝名臣文集，凡圖畫紀詠，考究無遺，故於羣公，略能察其鑒別。獨山谷最為精嚴，元章心眼高妙而立論有過中處。少陵．東坡兩翁，雖注意不專而天機本高，一語之確有不期合而自合者。杜云：「妙絕動宮牆」，則壁傳人物，須「動」字始能了。「請公放筆為直幹」，則千丈之姿，於用筆之際，非「放」字亦不能辦。至東坡又曲盡其理，如「始知真放本細微，不比狂華生客慧」❷，「當其下筆風雨快，筆所未到氣已吞」❸，非前身顧、陸，安能道此等語耶！

其中「妙絕動宮牆」一句，乃形容吳道子圖寫人物之狀，杜甫〈冬日洛城北謁玄元皇帝廟〉詩中云：「畫手看前輩，吳生遠擅場。森羅移地軸，妙絕動宮牆。」詩中用「動」字，正是形容吳道子圖寫人物氣韻生動以致宮牆爲之生色。「請公放筆爲直幹」句則見於前引〈戲韋偃爲雙松圖歌〉中。鄧椿以爲杜甫這二處論畫之意，與東坡詩中論吳道子畫有不期合而自合者，因此贊謂「非前身顧（愷之）陸（探微），安能道此等語耶！」此譽縱嫌太過，然而已足以印證杜甫論畫之詩絕非偶然興到之作，若非對畫具有相當鑑賞能力是描述不來的。

以上所論已說明杜甫並非不知畫，因此張彥遠和顧雲僅憑〈丹青引〉中論韓幹畫馬事即譏其「豈知畫者」、「始知甫也眞凡目」，便有待商榷。至於王嗣奭與徐復觀兩人以爲〈丹青引〉論韓幹畫馬乃「借以形曹，非必抑韓。」之說亦有可商。須知韓幹畫馬與曹霸齊名當代，縱然杜甫有意抑韓形曹，亦不應有「忍使驊騮氣凋喪」的過當形容。徐復觀先生舉例說明此種抑揚烘托的手法謂：

> 〈奉先劉少府新畫山水障歌〉的劉少府，《英華》注謂奉先尉劉單宅❹，此人為《歷代名畫記》所未收。而楊契丹則「六法該備，甚有骨氣」。乃歌中謂「豈但祁岳與鄭虔，筆跡遠過楊契丹」；豈劉少府真過於楊契丹？特以此為抑揚烘托的手法。以此推之，〈丹青引〉中對韓幹的說法，正如王引之所謂「反襯霸之盡善，非必貶幹也。」
>
> （《中國藝術精神》頁二六二）

仔細比較杜甫於〈丹青引〉中對韓幹畫馬的比喻，與〈奉先劉少府新畫山水障歌〉中對劉單的推崇，其間差異甚大，實在不可相提並論。杜甫雖然藉言「豈但祁岳與鄭虔，筆跡遠過楊契丹。」來贊揚劉單，但是此種比喻法乃是作家在頌揚對方時的一種慣用技巧，對於被選來作爲比喻者的地位而言，根本絲毫無傷。但是〈丹青引〉中論韓幹謂：「幹惟畫肉不畫骨，忍使驊騮氣凋喪。」兩句，若如徐復觀先生所言，顯然已超越上述烘托比喻的範疇而有了實質優劣的評論。就算杜甫當眞有意抑韓幹而揚曹霸，也要考慮所貶損的形容，不應與韓幹彼時的聲望相差太遠；更何況〈丹青引〉中所謂「須臾九重眞龍出，一洗萬古凡馬空。」已對曹霸作出至高無上的評價，又何須藉抑韓幹以提高曹霸的地位？王嗣奭等人評論此處，所以略過上述疑點不論，乃因認定「畫肉不畫骨」是對韓幹的貶語，然而杜甫在〈畫馬贊〉一文中又大加褒揚韓幹，爲使此種矛盾合理化，因而才有借賓形主，反襯曹霸盡善的巧妙解釋。

張彥遠對「畫肉不畫骨」的曲解

張彥遠《歷代名畫記》卷九中謂：「彥遠以杜甫豈知畫者！徒以幹馬肥大，遂有畫肉之誚。」在此段文字中，「畫肉」成了貶辭，杜甫由於使用「畫肉」來評論韓幹畫馬，所以張彥遠說他「豈知畫者」。

但是《歷代名畫記》卷六陸探微條下又引張懷瓘《畫斷》中論顧愷之、陸探微、張僧繇之言謂：「夫象人風骨，張亞於顧、陸也。張（僧繇）得其肉，陸（探微）得其骨，顧（愷之）得其神。神妙亡方，以顧爲最。比之書，則顧、陸，鍾（繇）、張（芝）也；僧繇，逸少（王羲之）也。俱爲古今獨絕，豈可以品第拘。」引完這段文字之後，張彥遠接著說：「彥遠以此論爲當。」換言之，得神、得骨、得肉的畫藝技巧，縱有些許高下之分，但是「俱爲古今獨絕，豈可以品第拘」的理論，張彥遠也深表同意，可見「得其肉」在這裏絕非貶辭，否則將張僧繇的畫比爲王羲之的書法便不合理。然而在評述杜甫論韓幹畫馬之時，何以「畫肉」便成了貶辭？問題可能出在「忍使驊騮氣凋喪」一句上。張彥遠論畫，最強調氣韻與骨氣，《歷代名畫記》卷一〈論畫六法〉中云：「夫象物必在於形似，形似須全其骨氣；骨氣形似，皆本於立意而歸乎用筆。」又云：「以氣韻求其畫，則形似在其間矣。」大意是說畫家想要表現對象，首先須抓住所欲表現對象的神氣，神氣把握住則形狀已在其中。然而就張彥遠對「幹惟畫肉不畫骨，忍使驊騮氣凋喪。」的理解而言，顯然以爲杜甫認爲韓幹畫馬由於「畫肉不畫骨」才使得「驊騮氣凋喪」。畫肉而使得驊騮喪氣，這是一件很嚴重的事，但是得肉、得骨、得神等評語在當時畫論中是各有地位，不可輕易動搖。於是張彥遠想出一個辦法，將杜甫筆下的「畫肉不畫骨」直接解釋成「徒以幹馬肥大，遂有畫肉之誚。」換言之，杜甫所言「幹惟畫肉不畫骨」已被張彥遠解釋成韓幹只畫多肉的肥馬而沒有畫出馬的骨氣。《歷代名畫記》成書之後，後代廣爲流傳，而且成爲畫史中的權威名著，於是張彥遠的解釋便幾成定論。

可是杜甫〈畫馬贊〉中明言：「韓幹畫馬，毫端有神。」既言「毫端有神」，顯然杜甫亦知韓幹畫馬，不僅外形多肉肥大而已。由此可見，「幹惟畫肉不畫骨，忍使驊騮氣凋喪。」兩句，絕非如張彥遠所理解之意。

韓幹與曹霸畫馬的特色

〈丹青引〉中論韓幹畫馬所以引起爭議原因之一乃是後人經由「幹惟畫肉不畫骨」句，進而推論此爲韓幹畫馬與曹霸風格不同之處，例如今人郭鶴鳴先生於〈也談杜甫丹青引之韓幹畫馬〉文中指出：

> 彥遠為名門世家子弟，多藏名迹，精於賞鑑，站在藝術創新的立場，當然對韓幹極力推奬。相對的，對於曹霸之畫風（所謂能畫骨者），在他看來並未能突破「尚翹舉之姿」的窠臼。（《國文天地》五卷一期頁八十）

實際上郭先生恐怕誤會張彥遠之意。《歷代名畫記》卷九韓幹條下指出古人畫馬非馬之狀後云：「晉、宋之間，顧、陸已稱改步；周、齊間，董、展之流亦云變態。雖權奇滅沒，乃屈產蜀駒，尙翹舉之姿，乏安徐之體。」此處「翹舉之姿」與「安徐之體」對舉，原意是說南、北朝時，周、齊的畫家如董伯仁、展子虔之輩，只畫出馬的昂首高舉狀而少畫馬的安詳徐緩形態。文中「尙翹舉之姿」並不等於畫骨，當然，「安徐之體」也不等於「畫肉」。而且《歷代名畫記》卷九曹霸條下及韓幹條下，亦絕無曹霸畫馬乃能畫骨者或尙翹舉之姿的記載、暗示。就《歷代名畫記》中對韓幹的記載：「玄宗好大馬，御廐至四十萬，……。天下一統，西域大宛，歲有來獻，詔於北地置羣牧，筋骨行步，久而方全，調習之能，逸異並至，骨力追風，毛彩照地，不可名狀，號木槽馬聖人。舒身安神，如據牀榻，是知異于古馬也。時主好藝，韓君間生，遂命悉圖其駿，則有玉花驄、照夜白。」再看對曹霸的記載：「霸在開元中已得名，天寶末每詔寫御馬及功臣。」兩相對照，則曹霸與韓幹畫馬的對象，主要爲玄宗御馬，也就是所謂的「木槽馬聖人」。這種馬的特性既爲「舒身安神，如據牀榻」，曹霸又如何畫出「翹舉之姿」？然而曹霸與韓幹畫馬風格是否相似或相異？《歷代名畫記》中並無明顯記載，宋代黃伯思《東觀餘論》卷下則云：「蓋曹將軍畫馬神勝形，韓丞畫馬形勝神，鶡從容二人間，弟筆格差不及耳。」（〈跋王晉玉所藏韋鶡馬圖後〉）元人湯垕《畫鑑》唐畫曹霸條下云：

> 曹霸畫人馬，筆墨沉著，神采生動，余平生凡四見真跡，……。其一余所藏「人馬圖」，紅衣美髯奚官牽玉面騂，綠衣閹官牽照夜白，筆意神采，與前三畫同。趙集賢

子昂嘗題云：「唐人善畫馬者甚衆而曹、韓為之最，蓋其命意高古，不求形似，所以出衆工之右耳。此卷曹筆無疑。」

綜合上述二論，則曹、韓二人畫馬相同處爲不求形似，命意高古；相異處則是曹霸畫馬「神勝形」，韓幹則爲「形勝神」。「神勝形」是用神氣來帶動馬的形態，「形勝神」是將馬的神氣透過形態表達出來，一個是「以神造形」，一個是「以形傳神」，實在也難分軒輊。然而韓幹畫馬與曹霸眞正差異處何在？根據《宣和畫譜》卷六周昉條下的記載：「世謂昉畫婦女，多爲豐厚態度者，亦是一蔽。此無他，昉貴游子弟，多見貴而美者，故以豐厚爲體。而又關中婦人纖弱者少，至其意穠態遠，宜覽者得之也。此與韓幹不畫瘦馬同意。」由此可見，《宣和畫譜》的撰者所見韓幹畫馬圖，極可能無有瘦馬。再觀韓幹條下謂韓幹畫馬圖「御府所藏五十有二」，分別爲：明皇觀馬圖一、文皇龍馬圖一、寧王調馬圖一、八駿圖一、奚官習馬圖四、六馬圖一、明皇試馬圖一、五陵游俠圖一、三馬圖一、呈馬圖一、五王出遊圖一、內廐御馬圖三、騎從圖一、散驥圖三、按鷹圖一、寫三花御馬圖一、圉人調馬圖一、調馬圖三、習馬圖二、遊騎圖二、遊俠人馬圖二、李白封官圖二、老驥圖一、騎習人馬圖一、玉花白馬圖一、下槽馬圖四、內廐圖一、鏊馬圖一、明皇射鹿圖二、戰馬圖二。觀其名目，似乎確無畫有瘦馬在內。至於韓幹不畫瘦馬和周昉畫婦女多爲豐厚形態者的原因概爲「多見貴而美者，故以豐厚爲體。」證以韓幹回答玄宗的話：「臣自有師，今陛下內廐馬皆臣之師也。」正合。既然所接觸的多爲皇帝內廐的駿馬，所畫之馬必然以豐厚爲體。曹霸既與韓幹同爲玄宗朝中的宮庭畫家，那麼曹霸是否畫有瘦馬？由於曹霸眞跡現今不得而見，此一問題只有憑藉文獻中所載的資料來推測。《畫史會要》記載：「襲開人物師曹霸，喜作疲馬。」其中是否意味著曹霸除了圖畫御馬之外，亦畫有疲瘦之馬可供後人師法？《宣和畫譜》卷十三曹霸條下載御府所藏曹霸畫馬圖十有四幅，分別爲：逸驥圖二、玉花驄圖一、下槽馬圖二、內廐調馬圖一、老驥圖一、九馬圖三、牧馬圖一、人馬圖一、羸馬圖一。其中「羸馬圖」想必畫的即是瘦馬。

曹霸與韓幹既然同爲宮廷畫馬專家，爲何曹霸畫有瘦馬而韓幹則無？《宣和畫譜》卷十三曹霸條下云：

> 杜子美〈丹青引〉以謂：「丹青不知老將至，富貴於我如浮雲」者，謂霸也，子美真知畫者。退之嘗謂：「苟可以寓其智巧，使機應於心，不挫於氣，則神完而守固。」其論似是。夫外慕徙業者，皆不造其堂，不嚌其胾，信矣。蓋霸暮年飄泊於干戈之際而卒不徙業，此子美所謂「富貴於我如浮雲」者，殆見乎此矣。

其中謂曹霸暮年飄泊失志於亂世，仍舊不改其畫家之業，並舉杜甫〈丹青引〉詩爲例說明。曹霸既然在生計潦倒之時仍靠圖畫爲業，便極可能圖寫到瘦馬之象[5]，而此種由盛轉衰仍不改其業的志向，正是杜甫〈丹青引〉詩寫作的大旨所在。

「幹惟畫肉不畫骨，忍使驊騮氣凋喪」試解

在解釋「幹惟畫肉不畫骨，忍使驊騮氣凋喪」於〈丹青引〉中應作何解之前，必先注意下段文字記載，《宣和畫譜》卷十三江都王緒條下云：

> 江都王緒，唐霍王元軌之子，太宗姪也。能書畫，最長於鞍馬，以此得名，官至金州刺史。嘗謂士人多喜畫馬者，以馬之取譬，必在人材，駑驥遲疾，隱顯遇否，一切如士之遊世。不特此也，詩人亦多以託興焉，是以畫馬者可以倒指而數。

這段文字透露出二項訊息：一爲當時唐人喜歡畫馬乃因馬之「隱顯遇否，一切如士之遊世。」二爲詩人往往多以咏馬爲喻來托出內心之志。習尚如此，則骨肉均匀、筋肉膘圓的馬便如同榮遇得志的士人；至於疲累瘦羸，僅具骨相的馬便被比爲落魄潦倒之士。這種比喻法，尤以杜甫更爲擅長，例如他的〈瘦馬行〉：

> 東郊瘦馬使我傷，骨骼硉兀如堵牆。絆之欲動轉欹側，此豈有意仍騰驤。細看六印帶官字，衆道三軍遺路旁。皮乾剝落雜泥滓，毛暗蕭條連雪霜。去歲奔波逐餘寇，驊騮不慣不得將。士卒多騎內廐馬，惆悵恐是病乘黃。當時歷塊誤一蹶，委棄非汝能周防。見人慘澹若哀訴，失主錯莫無晶光。天寒遠放雁為伴，日暮不收烏啄瘡。誰家且養願終惠，更試明年春草長。

此詩乃杜甫因疏救房琯被貶自傷而作。全詩借由因戰事而被棄內廐名馬落拓潦倒的形象，來比喻自身的遭遇。浦起龍《讀杜心解》卷二之一云：「此馬既是軍中所遺，必非街巷凡馬，定屬『內廐』之『乘黃』矣。」所言極是。此馬原屬內廐名馬，料必深受照顧養護，如今因「病」、「誤一蹶」而至受棄。此馬前後境遇的轉變，正是杜甫自身遭遇的寫照。了解此種比喻之後，再看杜甫〈丹青引〉中有關韓幹畫馬四句的眞正含意。爲方便討論，將全詩依轉韻處分段抄錄如下：

1. 將軍魏武之子孫，於今為庶為清門。英雄割據雖已矣。文采風流今尚存。學書初學衛夫人，但恨無過王右軍。丹青不知老將至，富貴於我如浮雲。

2. 開元之中嘗引見，承恩數上南薰殿。凌烟功臣少顏色，將軍下筆開生面。良相頭上進賢冠，猛將腰間大羽箭。褒公鄂公毛髮動，英姿颯爽來酣戰。

3. 先帝御馬玉花驄，畫工如山貌不同。是日牽來赤墀下，迥立閶闔生長風。詔謂將軍拂絹素，意匠慘澹經營中。須臾九重真龍出，一洗萬古凡馬空。

4. 玉花却在御榻上，榻上庭前屹相向。至尊含笑催賜金，圉人太僕皆惆悵。弟子韓幹早入室，亦能畫馬窮殊相。幹惟畫肉不畫骨，忍使驊騮氣凋喪。

5. 將軍善畫蓋有神，偶逢佳士亦寫真。即今飄泊干戈際，屢貌尋常行路人。途窮反遭俗眼白，世上未有如公貧。但看古來盛名下，終日坎壈纏其身。

全詩八句一轉韻，計分五段。第四段論及韓幹畫馬以前，概爲曹霸因善畫而受恩於玄宗事的描述，第五段則寫曹霸如今途窮不遇，並隱爲杜甫本身遭遇感慨作結；而有關韓幹畫馬四句，正穿揷於寫曹霸由盛轉衰之間，其中必有深意，絕非單純評論韓幹畫馬而已。若曰不然，請見下論。

就〈丹青引〉全詩大旨而言，主要表達的是感遇之情。首段「丹青不知老將至，富貴於我如浮雲」二句，已先寫出曹霸淡泊名利的襟懷，因而以下的「承恩數上南熏殿」、「至尊含笑催賜金」等因善畫而榮獲寵遇的描述，正是對末段「途窮反遭俗眼白，世上未有如公貧」的一種映襯，並顯示出曹霸視富貴如浮雲的胸懷。縱觀全詩，本非意在評論曹霸、韓幹畫馬的優劣，否則「先帝御馬玉花驄，畫工如山貌不同」已先謂衆畫工寫馬不如曹霸（其中當然包含韓幹在內），又何必再以畫肉不畫骨來抑韓揚曹？明王嗣奭評〈丹青引〉中有關韓幹畫馬四句云：

> 至韓之畫肉，非失於肥，蓋取姿媚以悅人者，於馬非不婉肖，而骨非千里，則「驊騮喪氣」矣。此又孔子聞達之辨，剛毅木訥之近仁，而巧言令色之鮮仁者也；雖謂老杜以馬論學可也。（《杜臆》卷六）

其中謂韓幹畫馬「非失於肥，蓋取姿媚以悅人者，於馬非不婉肖，而骨非千里。」實已深中杜甫心意。蓋韓幹畫馬雖然技藝非凡，然而所畫之馬皆以豐厚爲體，意在迎合當時貴戚權貴所好。這種情形，正和周昉畫婦女多爲豐厚態度相同，《廣川畫跋》記載董逌回答李伯時之問「人物豐濃，肌勝於骨，蓋畫者自有所好哉？」謂：「此固唐世所尙。嘗見諸說太眞豐肌秀骨，今見於畫亦肥勝於骨。昔韓公言曲眉豐頰，便知唐人所尙以豐肥爲美。昉以此知時所好而圖之矣。」（引自葛路所著《中國古代繪畫理論發展史》頁一〇九，此書為丹青圖書公司印行。）此處謂周昉之畫「肥勝於骨」當然不是說他的人物畫只是畫出豐厚態度而沒有神采之氣，而是因爲「時所好而圖之」❻。這種情形，和杜甫謂韓幹畫馬「畫肉不畫骨」意義完全相同，根本不是針對畫藝的批評。

綜合上述所論，杜甫〈丹青引〉中謂：「幹惟畫肉不畫骨，忍使驊騮氣凋喪。」並非對韓幹畫馬的技藝有所貶抑，而是認爲韓幹所畫之馬，只是迎合時尚的豐美肥厚之體，至於僅具骨相而肉臞卻可能是千里馬的驊騮，則不曾圖寫傳世，未免使之遺憾喪氣。韓幹畫馬四句，穿挿於寫曹霸由盛轉衰之處，正是預設伏筆，爲下段慨曹霸之不遇並帶出志士潦倒則無人能識之嘆開勢。第五段承此意而下，先言「將軍善畫蓋有神，偶逢佳士亦寫眞。」可見曹霸盛時圖寫畫像，並非來者不拒，須逢佳士才偶一爲之。「卽今飄泊干戈際，屢貌尋常行路人。」則見出曹霸落拓潦倒之際，唯有靠畫謀生，至於圖寫對象已毫無選擇。原本「承恩數上南薰殿」、「至尊含笑催賜金」的曹霸流落至「途窮反遭俗眼白」的地步，豈非如同蒙塵肉臞而僅具骨相的「驊騮」已不爲人所識一樣？而曹霸此種境遇正和杜甫相似，因而最末二句「但看古來盛名下，終日坎壈纏其身。」便由憐惜曹霸而引起自我慨嘆，終至於替古來盛名之下卻坎壈終身的仁人志士慨嘆。

因此而論，〈丹青引〉中有關韓幹畫馬四句，原非針對韓幹畫馬技藝的評論，而是對其迎合時尚只畫豐美肥厚之馬表示遺憾，順便帶出志士潦倒則如同僅具骨相而肉臞的千里馬無人眷顧之嘆。歷來所以產生諸多爭議，乃是接受張彥遠曲解的誤導，認爲「畫肉不畫骨」乃是貶損韓幹之語所致。

附註

❶ 詳見《杜詩鏡銓》卷十一〈丹青引〉詩中所引。

❷ 此二句見東坡〈子由新修汝州龍興寺吳畫壁〉詩，《施注蘇詩》卷卅四。

❸ 此二句錄自東坡〈鳳翔八觀〉之三〈王維吳道子畫〉詩，《施注蘇詩》卷二。

❹ 此人應作「劉單」，徐復觀先生可能引〈英華注〉時疏漏了。按：錢牧齋所注杜詩〈奉先劉少府新畫山水障歌〉題下注云：「英華題云：『新畫山水障歌，奉先尉劉單宅作。』」玩〈英華〉注之意，劉單當爲人名，「劉單宅作」是說杜甫此詩作於劉單的宅第。

❺ 杜甫〈天育驃騎歌〉中云：「當時四十萬匹馬，張公歎其材盡下。故獨寫眞傳世人，見之座右久更新。年多物化空留影。嗚呼健步無由騁。」其中「年多物化空留影」一句，足見彼時四十萬匹馬已所剩無幾。〈韋諷錄事宅觀曹將軍畫馬圖歌〉末云：「自從獻寶朝河宗，無復射蛟江水中。君不見金粟堆前松柏裏，龍媒去盡鳥呼風。」亦證明玄宗之後，天廄御馬已渺無所存。曹霸雖於落拓潦倒後仍以圖畫爲業，然而天廄御馬既已無存，曹霸的地位又迥不如前，故而圖寫瘦馬以謀生計極爲可能。

❻ 宋郭若虛《圖畫見聞誌》卷五周昉條下云：「郭汾陽壻趙縱侍郎嘗令韓幹寫眞，衆稱其善。後復請昉寫之，二者皆有能名。汾陽嘗以二畫張於坐側，未能定其優劣。一日，趙夫人歸寧，汾陽問曰：此畫誰也？云：趙郎也。復曰：何者最似？云：二畫皆似，後畫者爲佳，蓋前畫者空得趙郎狀貌，後畫者兼得趙郎情性笑言之姿爾。後畫者乃昉也。」此段記載，《宣和畫譜》卷六周昉條下亦採錄，足證周昉的人物畫，在宋人眼中，甚至高於韓幹。所以董逌答李伯時之語謂周昉之畫「肥勝於骨」，絕非貶語。

李德裕「氣貫說」之研究

朱榮智

一、前　言

文氣之說，始於曹丕《典論．論文》：「文以氣爲主，氣之清濁有體，不可力強而致，譬諸音樂，曲度雖均，節奏同檢，至於引氣不齊，巧拙有素，雖在父兄，不能以移子弟。」又：「徐幹時有齊氣。」「孔融體氣高妙。」他在〈與吳質書〉一文，也說：「公幹有逸氣。」不過，中國人對氣的觀念，由來已久。古人對於氣的涵義，有時是指自然之氣，如雲氣；六氣、平旦之氣、夜氣等；有時指創生宇宙萬物的天地元氣，如「易傳」的太極、老子的道，都是指化生陰、陽二氣的天地元氣。人爲萬物之一，人的生命來源，也是來自天地元氣。氣遍佈在天地之間，氣也在人身周體流行，所以，氣的第三種涵義，是指人體之氣。

文氣理論的發展，起源甚早，雖然曹丕《典論．論文》才正式提出以氣論文的主張，但是把氣的觀念運用到人的言辭、修養，在《論》、《孟》、《莊子》書中，已有述及，對後代學者的文氣觀念，很有啓發的作用。如《論語．泰伯篇》記載曾子論君子之言，說：「君子所貴乎道者三：動容貌，斯遠暴慢矣！正顏色，斯近信矣！出辭氣，斯遠鄙倍矣！」首開以氣論辭的先河。曾子的意思，一個人在說話的時候，能夠注意說話的內容和說話的語氣，就不會因爲內容不得體，或是聲音氣調不得宜，而失禮得罪於人。

秦、漢學者對氣的看法，一般都認爲氣是化生天地萬物的基本元素。人稟氣而生，而所稟的氣，有彊弱，多少的差別，「稟得堅彊之性，則氣渥厚而體堅彊，堅彊則壽命長，壽命長則不夭死。稟性軟弱者，氣少泊而性羸窳，羸窳則壽命短，壽命短則蚤死」。這是王充「稟氣說」的重點。王充的「稟氣說」，強調人的稟賦各有不同，漢、魏之際的人物品鑒，卽受其影響，由外觀形貌去品評一個人的才性德業，劉劭《人物志》是最有名的例子。劉劭論知人之術，有所謂九徵、八觀、七繆。所謂九徵，就是由九方面——神、精、筋、骨、氣、色、儀、容、言——去徵知人的質性。所謂八觀，是八種個人的行爲表現，以觀人、知人❶。所謂七繆，是指七種應該避免的繆失❷。

由於漢、魏之際的人物品鑒，十分盛行，曹丕《典論．論文》，才首開以氣論文的風氣，把以氣論人的觀念，運用到文學方面❸。曹丕以後，歷代學者對於文氣的理論，有許多精闢的見地。唐代的文氣論，多見於古文家，因爲古文家反對淫靡，提倡古風，爲文講求氣骨。如陳子昂、柳冕、韓愈、柳宗元等人，都是唐代古文運動的大將，而對於爲文之道，都認爲要以五經爲師，而又重視文氣的培養。李德裕生在韓、柳之後❹，韓、柳的文學主張，對李德裕頗有引導的作用，我們從李德裕〈文章論〉一文，可以略見一二。

李德裕，字文饒，趙郡人。唐代宗時，入相六年，弭除藩鎭之禍，決策制勝，威權獨重。起自唐憲宗元和初年，迄於唐宣宗大中初年，延續四十餘年的牛、李黨爭，影響中、晚唐的政局，十分深遠，李德裕爲最重要的關鍵人物之一。黨爭的是非、恩怨，史家自有定論，本文僅就李德裕的「氣貫說」，加以探索研析，以見其文學主張與影響。

二、李德裕的著述及文學成就

李德裕雖然位居臺輔，而好著書爲文，詩賦亦多可觀。《新唐書》卷一八〇〈李德裕傳〉：

> （德裕）少力於學，既冠，卓犖有大節。……穆宗即位，擢翰林學士。帝為太子時，已聞吉甫名，由是顧德裕厚，凡號令大典册，皆更其手。數召見，賚獎優華。

又：

> 德裕性孤峭，明辯有風采，善為文章，雖至大位，猶不去書。其謀議援古為質，袞袞可喜，常以經綸天下自為。武宗知而能任之，言從計行。……帝一切令德裕作詔，德裕數辭，帝曰：學士不能盡吾意。

李德裕的著作，宋陳振孫《直齋書錄解題》，著錄有《會昌一品集》二十卷、《別集》十卷、《外集》四卷。陳氏評：

> 唐宰相趙郡李德裕文饒撰。一品集者，皆會昌在相位制誥詔册表疏之類也。別集詩賦

雜著，外集則窮愁志也。德裕自穆宗時，已掌內外制，累踐方鎮，遂相文宗，平生著述詎止此；此外，有姑臧集五卷而已，其不傳於世者亦多矣！窮愁志，晚年遷謫後所作，凡四十九篇。其論精深，其詞峻潔，可見其英偉之氣。

《舊唐書·李德裕傳》也說：

德裕以器業自負，特達不羣，好著書為文，獎善嫉惡，雖位極臺輔，而讀書不輟。有劉三復者，長於章奏，尤奇待之。自德裕始鎮浙西，迄於淮甸，皆參佐賓筵；軍政之餘，與之吟詠終日。在長安私第，別構起草院，院有精思亭，每朝廷用兵詔令制置，而獨處亭中，凝然握管，左右侍者無能預焉。東都於伊闕南，置平泉別墅，清流翠篠，樹石幽奇。初未仕時，講學其中，及從官藩服，出將入相，三十年不復重遊，而題寄歌詩，皆銘之於石。今有花木記歌詩篇錄二石存焉！有文集二十卷。記述舊事，則有次柳氏舊聞、御臣要略、伐叛志、獻替錄，行於世。初貶潮州，雖蒼黃顛沛之中，猶留心著述，雜序數十篇，號曰窮愁志。

德裕學業精博，爲文以奏冊爲主，而其詞賦亦多可觀，《會昌一品集》卷十八〈進新舊文十卷狀〉：

臣往往在弱齡，卽好詞賦，性情所得，衰老不忘。屬吏職歲深，文業多廢，意之所感，時乃成章。

德裕雖然權傾一時，而雅愛山林：「非高柳下逸，自愛竹林閑。」（《會昌一品集》別集十〈場洛中士君子〉）軍政之餘，常吟詠於自己經營的「平泉山莊」，而其詩賦的內容，十之七八都是描繪莊園的景色幽麗。如《會昌一品集別集》十〈思平泉似鹿石〉：

> 林中有奇石，髣髴獸潛行，乍似依巖桂，還疑食野苹；茸長綠蘚映，班細紫苔生。不是見羈者，何勞如頓纓。

又〈思平泉疊石〉：

> 潺湲桂水湍，漱石多奇狀。鱗次冠煙霞，蟬聯疊波浪。今來碧梧下，迴出秋潭上。歲晚苔蘚滋，懷賢益惆悵。

三、李德裕的文學思想背景

李德裕生於唐德宗貞元三年（西元七八七年），卒於宣宗大中三年（西元八四九年），享年六十三。他所處的時代，正是所謂中唐時期。（中唐自代宗廣德元年，至敬宗寶曆二年，凡六十四年。）文學為時代的反映，每一個時代的氣運不同，其文學體貌、批評風氣，

也會隨之而異。陳安仁《文學研究之原理》一書:

唐承六朝之餘風,而其勢彌增;唐初詩人,承六朝纖麗之習,風調宛轉可歌,而氣格不高(如魏徵、虞世南、褚遂良、王績等)。唐以詩取士,故時會所趨,李白、杜甫、王維、孟浩然、儲光羲、韋應物、柳宗元、張九齡、王昌齡、高適、岑參、李頎等,極抑揚頓挫之觀,擅縹緲清新之境;晚唐國勢日非,而國民之心聲,中於暮氣,無復有長駕遠徹之志,故步武中唐,每況愈下;雖其後有李商隱之精深,溫庭筠之藻綺,杜牧之俊爽,亦不足以挽其頹風。

這是針對唐代的詩學發展而言。至於文章方面,《新唐書·文藝傳》序:

唐有天下三百年,文章無慮三變。高祖太宗,沿江左餘風,絺句繪章,揣合低卬,故王楊為之伯。玄宗好經術,羣臣稍厭雕琢,索理致,崇雅雄渾,則燕許擅其宗。是時唐興已百年,諸儒爭自名家。大曆貞元間,美才輩出,擩嚌道真,涵泳聖涯,於是韓愈倡之,柳宗元、李翺、皇甫湜等和之,排逐百家,法度森嚴,抵轢魏晉,上軋漢周,唐之文完然為一王法,此其極也。

《新唐書·文藝傳》序謂唐代文章凡三變,王、楊爲一變,張、蘇爲一變,韓、柳爲一變。張仁青《中國駢文發展史》申論之:

> 唐代初葉，仍襲陳隋餘習，徐庾流化，彌徧南北，逮王楊盧駱四才子出，稍振以清麗之風，益以色澤穠縟、音節流暢，與前代之疏簡凝重者，固相異趣；然其氣象高華，神韻緜遠，猶承徐庾之衣鉢，其詞益麗，而調益諧，幾令後人無可措手。於是燕許踵起，一變而以散行之氣勢運偶句，以流利之詞語見自然，胎息漢魏，氣味深厚，唐之文章於斯再變。夫四傑之變梁陳也，典而不免於巧；燕許之追漢魏也，雅而能樹其骨。是故作為駢文，能去華縟而入於精潔之一途者，燕許也。而陳子昂之雅正精切，張九齡之典厚渾成，亦駢肩於燕許焉。至於李延壽之南北史、劉知幾之史通，才高識精，理備詞醇，亦一代之巨著也。又如盧藏用、富嘉謨、吳少微、獨孤及、蕭穎士、李華、賈至、王維、李白、元結、梁肅之倫，或奇崛、或古峻、或清腴、或豪放，觀其體勢，皆駢散並行，又時以三代之文，律度當世。昌黎韓氏繼之，更超越流俗，首唱古文，柳宗元、皇甫湜、張籍、李翺之徒，復從而羽翼之，共同致力於古文運動；唐之古文，遂蔚然稱盛。蓋當時世俗之文，多偶對儷句，屬綴風雲，羈束聲韻，日就月將，遂成定格。然天下之事，法立而弊亦隨之。文學之演變，貴乎多方發展，而不貴乎統一集中，拘泥聲律，崇尚用典，是皆標準化厲之階也，韓柳之徒以雄詞遠致矯之，蓋亦有所不得已者歟。

唐代的古文運動，成於韓、柳，而不始於韓、柳，在韓、柳之前，反對六朝駢儷綺靡文風的學者，最早有南朝裴子野〈雕蟲論〉，直指駢儷文體，「淫文破典」；而北朝蘇綽則藉政治力量，改革文體。隋文帝開皇四年，普詔天下，公私文翰，並宜實錄，治書侍御史李諤迎合文帝意旨，上書請革文弊。

初唐史學家李百藥撰《北齊書》、魏徵撰《隋書》、姚思廉撰《梁書》《陳書》、令狐德棻撰《周書》、李延壽撰《南史》《北史》，於檢討前朝興衰之跡時，均認爲六朝淫靡文風，對於政治的發展，有不良的影響，在所撰史書的〈文苑傳〉、〈文學傳〉序論中，無不抨擊六朝的文風，而提倡宗經重道的文學理論。如《北齊書·文苑傳》序：

> 江左梁末，彌尚輕險，始自儲宮，刑乎流俗。雜惉滯以成音，故雖悲而不雅。

又如《隋書·文學傳》序：

> 梁自大同以後，雅道淪缺，漸乖典則，爭馳新巧。簡文、湘東啓其淫放，徐陵、庾信分路揚鑣。其意淺而繁，其文匿而彩，詞尚輕險，情多哀思。格以延陵之聽，蓋亦亡國之音乎？

對六朝的文風，都有嚴厲的批評。其提倡徵聖宗經的文學理論，則如《梁書·文學傳》序：

> 經禮樂而緯國家，通古今而述美惡，非文莫可也。是以君臨天下者，莫不敦悅其義，縉紳之學咸貴尚其道，古往今來未之能易。

又如《陳書·文學傳》序：

> 《易》曰：觀乎人文以化成天下。孔子曰：煥乎其有文章也。自楚漢以降，辭人世出，洛汭江左，其流彌暢，莫不思侔造化，明竝日月。大則憲章典謨，裨贊王道，小則文理清正，申紓性靈。至於經禮樂，綜人倫，通古今，述美惡，莫尚乎此。

初唐文風，一仍齊、梁之舊，以靡麗是尚，初唐四傑爲代表作家，獨陳子昂起而反抗。陳子昂是唐代古文運動的前驅，其〈與東方左史虬修竹篇序〉一文，是唐代第一篇文氣論❺，陳子昂標舉漢、魏古樸自然，有氣力、有氣骨的文風，以及「託物起興」、「因物喻志」的創作技巧，以擺脫初唐文壇靡麗的習氣。

中唐柳冕，時代比韓愈、柳宗元稍早，在文學觀念上，對韓、柳有很大的影響。其〈答衢州鄭使君論文書〉：

> 夫善為父者，發而為聲，鼓而為氣。直則氣雄，精則氣生，使五彩並用，而氣行於其中。故虎豹之文，蔚而騰光，氣也；日月之文，麗而成章，精也。精與氣，天地感而變化生焉！聖人感而仁義行焉！不善為文者，反此，故變風變雅作矣！六藝之不興，敎化之不明，此文之弊也。

柳冕的文論，也是提倡衜道崇文，「虎豹之文，蔚而騰光」，不在於毛色本身的美，而在牠那雄傑旺盛的生氣；同樣的，文章也必須關係教化，鼓舞人心，表現作者昂揚的意志，才能以氣馭詞。

韓愈是唐代古文運動的巨擘，他的文學思想，以文章載道爲核心，主張「陳言務去」、「文必己出」。〈答李翊書〉：

當其取於心而注於手也，惟陳言之務去，戛戛乎其難哉！

〈答尉遲生書〉：

夫所謂文者，必有諸其中，是故君子慎其實。實之美惡，其當也不揜。本深而末茂，形大而聲宏，行峻而言厲，心醇而氣和，昭晰者無疑，優游者有餘。體不備不可為成人，辭不足不可為成文。愈之所聞者如是，有問於愈者，亦以是對。

韓愈的文氣論，見於〈答李翊書〉一文：

氣，水也；言，浮物也；水大而物之浮者，大小畢浮。氣之與言，猶是也，氣盛則言之短長與聲之高下者皆宜。

柳宗元與韓愈齊名，合稱韓、柳。柳宗元的文論，主要見於〈與韋中立論師道書〉，主張文以明道，也是以氣論文，談爲文養氣的功夫，他說：

> 吾每為文章，未嘗敢以輕心掉之，懼其剽而不留也；未嘗敢以怠心易之，懼其弛而不嚴也；未嘗敢以昏氣出之，懼其昧沒而雜也；未嘗敢以矜氣作之，懼其偃蹇而驕也。抑之欲其奧，揚之欲其明，疏之欲其通，廉之欲其節；激而發之欲其清，固而存之欲其重。此吾所以羽翼夫道也。

又說：

> 本之書以求其質，本之詩以求其恆，本之禮以求其宜，本之春秋以求其斷，本之易以求其動。此吾所以取道之原也。

唐代的文壇，雖然不免承受齊、梁以來，崇尚靡麗的影響，但是主張宗經重道的學者，不乏其人，尤其是古文家，更是反對浮華不實的文風。《舊唐書·李德裕傳》：「德裕苦心力學，尤精西漢書、左氏春秋。」李德裕精於經術，以門第自高，對於文士的祖尚浮華，不根藝實，十分嫉惡。《舊唐書·武宗紀》：

> （德裕言）臣無名第，不合言進士之非，然臣祖（李栖筠）天寶末以仕進無他岐，勉强隨計，一舉登第，自後不於家置文選，蓋惡其祖尚浮華，不根藝實。然朝廷顯官須是公

卿子弟，何者，自小便習舉業，目熟朝廷間事，臺閣儀範班行准則不教而自成，寒士縱有出人之才，登第之後，始得一班一級，固不能熟習也。

唐代的科舉考試，大抵以明經、進士二科爲正途，明經以經義策問爲主，而無雜文詩賦，明經試策，只限經義。進士科則重詞章，以詩賦爲主，雖然也有試策，但是多重時事。唐仍南北朝之餘，其高門大族，歷世不衰，而山東諸姓，社會地位尤高。抑壓高門與獎掖新進，爲唐朝一貫政策的兩面。抑壓高門，見於太宗時修氏族志一事❻，獎掖新進，則在科舉，科舉重進士，而進士重文詞。李德裕爲趙郡顯姓，祖栖筠，爲御史大夫，父吉甫，趙國忠公，元和初宰相，門第自高。《新唐書·選舉志》：「宰相李德裕尤惡進士。」李德裕出身高門，重經學，所以他的文學思想，偏於古文家一派，也是主張徵聖宗經，爲文講究氣韻。

四、李德裕「氣貫說」

李德裕的文學思想，主要見其〈文章論〉一文：

魏文典論論文稱文以氣為主，氣之清濁有體，斯言盡之矣！然氣不可以不貫，不貫則雖有英辭麗藻，如編珠綴玉，不得為全璞之寶矣！鼓氣以勢壯為美，勢不可以不息，不息則流宕而忘反，亦猶絲竹繁奏，必有希聲窈眇，聽之者悅聞；如川流迅激，必有洄洑逶迤，觀之者不厭。從兄翰常言文章如千兵萬馬，風恬雨霽，寂無人聲，蓋謂是矣！近世誥命，唯蘇廷碩敘事之外，自為文章，才實有餘，用之不竭，沈休文獨以音韻為切，重輕為難，語雖甚工，旨則未遠矣！夫荊璧不能無瑕，隋珠不能無纇，文旨既妙（一作高妙），豈以音韻為病哉？此可以言規矩之內，不可以言文章外意也，較其師友，則魏文與王陳應劉討論之矣！江南唯於五言為妙，故休文長於音韻，而謂靈均以來，此秘未覩，不亦誣人甚矣！古人辭高者，蓋以言妙而工，適情不取於音韻（原注曹植七哀詩有徊泥諧依四韻，王粲詩有攀原安三韻，班固漢書贊及當時辭賦多用協韻，猗與元勛包田學信是也），意盡而止，成篇不拘於隻耦（文選詩有五韻七韻十一韻十三韻二十一韻者，今之文字，四韻六韻以至百韻，無有隻者），故篇無定曲，辭寡累句，譬諸音樂古詞，如金石琴瑟，尚於至音，今文如絲竹鞞鼓，迫於促節，則知聲律之為弊也甚矣！世有非文章者，曰：辭不出於風雅，思不越於離騷，摸寫古人，何足貴也？余曰：譬諸日月，雖終古常見，而光景常新，此所以為靈物也。余嘗為文箴，今載於此，曰：文之為物，自然靈氣，恍惚而來，不思而至，杼柚得之，淡而無味，琢刻藻繪，珍不足貴，如彼璞玉，磨礱成器，奢者為之，錯以金翠，美質既雕，良寶所棄，此為文之大旨也。

李德裕的這篇〈文章論〉有四個重點：一是主張「氣不可以不貫」，二是主張「勢不可不息」，三是反對聲律，四是反對雕飾。

曹丕《典論•論文》「文以氣爲主」的氣，後代學者有許多不同的意見❼，一般來說，有的是指才氣，有的是指辭氣，這是觀點不同的問題，從作者的觀點而言，當然是指才氣，如果就作品的觀點而言，則是指辭氣。作品的辭氣和作者的才氣，二者的關係，非常密切。

因爲文學的創作，是作者性情、才學的綜合表現，用現代的術語來說，是作者整體生命的活動現象，是作者內心所生的情和由意念所生的理，透過想像和文字技巧的傳達，所表現的生命活力，換句話說，就是作者的性情才學，透過文字的表達，所顯現出來的藝術形貌；另一方面，文氣的涵義，也是指作品所能反映出來的作者的生命形相。作品所以能夠情韻生動，具備感人的力量，實在是有賴於作者的情感、思想，和表現的材料，以及表現的方法，正如自然界的風，必須藉由實物，才能顯現其存在一樣。文章是藉外在的文字體貌，表達作者內在的情性，所以，作品的辭氣，實爲作者性情、才學的反映而已。曹丕「文以氣爲主」的氣，可以是指作者的才氣，也可以指作品的辭氣，不管是作者的才氣或是作品的辭氣，都是文章的生命主體。不過，「氣之清濁有體」一語，是指體氣的清濁，先天稟賦不同，所以「不可力強而致」、「雖在父兄，不能以移子弟」。

李德裕「氣不可以不貫，不貫則雖有英辭麗藻，如編珠綴玉，不得爲全璞之寶」的氣，則是指行文的氣勢，偏於作品的辭氣。李德裕〈文章論〉一文，先舉曹丕之言，認同作者的才氣對作品的影響，接著，則強調文章行氣的重要性。清代曾國藩的文論，在文氣方面，最注重行氣的問題，他的家訓、日記中，一再提及⑧。行氣爲文章第一義，因爲文氣是文章的生命，文氣不暢順，則只是文字的堆砌，不能成爲文章。

氣是人體生命的原動力，氣也是文學生命的原動力，文氣在文章中的地位，就像血氣在人體中的地位。人所以能夠呼吸、言語、行止自如，是靠血氣的運行，文學作品中，作者生命的展現，情感的流露，也是靠文氣的順達。文辭必附文氣而行，才能生動活潑、流利暢達，就像血氣流行於脈絡之中，才能使生命產生運作的功能。蘇軾〈文說〉一文，自述寫作的心得，說：

> 吾文如萬斛泉源，不擇地而出。在平地滔滔汩汩，雖一日千里無難；及其與山石曲折，隨物賦形而不可知也。所可知者，常行於所當行，常止於不可不止，如是而已矣！其他，雖吾亦不能知也。

唯有文氣首尾貫注的文章，才能「在平地滔滔汩汩，雖一日千里無難；及其與山石曲折，隨物賦形而不可知也。」相反的，如果一篇之中，上下文氣不能相接，氣不貫串，氣不充盛，則雖連篇累牘，必至如遊騎無歸。

文章之道，氣爲根本，字句爲枝葉，文章有氣，才能生動活潑，氣勢雄沛，蔚成感人的力量；如果只是雕飾文字，拼湊成篇，則不成爲文章了。清代桐城派學者，最重視文氣，劉大魁〈論文偶記〉：「文章最要氣盛。」姚鼐〈答翁學士書〉一文，也說：「文字者，猶人之言語也，有氣以充之，則觀其文也，雖百世而後，如立其人而與言於此；無氣，則積字焉而已。」民國初年，劉師培〈論文章有生死之別〉一文，對文氣在文章中的重要性，也有很精闢的看法。他說：

> 文章有生死之別，不可不知。有活躍之氣者為生，無活躍之氣為死。……凡文章有勁氣，能貫串，有警策而文采傑出（卽《文心雕龍・隱秀篇》之所謂「秀」者），乃能生動，否則為死。蓋文有勁氣，猶花有條幹（卽陸士衡〈文賦〉所謂「理扶質以立幹，文垂條而結繁」）。條

幹旣立，則枝葉扶疏；勁氣貫中，則風骨自顯。如無勁氣貫串全篇，則文章散漫，猶如落樹之花，縱有佳句，亦不足為此篇出色也。

又說：

一篇自首至尾，奄奄無生氣，文雖四平八穩，而辭采晦，音節流，毫無活躍之氣，卽所謂死也。

文章要能夠傳神，必須要有活躍之氣行乎其中。文章有活躍之氣，氣脈才能貫串流通，文氣能貫，文章才能生動傳神，否則徒有英辭麗藻，便如七寶樓臺，拆下來就不成片段了。文章之道，生於意而成於辭，辭必附氣而行，否則雖是滿紙翦綵雕刻，也不足以盡文章的佳妙。李德裕說：「氣不可以不貫，不貫則雖有英辭麗藻，如編珠綴玉，不得爲金璞之寶。」其理至明。至於貫氣之法，則如曾國藩所謂「爲文全在氣盛，欲氣盛全在段落清。」（〈辛亥七月日記〉）另外，則是要講求鍛句、練字的技巧。要想使文辭流利暢達，氣勢雄偉，必須講求謀篇、裁章、鍛句、練字。篇有篇法，章有章法，句有句法，字有字法，技巧純熟之後，才能縱筆自如。講求文章的章法，不只是爲了追求字句的美麗，更重要的是要使心中的意念更爲淸晰、生動的表現出來，以達到感人的目的。拙著《文氣與文章創作關係研究》一書，論及文氣與文章章法的關係，已就如何謀篇以閎文氣？如何裁章以雄渾文氣？如何鍛句以遒健文氣？如何鍊字以靈動文氣？詳爲探索、研析，玆不再贅述。

李德裕說：「鼓氣以勢壯爲美。勢不可以不息，不息則流宕而忘反。亦猶絲竹繁奏，必有希聲窈眇，聽之者悅聞；如川流迅激，必有洄洑逶迤，觀之者不厭。」文章以氣勢爲貴，但不得太放，而入於粗獷。文章的創作，是作者性情才學的表現，才思敏捷的人，往往逞其才華，不知節制，傷於雜亂。《顏氏家訓・文章篇》：「凡爲文章，猶人乘騏驥，雖有逸氣，當以銜策制之，勿使流亂軌躅，放意塡坑岸也。」近人吳曾祺《涵芬樓文談》也說：「用氣如用力，有十分者只可用到八九分，須在在留其有餘，則可以旋轉而不竭。譬如人雖有萬夫之勇，苟終日跳踉不已，則必至於一敗而不振。」

文章的行氣，一方面要求鼓氣壯勢，一方面也要時加約束，否則，語直氣盡，就文無餘韻了。爲了不使文章氣勢，過於粗獷猛厲，流宕而忘返，則宜濟之以章法，以臻完密。方東樹《昭昧詹言》卷九：

> 詩文以豪宕奇偉有氣勢為上，然又恐入於粗獷猛厲，骨節粗硬，故當深研詞理，務極精純，不得矜張妄使客氣，庶不至氣骨粗浮而成傖俗。

又說：

> 詩文貴有雄直之氣，但又恐太放，故當深求古法，倒折、逆挽、截止、橫空、斷續、離合諸勢。惟有得於經，則自臻其勝。

綜上所述，可見文章的氣勢，必須要有節制，否則會有浮漫鹵莽之失。清侯方域〈與任王谷論文書〉：

> 行文之旨，全在裁制。……至大議論，人人能解者，不過數語發揮，便須控馭，歸於含蓄；若當快意時，聽其縱橫，必一瀉無復餘地矣！

這與李德裕「息勢」之說，異曲同工。李德裕〈文章論〉一文，引其從兄李翰之言：「文章如千兵萬馬，風恬雨霽，寂無人聲。」「千兵萬馬」，氣勢壯濶，而「風恬雨霽，寂無人聲。」看似平靜，反有山雨欲來風滿樓，蓄勢待發之妙。所以，爲文之道，貴於收放自如，不可漫無約束，語無餘韻。

李德裕論文，以氣爲主，因此，崇尚自然，反對雕飾、聲律。〈文箴〉：

> 文之為物，自然靈氣，怳惚而來，不思而至。杼柚得之，淡而無味，琢刻藻繪，珍不足貴。如彼璞玉，磨礲成器。奢者為之，錯以金翠。美質既雕，良寶所棄，此為文之大旨也。

文學是靈感的創作，靈感的誕育，虛無飄渺，難以捉摸，要之，爲眞性情的自然流露，不是可以剽竊、堆砌而有功。文學的創作，固然需要苦心經營，如璞玉磨礲成器，但是如果刻意求取工巧，反而喪失美質，蘇轍〈上樞密韓太尉書〉：

> 轍生好為文，思之至深。以為文者，氣之所形。然不可以學而能，氣可以養而致。孟子曰：「我善養吾浩然之氣。」今觀其文章，寬厚宏博，充乎天地之間，稱其氣之小大。太史公行天下，周覽四海名山大川，與燕、趙間豪俊交遊，故其文疎蕩，頗有奇氣。此二子者，豈嘗執筆學為如此之文哉？其氣充乎其中，而溢乎其貌，動乎其言，而見乎其文，而不自知也。

「文者，氣之所形。」誠於中則形於外，有是實於中，則必有是文於外。李德裕雖然沒有談到養氣的功夫，但是，誠如蘇轍所說：「其氣充乎其中，而溢乎其貌，動乎其言，而見乎其文，而不自知也。」斤斤於文詞的推敲琢磨，雖是勞神苦思，也難有進境；滿紙藻綵雕刻，如無自然靈氣，只是形似而已。

李德裕因為主張自然靈氣，而對沈約積極提倡聲律，頗有批評。李德裕〈文章論〉：

> 沈休文獨以音韻為切，重輕為難，語雖甚工，旨則未遠矣！夫荆璧不能無瑕，隋珠不能無纇，文旨既妙，豈以音韻為病哉？

又說：

> 休文長於音韻，而謂靈均以來，此秘未覩，不亦誣人甚矣！古人辭高者，蓋以言妙而工，適情不取於音韻；意盡而止，成篇不拘於隻耦。故篇無定曲，辭寡累句。譬諸音

樂，古詞如金石琴瑟，尚於至音；今文如絲竹鞞鼓，迫於促節。則知聲律之為弊也甚矣！

沈約的《宋書·謝靈傳論》❾，多處提到聲律的重要，並以聲律作爲批評的標準❿，使過去以作家爲關切對象的批評風氣，逐漸轉移爲以作品爲關切對象的批評風氣，這是中國文學批評史上很重大的一個轉變。當然，這和當時唯美文學的興盛，也大有關係。因爲重視文學的形式美，不只要注意文字的雕琢和用典，聲律的變化，也很重要。

沈約的聲律說，後人頗有反對的意見⓫。鍾嶸與沈約同時，他認爲沈約的聲律說，「襞積細微，專相陵架，故使文多拘忌，傷其眞美。」鍾嶸強調自然的聲律，只要「清濁通流，口吻調利」，就可以了。李德裕爲古文家，反對六朝靡麗文風，爲文主張自然靈氣，所以對沈約的聲律論，頗多微詞。

五、結　論

文氣之說，自曹丕之後，歷代學者皆有述及，有的論文氣的重要性，有的論文氣的培養，有的談作者的才氣，有的談作品的辭氣。在我國文論的發展史中，文氣的問題，一直是學者關心、討論的對象。本文係就唐李德裕〈文章論〉一文，探討他對文氣的觀點，筆者歸納爲四個重點：一是「氣不可不貫」；二是「勢不可不息」；三是「反對聲律」；四是「反對雕飾」。

「文以氣爲主」，這是古今學者論文的共識。但是，這個「氣」字，是指作者的才氣呢？還是指作品的辭氣呢？筆者認爲可以是指作者的才氣，也可以是指作品的辭氣，因爲這二者的關係非常密切。文氣的涵義，一方面是指作者的性情才學，透過文字的表達，所顯現出來的藝術形貌，另一方面，則是作品所能反映出來的作者的生命形相。不過，曹丕《典論・論文》中，所指的是作者的才氣，唐代韓愈以後，才開始討論文章行氣的問題，李德裕的「氣貫說」，也是討論文章行氣的問題，屬於作品的辭氣。

李德裕的文氣思想，一方面主張氣要貫，一方面主張勢要息。文氣能條貫，才能順暢，能順暢，才能生動，能生動，才能感人。文氣能貫，有二意義，一是文有核心，一氣貫注，全文自首至尾，淋漓酣暢，而不窒塞；一是章法嚴密，文氣條貫，前呼後應，承接有力。至於息勢之說，因爲文章之氣，固然要壯，要旺，勢強則氣壯，勢足則氣旺，但是也要節制，以免流宕而忘反。文氣不能時加約束，就會語直氣盡，文無餘韻，甚至流爲粗獷傖俗。李德裕反對聲律，反對雕飾，則是基於古文家的立場，反對六朝以來靡麗的風氣，主張自然靈氣。李德裕精於經術，以門第自高，對於文士祖尙浮華，不根藝實的文風，一直是極力批評的。新舊門第之爭，成爲唐代牛、李朋黨之爭中的重要癥結⑫。

附　註

❶《人物志・八觀篇》：「八觀者，一曰觀其奪救以明間雜；二曰觀其感變以審常度；三曰觀其至質以知其名；四曰觀其所由以辨依似；五曰觀其愛敬以知通塞；六曰觀其情機以辨恕惑；七曰觀

其所長以知所短；八曰觀其聰明以知所達。」

❷《人物志・七繆篇》：「一曰察譽有偏頗之繆；二曰接物有愛惡之惑；三曰度心有大小之誤；四曰品質有早晚之疑；五曰變類有同體之嫌；六曰論材有申壓之詭；七曰觀奇有二尤之失。」

❸人物品鑒不只是普遍流行於曹丕當時的社會，曹丕本人意欲折服孫權，也曾以許劭的月旦之評爲要脅。同時，《隋書・經籍志》所錄品鑒人物才性的書，魏朝除劉劭《人物志》外，曹丕也有《士操》一書，可惜已經亡佚。我們由此可見曹丕與當時人物品鑒風氣的關係，和他對人物品鑒的重視。人物的品鑒，強調以氣論人，曹丕應用此一觀念，提出文氣論，這是十分自然的事。

❹韓愈生於唐代宗大曆二年，西元七六七年；柳宗元生於唐代宗大曆八年，西元七七三年；李德裕生於唐德宗貞元三年，西元七八七年。

❺陳子昂〈與東方左史虬修竹篇序〉：「文章道弊五百年矣！漢、魏風骨，晉、宋莫傳，然而文獻有可徵者。僕嘗暇時觀齊、梁間詩，彩麗競繁，而興寄都絕，每以永歎。思古人常恐逶迤頹靡，風雅不作，以耿耿也。一昨於解三處見明公〈詠孤桐篇〉，骨氣端翔，音情頓挫，光英朗練，有金石聲。遂用洗心飾視，發揮幽鬱。不圖正始之音，復覩於茲，可使建安作者相視而笑。」

❻《舊唐書・高士廉傳》：「是時朝議以山東人好自矜夸，雖復累葉陵遲，猶恃其舊地，女適他族，必多求聘財，太宗惡之，以爲甚傷教義，乃詔士廉與御史大夫韋挺，中書侍郎岑文本，禮部侍郎令狐德棻等，刊正姓氏。於是普責天下譜諜，仍憑據史傳，考其眞僞，忠賢者褒進，悖逆者貶黜，撰爲氏族志。士廉乃類其等第以進。太宗曰：我與山東崔、盧、李、鄭，舊既無嫌，爲其世代衰微，全無冠蓋，猶自云士大夫，婚姻之間則多邀錢幣，才識凡下，而偃仰自高，販鬻松檟，依託富貴。……我平定四海，天下一家，凡在朝士，皆功效顯著，或忠孝可稱，或學藝通博，所以擢用，見居三品以上，欲共衰代舊門爲親，縱多輸錢帛，猶被偃仰。我今特定族姓者，欲崇重今朝冠冕。」

❼朱東潤《中國文學批評大綱》：「子桓之所謂氣，指才性而言，與韓愈之所謂文氣者殊異。又典論稱徐幹時有齊氣、孔融體氣高妙，與吳質書公幹有逸氣，其所指者，皆不外才性也。劉勰文心雕龍風骨篇，論本於此。」方孝岳《中國文學批評》也說：「魏文所說，可以說是才氣之氣。」不過，羅根澤《中國文學批評史》則說：「此所謂氣，合則爲一，分則爲二。文以氣爲主之氣，及徐幹有齊氣、公幹有氣之氣，皆指文的氣勢聲調而言。氣之清濁有體及孔融體氣高妙之氣，則指先天的才氣及體氣而言，不過依曹丕的觀點，文章的氣勢聲調原於先天的才氣及體氣，所以說：氣之清濁有體，不可力強而致。所以仍是一而已矣！」又說：「文氣是最自然之音律，音律是最具體的文氣，所以曹丕論文氣，而斤斤於氣之清濁。」郭紹虞《中國文學批評史》：「此數節中所言之氣，兼有兩種意義。所謂氣之清濁有體，不可力強而致者，是指才氣而言；曰齊氣、曰逸氣云者，又兼指語氣而言。蓄於內者爲才性，宣諸文者爲語勢，蓋本是一件事的兩方面，故亦不妨混而言之。」

❽曾國藩〈同治元年八月初四日家訓〉：「行氣爲文章第一義，卿雲之跌宕，昌黎之倔強，尤爲行氣不易之法。」〈辛亥七月日記〉：「爲文全在氣盛，欲氣盛全在段落清，每段分束之際，似斷非斷，似咽非咽，似吞非吞，似吐非吐，古文無限妙境，難於領取。每段張起之際，似承非承，似提非提，似突非突，似紓非紓，古人無限妙用，亦難領取。」又說：「奇辭大句，須得瑰瑋飛騰之氣，驅之以行，凡堆重處，皆化爲空虛，乃能爲大篇，所謂氣力有餘於文之外也，否則氣不能舉其體矣！」〈癸亥十一月日記〉：「溫韓文數篇，若有所得。古人之不可及，全在行氣，如列子之御風，不在義理字句間也。」

❾沈約《宋書・謝靈運傳論》：「若夫敷衽論心，商榷前藻，工拙之數，如有可言。夫五色相宜，八音協暢。由乎玄黃律呂，各適物宜，欲使宮羽相變，低昂互節，若前有浮聲，則後須切響。一簡之內，音韻盡殊；兩句之中，輕重悉異，妙達此旨，始可言文。」

⑩ 如《宋書・謝靈運傳論》一文，批評屈原、宋玉、賈誼、司馬相如：「英辭潤金石，高義薄雲天。」批評王褒、劉向、揚雄、班固、崔駰、蔡邕：「異軌同奔，遞相師祖。雖清辭麗曲，時發乎篇，而蕪音累氣，固亦多矣！」批評潘岳、陸機：「律異班、賈，體變曹、王，縟旨星稠，繁文綺合。綴平臺之逸響，操南皮之高韻，遺風餘烈，事極江右。」

⑪ 如鍾嶸《詩品・序》：「齊有王元長者，嘗謂余云：『宮商與二儀俱生，自古詞人不知之，惟顏憲子乃云律呂音調，而其實大謬，唯見范曄、謝莊頗識之耳！』嘗欲造知音論，未就。王元長創其首，謝朓、沈約揚其波。三賢或貴公子孫，幼有文辯。於是士流景慕，務爲精密，襞積細微，專相陵架，故使文多拘忌，傷其眞美。余謂文製本須諷讀，不可蹇礙，但令清濁通流，口吻調利，斯爲足矣！」

⑫ 詳見章群著《唐史》第十一章〈朋黨之爭〉。

重要參考書目

舊唐書　劉　昫等修　藝文印書館

新唐書　宋　祁撰　藝文印書館

李衞公會昌一品集　李德裕著　新文豐出版公司

唐史　章　羣著　華岡出版公司

李德裕研究　湯承業撰　政治大學政治研究所博士論文

唐代牛李黨爭與當時文學之關係析論　傅錫壬撰　師範大學國文研究所博士論文

文氣論研究　朱榮智著　學生書局

文氣與文章創作關係研究　朱榮智著　師大書苑

明清小說裏的《嬌紅記》

陳益源

緒言

根據大塚秀高先生的統計，明代後期小說彙編（《風流十傳》、《花陣綺言》）和通俗類書（《國色天香》、《繡谷春容》、《萬錦情林》、三種《燕居筆記》），去其重複，合計收錄《龍會蘭池錄》、《劉生覓蓮記》、《雙卿筆記》、《花神三妙傳》、《天緣奇遇》、《嬌紅記》、《李生六一天緣》、《鍾情麗集》、《情義奇姻》、《傳奇雅集》、《懷春雅集》、《高氏雙雙傳》、《五金魚傳》等十四篇篇幅頗長的文言傳奇小說❶。這批爲量可觀的中篇傳奇小說，和明代瞿佑《剪燈新話》（洪武間作）、李禎《剪燈餘話》（永樂間作）、趙弼《效顰集》（宣德間作）、夕川老人《花影集》（成化、弘治間作）、邵景詹《覓燈因話》（萬曆間作）等短篇傳奇小說一樣，有著與白話小說相互融合、並存共榮的事實，普受知識分子及庶民百姓的喜好，而且提供戲曲豐富的編寫題材，形成了一個極爲特殊的文化狀況。

孫楷第先生早在三〇年代初期就注意到了，但因這批中篇傳奇小說「皆演以文言，多羼入詩詞。其甚者連篇累牘，觸目皆是，幾若以詩爲骨幹，而第以散文聯絡之者」，所以他譏之爲「詩文小說」，不過他又認爲：「此等文字，以文藝言之，其價值固極微，若以文學史眼光觀察，則其在某一社會有相當之地位，亦不必否認。」❷後來王重民先生也主張：「論其歷史，不論其價值，此類著作，爲《剪燈新話》、《效顰集》之流裔，直開後來才子佳人派小說之源。在明代嘉、萬間章回白話小說鼎盛之時，猶當有其一席地位，想亦爲研究小說者所不廢。」❸

孫、王二氏能暫時拋開文學價值的成見，而改以文學現象或從文學演變的角度，來看待這些頗受非議的中篇傳奇小說，肯定其在文學發展史上的地位，這是十分持平的看法。可惜他們卻都誤將《嬌紅記》與其後的文言中篇一概而論，未能體察它與衆不同的地方。

事實上，《嬌紅記》出於元人宋遠（字梅洞）之筆，在傳奇小說衰歇、雜劇登峯造極的情況下誕生，是一篇別具時代意義的傳奇佳構。故事雖「本《鶯鶯傳》而作」❹，也可能「受到《孔雀東南飛》、《梁山伯與祝英台》、《韓憑夫婦》等傳統故事的影響」❺，但又匠心獨運，不落俗套。大意是敘述宋宣和間申純（字厚卿），寓居舅妗家，與表妹王嬌娘（字瑩卿）兩情相悅，題詠唱和，遂剪髮設盟，暗通款曲。後申父催歸，乃與嬌別。別後托媒向舅父提親，舅父以「於條有礙」相拒❻。兩人於是展開一段纏綿悱惻的地下戀曲，進行一場痛苦掙扎的愛情長跑。其間插以妓女丁憐憐無意間的陷害，舅妾飛紅因妒而起的存心作梗，妖祟幻形媚惑申生，忠婢泣下勸諫嬌娘等情節，一波未平，一波又起。後來嬌娘屈事飛紅，得與生續歡；而生亦及第，舅有贅生爲婿之意。眼見有情人將成眷屬，不料帥子逼以威勢，強訂其女，舅父兩背姻盟。終令嬌娘絕食而亡，申生也隨之殉情，兩家予以合葬。申、嬌死後團圓，化爲比翼鴛鴦，飛翔上下，後人故名爲「鴛鴦塚」。這篇截取「嬌」娘、飛「紅」之名命題的《嬌紅記》❼，以一萬八千言寫申、嬌生死不渝的愛情悲劇，曾經感動了無數的讀者，不僅爲青年男女所津津樂道，還首開元明中篇傳奇小說創作風氣，並刺激了明末清初才子佳人小說的蓬勃發展❽。元明作家如王實甫、朱經、湯式、金文質、劉兌，似均曾將之改作成雜劇；沈受先《嬌紅記》和孟稱舜《節義鴛鴦塚嬌紅記》兩本傳奇，也是根據它來改編❾，「京劇《鴛鴦塚》目前還在上演」❿。足見《嬌紅記》小說實在不應該受到誤解，慘遭後世冷落、遺棄的命運才對。

遺憾的是，民國以來，能認識《嬌紅記》小說眞正面目，發揚其在文學史上承先啓後的重要地位者，寥寥無幾⓫。直到八〇年代，日本伊藤漱平先生翻譯《嬌紅記》⓬，發表〈《嬌紅記》成書經緯：其變遷及流傳過程〉⓭，小說《嬌紅記》才見專文研究。伊藤先生的這篇研究，掌握《嬌紅記》「傾向長篇化的趨勢」和「散文中穿插韻文的手法」兩項特色，給予中肯的評析，並認定：「由於其悲劇的主題，以及其文學藝術的成就，《嬌紅記》在元、明、清三代仍不乏相當數量的讀者，對後世也產生了一定的影響。」⓮伊藤先生在他的大作裏，詳細地考證《嬌紅記》作者及其成書經過，比較《嬌紅記》戲曲演出之變異，闡述《嬌紅記》流傳經過以及讀者閱賞之狀況，討論選錄《嬌紅記》之數種主要類書及傳奇小說選本，雖然有待補充⓯，成績則已斐然可觀。尤其他於「《嬌紅記》之流傳及其讀者」二節，採用後出小說內主角言及《嬌紅記》或用典的資料，作爲文獻，找到「《嬌紅記》與《西廂記》二書並舉」的線索，證明元明時期「《西廂記》和《嬌紅記》已然樹立青年男女典範讀物之聲威」⓰，並據《野叟曝言》、《蜃樓志》提到《嬌紅記》的情形，推測繡像單行本在清朝「仍爲讀者廣泛閱讀」，以爲「觀覽《嬌紅記》者，亦呈某一定數量」之佐證[17]，實深具說服力。因爲這些記錄泰半都是小說作者無心之間所留下的，特別能夠反映當時的實際狀況。

截至目前爲止，十餘年又過去了，探討戲曲《嬌紅記》的悲劇美及其成就者不乏其人[18]，可是卻似乎無人踵伊藤先生之後，鑽研戲曲所本的《嬌紅記》小說，提出任何突破性的見解，於此益見伊藤先生的睿智與孤寂。因此，筆者不揣淺陋，擬以〈明清小說裏的《嬌紅記》〉爲題，效法伊藤先生，蒐羅更多小說裏的《嬌紅記》史料[19]，來與伊藤先生的高見作一呼應，略作補充，並探討大家從未注意到的一個小說發展史的重要環節，即由《嬌紅記》引導的中篇傳奇小說，對明末清初小說（含「才子佳人」、「艷情淫穢」二類）的關鍵性影響，從而肯定《嬌紅記》在中國文學史上不容抹煞的地位與價值。

底下爲求連貫，並知彼此關係，不嚴格按照成書先後排列，分述如後：

一、《賈雲華還魂記》、《灑雪堂巧結良緣》、《二橋春》

《賈雲華還魂記》，作者李禎（字昌祺，一三七六—一四五二），於明成祖永樂十年（一四一二）在長干寺寫成[20]。七年後，效瞿佑《剪燈新話》作《剪燈餘話》，「仍取《還魂記》續於篇末」。作者自道，本篇乃桂衡（瞿佑之友）《柔柔傳》的擬作[21]，實與《嬌紅記》難脫干係。《賈雲華還魂記》敍述元朝延祐年間，賈雲華（名娉娉）之母與魏鵬（字寓言）之母有指腹爲婚之約。及至長成，鵬往拜賈母，賈母竟命女與之結爲兄妹，意欲悔婚，兩人遂私訂終身。不久，鵬因母喪歸鄉，雲華鬱悶而死。後有長安丞相之女宋月娥，暴斃後復甦，自言雲華借屍還魂，遂嫁與魏鵬。在《賈雲華還魂記》裏，有三段文字述及《嬌紅記》，一是：

> 一日，偶與朋友遊西湖。娉伺生不在，携侍姬蘭苕，潛至其室，遍閱簡牘，見有《嬌紅記》一册，笑謂苕曰：「郎君觀此書，得無壞心術乎？」[22]

這是目前所見明清小說裏，出現《嬌紅記》一書的最早記載。韓國李朝燕山君便是根據這段記載，得知有《嬌紅記》存在，因此特令謝恩使來華購買[23]。

二是：

> 娉聞之，撫髀歎曰：「……願以葑菲得侍房帷，偕老百年，乃深幸也。第恐天不與人方便，不能善始令終，張珙、申純，足為明鑒。……」[24]

三是：

> 福福艴然曰：「小姐賦禀溫柔，幽閑貞靜，……行配高門，豈無佳婿！顧乃踰牆鑽穴，輕棄此身，戀戀魏生，甘心委質，流而為崔鶯鶯、王嬌娜(娘)淫奔之女，以辱祖宗……。」[25]

後面兩段話，分別出自閨女與小婢口中，她們將典故用得這般順暢，可見《西廂記》與《嬌紅記》必是閨房常見的讀物。

《賈雲華還魂記》文長近一萬四千言，雖較《嬌紅記》略短，但它卻是明初繼《嬌紅記》之後，文言傳奇小說長篇化的先驅[26]，「不無與《嬌紅記》一爭長短之意味」[27]。明傳奇中，沈祚《指腹記》、馮之可《姻緣記》、謝天瑞《分釵記》、梅孝已《灑雪堂》，均據之搬演[28]。此外，周清原亦曾採同一故事，作話本《灑雪堂巧結良緣》，編入《西湖二集》[29]。

《灑雪堂巧結良緣》逕據《賈雲華還魂記》改寫，篇名是由記中伍相國祠神報「灑雪堂中人再世，月中方得見嫦娥」一節而來。故事終了，周清原有詩為證：

《還魂記》載賈雲華，盡擬《嬌紅》意未嘉。
刪取煩言除勦說，清歌一曲付琵琶。[30]

這首詩證明周氏早已發現：《賈雲華還魂記》幾乎就是《嬌紅記》的翻版。

不過，論及《賈雲華還魂記》的影響力，可真不小，它除了是明代戲曲、擬話本取材的本事之外，亦曾對域外漢文小說有所啓發[31]，我國明末清初的才子佳人小說也和它有關，《二橋春》便是其中之一。

《二橋春》，見於筆煉閣主人編述之《五色石》卷一，附題作「假相如巧騙老王孫，活雲華終配眞才子」，可知作者熟悉賈雲華還魂故事。《二橋春》記黃蒼文與陶含玉、白碧娃巧結良緣，全篇是一翻案文章：

> ……王嬌娘既遇了申生，兩邊誓海盟山，究竟不能成其夫婦。似這般決裂分離，又使千百世後讀書者，代他婉惜。這些往事，不堪盡述。如今待在下說一箇不折齒的謝幼輿、不斷腸的朱淑真、不負心的元微之、不薄命的王嬌娘。才子佳人，天然配合，一補從來缺陷。㉜

從這段楔文看來，《二橋春》的寫作，實出於一種補償心理，刻意轉悲爲喜，欲使才子佳人終得匹配。而在筆煉閣主人深表婉惜的歷代怨偶中，申、嬌是具有代表性的一對。這是《嬌紅記》催生才子佳人小說的一個例子。

二 《鍾情麗集》、《杜麗娘慕色還魂》、《駐春園小史》

《鍾情麗集》是緊接《賈雲華還魂記》之後，一本長達三萬言的中篇傳奇小說，現有明弘治十六年（一五〇三）刊本四卷㉝、清刊本六卷㉞，兩種單行本存世。故事敍述廣東瓊州人氏辜輅與表妹黎瑜娘，一見鍾情，生死相許，作《鍾情賦》，故以是名集。明人趙於禮據之作《畫鶯記》，未見傳本㉟，明刻《八能錦奏》選「偷看鶯詩」一齣，另名《題鶯記》㊱，《大明春》選「瑜娘觀詩」一齣，別題《黃鶯記》㊲。《鍾情麗集》自明以來，相傳爲名儒邱濬（一四二〇—一四九五）少年所作，「以寄身之桑濮奇遇」㊳，另有傳說是他幼時請婚於黎氏，黎不屑，出言嘲諷，惹他不悅，遂作此集譏之㊴。不管眞象如何，邱濬當年另有與《嬌紅記》一決雌雄的企圖，倒是可以肯定的。

《鍾情麗集》裏，提及《嬌紅記》者有多處。首先，黎瑜娘自述：

> 妾嘗讀《鶯鶯傳》、《嬌紅記》，未嘗不掩卷太息，但自恨無嬌、鶯之姿色，又不遇張生之才貌。見兄之後，密察其氣概文才，固無減於張生，第妾鄙陋，無二女之才也。㉞

其次，某夜瑜娘與辜生獨處一室，「席地而坐，盡出其所藏《西廂》、《嬌紅記》等書，共枕而玩」，並逐一討論：

> ……又問：「《嬌紅記》如何？」生曰：「亦未知其作者何人？但知其間曲折，井井有條而可觀；模寫言詞之可聽，苟非有制作之才，焉能若是哉！然其諸小詞可人者，僅一二焉。」㊶

接著，二人都舉出自己喜愛的詩詞㊷。最後，瑜娘表示：

> 與其景慕他人，孰若親歷于己？妾之遇兄，較之往昔，殆亦彼此之間而已。他日幸得相逢，當集平昔所作之詩詞為一集，俾與二記傳之不朽，不亦宜乎？㊸

這些對答資料，有幾個特點：一是《嬌紅記》再度被拿來跟《西廂記》並舉。二是首次出現《嬌紅記》作者的探討與作品的評論。三是透露出作者與《嬌紅記》分庭抗禮的念頭。然而，邱濬此書雖截取《嬌紅記》、《賈雲華還魂記》的若干情節，又融入瞿佑《剪燈新話》中《渭塘奇遇記》、《牡丹燈記》、《秋香亭記》的寫作技巧，終因「首尾詩詞數百，備序其關目之本末，皆道男女私期密約之事，其間形容，其淫褻穢濫備至，見者不堪啓目」44，爲時所薄，迫使他不得不「又作《五倫》以掩之」45。其成就，是不能與《嬌紅記》相提並論的。

《鍾情麗集》雖難望《嬌紅記》之項背，然而它的知名度頗高，明代後期小說彙編與通俗類書均予收錄，足資證明。此外，《杜麗娘慕色還魂》也流露出此一信息。

《杜麗娘慕色還魂》，載於明何大綸編《燕居筆記》卷九，余公仁編《燕居筆記》卷八則題作《杜麗娘牡丹亭還魂》，與晁瑮《寶文堂書目》著錄之《杜麗娘》，題材雷同，或即一本異名。故事開端，杜麗娘因慕情色，俯首嘆道：

> 昔日郭華偶逢月英，張生得遇崔氏，曾有《鍾情麗集》、《嬌紅記》二書，此佳人才子，前以密約偷期，似皆一成秦晉。嗟呼，吾生於宦族，長在名門，年已及笄，不得早成佳配，誠為虛度青春，光陰如過隙耳。46

按郭華偶遇月英乃唐傳奇《留鞋記》故事，張生得遇崔氏則係《鶯鶯傳》或《西廂記》故事，此處卻說「曾有《鍾情麗集》、《嬌紅記》二書」，顯然牛頭不對馬嘴，疑是作者筆誤

㊼，不過他別的書不提，而記此二書，當是因其盛名所致。胡士瑩先生認爲本篇是較爲原始的杜麗娘故事話本，約成於弘治嘉靖初年間，便是根據這則資料㊽。

正由於《鍾情麗集》名氣響亮，因而它在小說史上仍具影響力，例如曾被書坊列爲「十才子書」之十的《駐春園小史》，第十六回至十八回敍黃玠與曾浣雪私奔、供狀、得風流太守憐憫數段，卽與辜瑜故事關係密切。

《駐春園小史》二十四回，題「吳航野客編次，水箬散人評閱」，根據林辰先生考證，編次者與評閱者實爲同一人，著於乾隆年間㊾。水箬散人在本書第一回，冠以「開宗明義」，作爲引言，並對十幾種小說和小說人物作了縱橫的評述，《鍾情麗集》的瑜、輅，卽在其中。當然，影響《駐春園小史》的並不只有《鍾情麗集》而已，《嬌紅記》也包括在內，作者自己便承認：

> 間有類《王嬌梨》、《情夢於(拆)》，似不越尋常蹊徑。而筆墨瀟洒，皆從唐宋小說《會真》、《嬌紅》諸記而來，與近世稗官迥別。㊿

這段自白，說明明末清初才子佳人小說與唐宋傳奇之間有其連繫，而《嬌紅記》便是介乎其間的橋梁之一。

三 《三奇合傳》、《王嬌鸞百年長恨》

《三奇合傳》，文長二萬二千言，亦屬中篇傳奇小說，未見單行本流傳，收錄在小說彙編與通俗類書之中，別名《浙江三奇誌》、《浙湖三奇記》或《尋芳雅集》[51]。故事記元末浙人吳廷璋（號尋芳主人）與王嬌鸞、嬌鳳姊妹，三人的一場奇緣。文中敘述廷璋強入嬌鳳閨房：

> 見几上有《烈女傳》一帙。生因指曰：「此書不若《西廂》可人。」鳳曰：「《西廂》，邪曲耳。」生曰：「《嬌紅傳》何如？」鳳曰：「能壞心術。且二子人品，不足于人久矣，況顧慕之耶！」生曰：「崔氏才名，膾炙人口；嬌紅節義，至今凜然。雖其始遇以情，而盤錯艱難間，卒以義終其身，正婦人而丈夫也，何可輕訾。較之昭君偶虜，卓氏當壚，西子敗國忘家，則其人品之高下，二子又何如哉？」鳳亦語塞。[52]

「壞心術」之論，同《賈雲華還魂記》；《西廂》、《嬌紅》並舉，又見一例；嬌鳳與廷璋對崔氏、嬌紅（當作嬌娘）二子人品的評斷，則顯示《西廂》與《嬌紅》給予讀者悲喜參半的藝術感染效果。

關於吳廷璋和王嬌鸞、嬌鳳的故事，尚有一篇重要話本《王嬌鸞百年長恨》，並見於《警世通言》卷三十四與《今古奇觀》卷三十五，其本事又與《情史》卷十六情仇類「周廷章」條同。《通言》載明天順間人周廷章，得知姻事不諧，心痛如刺，立刻致函王嬌鸞，嬌鸞也回了一封信，賦詩感慨「此生但作乾兄妹，直待來生了寸心」。廷章閱書，雀躍不已：

讀詩至末聯「此生但作乾兄妹」，忽然想起一計道：「當初張珙、申純，皆因兄妹，得就私情。王夫人與我同姓，何不拜之為姑？便可通家往來，於中取事矣！」[53]

「中表不婚」是張珙、申純時代的姻婚律法，表兄妹的關係曾是他們必須克服的障礙，廷章此際反倒靈機一動，想藉兄妹關係來成就私情，較諸張、申，品格已差一截。

《三奇合傳》與《王嬌鸞百年長恨》，差異頗大，時間（一元，一明）、人物姓名（一作吳廷璋，一作周廷章）、結局（一是一男兩女大團圓，一是以廷章負心、嬌鸞縊死，悲劇收場），均不相同，可能是「一事兩傳」，甚至又有不同的發展在舞臺上演出[54]；然而，不管如何，《嬌紅記》卻同時是這兩篇故事主角所耳熟能詳的模範讀本，這點是可以確定的。

四　《劉生覓蓮記》

《劉生覓蓮記》，收錄在《國色天香》、《燕居筆記》、《繡谷春容》、《萬錦情林》諸書中，北京大學、哈佛大學藏有《幽閑玩味劉生覓蓮記》六卷十六回，應是吳敬所所輯《國色天香》的別撰單行本[55]。這本中篇傳奇小說，長達四萬字，故事敘述才子劉一春館於守樸翁洛陽園，因得邂逅鄰園佳人孫碧蓮，自此私號愛蓮子，命新亭爲「覓蓮」。其間雖屢遭小人耿汝和妬陷（「耿」，喻「梗」），幸得碧蓮侍女素梅之力（素「梅」，喻「媒」婆；原名桂「紅」，喻「紅」娘），終與碧蓮結成良配。全書頗多細節與《嬌紅記》若合符節，並道及此書：

> 越夕，生囑愛童守門，逕訪妓家。文仙出《嬌紅記》，與生觀之。曰：「有是哉！有始無終，非美談也。」留宿而回。[56]

不過，作者也有意和《嬌紅記》一別苗頭，例如中間穿插的這位妓女——許文仙，便與《嬌紅記》中的丁憐憐不同。文仙不僅主動爲劉生物色佳人，還指點他「先結侍女之心，庶可漸入佳境」：

> 生謝曰：「是敎當書紳，是情當刻骨，此言出在卿口，入在吾耳，幸毋他泄。」文仙曰：「君固不下申厚卿，我也不為丁憐憐，亦何疑焉！」乃取一犀簪，解一香囊留贈而別。[57]

另外，女主角孫碧蓮也引述了申、嬌諸典故：

> 復謂梅曰：「自思天下有淫婦人，故天下無貞男子。瑜娘之遇辜生，吾不為也；崔鶯之遇張生，吾不敢也；嬌娘之遇申生，吾不願也；伍娘之遇陳生，吾不屑也。倘達士無情，俯遂幽志，吾當百計善籌，惟圖成好相識，以為佳配，決不作惡姻緣，以遺話巴。」[58]

以上三段文字，一春爲有始無終抱憾，文仙以丁憐憐爲戒，碧蓮矢志不願爲淫婦人，都是視

《嬌紅記》爲悲劇的代表作，極力避免重蹈覆轍，這情形和《賈雲華還魂記》裏的記載十分接近。又孫小姐引述歷朝著名典故，《西廂》、《嬌紅記》之外，又新添《鍾情麗集》與《荔枝奇逢》兩種明代中篇傳奇小說，可見其一脈相承的密切關係。

《劉生覓蓮記》作者不詳，可以確定的是它在《天緣奇遇》、《荔枝奇逢》、《懷春雅集》之後成書[59]，嘉靖年間已被盧次楩改編成《想當然》傳奇[60]，萬曆年間又被鄒逢時改編爲《覓蓮記》傳奇[61]，後者已佚，前者則有「譚友夏批點」三十八齣本傳世[62]。

《想當然》傳奇在劇情上做了不少的修訂。例如第二齣「卜頤」，描述劉一春從黃谷道人處得「覓蓮得新耦，折桂倚嬌紅」二讖詩，小說原作「覓蓮得新耦，折桂獲靈苗」，得自知微翁。這個差異，影響了往後的發展。原來小說結尾，言劉生功名及第，寓舅妗衙中，偶得舅婢雲香(原名苗秀靈)爲妻，驗證了詩讖下句；而傳奇則溶素梅、雲香於一體，讓勻箋(仍原名桂紅)與小姐共事一夫，以驗下句詩讖，比原作巧妙。《想當然》改「獲靈苗」爲「倚嬌紅」的這個轉變，可能出於湊巧，但也不無與《嬌紅記》小說有關的可能。

五　《天緣奇遇》、《傳奇雅集》

《劉生覓蓮記》除了記載《嬌紅記》一書外，又曾述及書坊有「話本」三種：《天緣奇遇》、《荔枝奇逢》、《懷春雅集》。《荔枝奇逢》應是與戲曲《荔鏡記》，同演陳三五娘故事的傳奇文[63]，因未見，暫且不論。《懷春雅集》則是一部長約二萬七千言的中篇傳奇小說，明高儒《百川書志》卷六小史類著記：「國朝三山鳳池盧民表著，又稱秋月著」；《金瓶梅詞話》欣欣子序則言作者爲「盧梅湖」，俱不知何據？該書單行本失傳，現收錄在《花陣綺言》與《風流十傳》中，一題《金谷懷春》，一題《融春集》，名異實同。講述元至正初年蘇道春與潘拱璧，先通後婚的一段韻事，屬於《嬌紅記》影響下的作品，可惜文筆冗弱，盡用成詞。錢直之《忠節記》、謝天瑞《忠烈記》、王五完《懷春記》三種明傳奇，都是改編自這部小說[64]。

至於《天緣奇遇》，明代小說彙編與通俗類書均收錄，長約二萬四千言，又存單行本六卷十二回[65]。它是既受《嬌紅記》影響，而本身又對後代艷情淫穢小說（包括前述的《三奇合傳》、《劉生覓蓮記》），造成強烈震撼的一部文言中篇，不能不談。

《天緣奇遇》故事內容，係以吳中傑士祁羽狄與廉氏玉勝、麗貞、毓秀三姊妹的遇合爲主線，跟祁生有過性行爲者幾達百人，所以有人認爲它乃《祁禹傳》的刪節本[66]，原書凡百回，據云是茅鏕騙朋友曾見「世有一人而百遇」的奇書，爲了圓謊，於是召集工匠和謄寫員百餘人，「或以口語，或以手授，隨筆隨刊」，在一夜之間完成[67]；但又有傳說作者姓毛，因《百家姓》有「祁毛羽狄」一句，故託言「祁羽狄」而述自己的甚多奇遇[68]。程文修《玉香記》、闕名《玉如意記》，皆同演此一故事[69]。

明代中篇傳奇小說中，受《天緣奇遇》影響最烈者，有《李生六一天緣》和《傳奇雅集》兩種。《李生六一天緣》僅見《繡谷春容》卷七、卷八上層收錄，記李春華與六名佳麗的濃情艷史，平日吟咏，曾集爲一冊《六一倡和》，故名。其故事係以《天緣奇遇》爲骨，《三妙傳》、《三奇合傳》爲肉，湊合而成[70]。

《傳奇雅集》也是以《天緣奇遇》的情節爲骨幹。本篇近二萬言，僅見《萬錦情林》卷六下層收錄，疑係余象斗集《鍾情麗集》、《三妙全傳》、《劉生覓蓮》、《三奇傳》、《天緣奇遇》之大成⑪，敍幸時逢與須行雲並諸妾侍女的巫雲快史，雖是割裂羣書，但故事尚稱完整。然而由於是爲出版而作，所以抄襲處成篇累牘，不以爲恥，上述五書之外，《嬌紅記》、《賈雲華還魂記》，乃至唐傳奇中的裴航故事……等，幾乎全文照錄。

茲依序引錄《傳奇雅集》三段文字，與《天緣奇遇》、《嬌紅記》作一對照，便可證明《天緣奇遇》與《傳奇雅集》的緊密關聯，以及它們對《嬌紅記》的剽竊成習：

傳奇雅集	天緣奇遇	嬌紅記
一日，生將往謁之，命僕童文兒，收拾琴書隨行。既至，因入謁。爾聘見之，盡禮，遂引生至中堂，呼元氏出。生拜問起居，禮貌修整。元氏見生閑雅，心念：「得壻若此人，吾女何恨？」聘問：「行雲何在？」侍女金菊以未理粧對。聘曰：「一別數年，今各長成，寧	是日，生至講堂……卽趨謁。廉聞生至，急請入，各以久疎慰問。……廉呼岑氏出，且曰：「祁三哥在此，非外人也（原註：生行第三，故以呼之）。」……生拜問起居，禮貌修整。岑見生閑雅，念：「得婿若此人，吾女何恨？」……廉問：「麗貞何在？」岑曰：「不快。」	生既至，因入謁舅。舅見之，盡禮，遂引生至中堂，命妗出見。生拜進，就位。舅舅詢問，生答應愈恭。……再命侍女飛紅，呼嬌娘出見。良久，飛紅附耳語妗，以嬌娘未梳粧為由。妗因怒曰：「三哥家人也（原註：生第三），出見何害？」……又令他侍女促之。頃刻，

忍不識一面乎？」卽令金菊促之。行雲不得已，歛環而出……	……小桃曰：「來久矣！恐雲姐見疑。」卽整衣而去。	自是，生出入中堂，周旋廊廡，終日得與雲游從，因察其賦情特甚也，求所以導情達意之便而未能得。	一夕，……謂生曰：「風差勁，兄衣厚否？」生怳然
廉曰：「一別十年，今各長成，寧忍不識一面耶？」命侍女素蘭、小卿促之不至，又命東兒、潘兒讓之。麗貞不得已，歛鬟而出……	……英曰：「來久矣！恐見疑。旣君無詞，當自入謝之。」		麗貞輕撫其背曰：「兄苦寒耶？」生驚顧一揖，曰：
嬌自左掖出拜……		平常出入舅家，周旋堂廡，雖終得與嬌遊從，未嘗敢一妄言相及。生因察其動靜，見嬌言笑舉止，常有疑猜不足之狀。生知其賦情特甚也，求所以導情達意之便而未能得。	嬌不答，因謂生曰：「風差勁，可坐此共火。」……嬌

曰：「能念我寒，而不念我斷腸耶？」雲笑曰：「何事斷腸？」生曰：「予自遇子後，魂飛魄揚，竟夕不寐。每見子言語態度，非無情者；試以言餂之，則子必變色以拒之。莫測子心，予將歸矣！子明以告我。」雲因慨然良久……

一日，紫英在碧雲軒獨坐凭欄。生自外折梨花一枝入來。英不起，亦不顧生。生乃擲花於地。英曰：「兄何棄擲此花也？」生曰：「花

「苦寒不妨，苦愁難忍耳！」貞因拉生共擁爐。生坐火前，以筯畫灰，愁思可掬。貞佯問曰：「兄思歸耶？」……生曰：「眼前人尚如此，去人何暇計耶？」貞曰：「妾未嘗慢兄，兄何出此言？」生曰：「僕每失言，卿卽震怒，尚非慢乎？」……貞低首嘆曰……

一日，適貞在碧雲軒獨坐凭欄，放聲長歎。生自外執荷花一枝過軒，……貞驚起，並遮以別言，但問曰：「此花何來？」……貞曰：「飽

因撫生背曰：「兄衣厚否？恐寒威相凌逼也。」生怳然曰：「能念我寒，而不念我斷腸耶？」嬌笑曰：「何事斷腸？妾當為兄謀之。」生曰：「無戲言！我自遇子之後，魂飛魄散，不能著體，夜更苦長，竟夕不寐。……予每見子言語態度，非無情者；及予言深情味，則子變色以拒。……予將西騎矣！子無苦戲我。」嬌因慨然良久……

一日，暮春小寒，嬌方擁爐獨坐。生自外折梨花一枝入來。嬌不起，亦不顧生。生乃擲花於地。嬌驚視，徐起，以手拾花，詢生曰：

淚盈暈，知其意何在，故棄之。」英曰：「東皇固自有主，夜屏一枝，以供玩好，足矣！」生曰：「已荷重諾，無悔！」英笑曰：「將何諾？」生曰：「試思之。」	則飽矣，但恐飽後忘花耳！」生以荷花擲地，誓曰：「如有所忘，即如此花橫地。」貞含笑，以手拾花，戲曰：「映日荷花，自有別樣紅矣！兄何棄之？」	「兄何棄擲此花也？」生曰：「花淚盈暈，知其意何在，故棄之。」嬌曰：「東皇故自有主，夜屏一枝，以供玩好，足矣！兄何索之深也？」生曰：「已荷重諾，無悔！」嬌笑曰：「將何諾？」生曰：「試思之。」

六　《桃花影》、《春燈鬧》

《天緣奇遇》延續《嬌紅記》以降中篇文言傳奇的寫作風氣，卻因作者極盡誇張之能事，刻意對男女交媾細節作毫不保留的陳述，遂遭《劉生覓蓮記》評爲「獸心狗行，喪盡天眞」[72]，《巫夢緣》、《戀情人》亦當它是誨淫之書[73]，給明末清初的艷情淫穢小說起了不良的示範作用。

受《天緣奇遇》影響的白話艷情小說甚多，筆者驚訝地發現，其中竟有兩本也和《嬌紅記》沾上邊，即《桃花影》與《春燈鬧》。

《桃花影》，一名《牡丹奇緣》，全書十二回，以明成化間魏瑢（字玉卿）和卞非雲的戀情爲主線，記魏生淫亂的一生，復經半癡僧點化，與衆妻妾俱成地仙。作者檇李煙水散人

[74]，自承其事「與祁生髫鬌」[75]。第四回〈滅燭邀觀雙意足〉，不僅提到「前賢所述的《五金魚》，並那祁禹狄故事，奇遇甚多，相會甚巧」，亦有玉卿致非雲書，言及：

> 然或卿有不諱，瑢豈獨生？當效申、嬌，成一鴛鴦塚耳！[76]

倘若只看這一小段文字，還不能證明煙水散人看過《嬌紅記》，畢竟申嬌合葬鴛鴦塚一直是明清兩代盛傳的典故。

據煙水散人自述，《桃花影》是他在貧苦無聊之際，接受友人（白雲塢主人）委託，雨窗十日，草創編就[77]，結果書一上市，造成轟動，並有人將它合併《鼓掌絕塵》雪集湊成《鬧花叢》[78]，民初《繪圖情海緣》亦是《桃花影》的簡本[79]。煙水散人大概是在《桃花影》問世後，名氣大噪，因而後來書坊又請他撰寫「桃花影二編」——《春燈鬧》[80]。

《春燈鬧》，一名《燈月緣》，全書十二回，雖爲《桃花影》續集，講述的卻是另一個獨立的故事，以〈賽龍燈遇艷入桃源〉發端，記明崇禎間眞楚玉（字連城）荒唐淫事。第二回〈癡情士邀歡酬美婢〉，寫性好男風的姚子昂誘騙眞連城至家：

> 姚子昂取出一本《嬌紅傳》，說說笑笑。看了一會，只見靈芸又把酒餚捧出。……眞生飲了數杯，雙頰暈紅，愈加嬌媚。姚子昂禁不住慾心火熾，微微笑道……。[81]

加上這段記載，我們幾可確定《桃花影》「當效申、嬌」一語絕非單純用典而已！煙水散人確曾目睹《嬌紅》一書。

然而，合觀《桃》、《春》二則引文，煙水散人所見者，居然是一本敘述申嬌合葬鴛鴦塚故事，卻又令人讀來慾心火熾的《嬌紅傳》。《蜃樓志》載溫素馨看《燈月緣》，「看得心搖神蕩，春上眉梢」[82]，情形和桃子昂翻閱《嬌紅傳》不相上下，難道這本《嬌紅傳》也跟《春燈鬧》一樣猥褻嗎？不然怎麼會有刺激性慾的效果呢？其面目究竟如何，實在值得推敲。

七　《三妙傳》、《金雲翹傳》、《繡榻野史》

《三妙傳》，一部長約二萬五千言的中篇傳奇小說，《風流十傳》、《花陣綺言》、《國色天香》、《繡谷春容》、《萬錦情林》、《燕居筆記》諸書均載，一名《花神三妙》，或作《三妙摛錦》；另有「竹軒藏板」六卷單行本傳世[83]。故事演元季白生景雲並得趙錦娘、李瓊姐、陳奇姐三表姊妹。其中「慶節上壽會飲」一節，白生曾開諭瓊、奇二姬：

> 月前之誓，誓以死生，況患難乎？今舉事一不當，其狀乃爾，況肯舍身相從耶？卿不記申、嬌之事乎？萬一不遂所懷，則嬌為申死，申為嬌亡，夫復何恨！[84]

白生此處引述申、嬌之事，藉以表達誓同生死的決心，與《賈雲華還魂記》、《劉生覓蓮記》主人翁以《嬌紅記》為鑒的態度截然不同。戲曲《霞箋記》曾見同樣的記載[85]，小說

《金雲翹傳》也有一段近似的情節。

《金雲翹傳》，或名《雙奇夢》、《雙歡合》（簡本），題「青心才人編次」，是明末清初一部特殊的才子佳人小說，受許多作品的影響[86]；前三回著力描寫王翠翹與金重邂逅悅慕、定情立盟的戀愛過程，則顯然留有元明中篇傳奇小說的痕跡。關於《嬌紅記》，第三回〈兩意堅藍橋有路，通宵樂白璧無瑕〉有下面這段對白：

> 金生道：「常聞心堅石穿，爾我志願如斯，上蒼自應矜憐，玉成乃事。」翠翹道：「造化忌盈，至于忌才忌美猶甚。君不見《嬌紅》之事乎？」遂蒙袂掩泣。金生道：「卿卿放心，余忝為男子，豈不能庇一女子。萬一事變不測，當出生入死，以完夙盟，斷不作薄倖人，辜負卿卿至情也。」因扶之就席，洗盞再酌。[87]

在這裏，王翠翹不懷疑《嬌紅》故事的眞實性，且將此一悲劇歸諸造化弄人，流露出無限的同情與隱憂；金重「出生入死」之論，則與《三妙傳》白生語相類，都是有感於申、嬌至情而發。

《三妙傳》這部文言小說，曾有若水居士改編成《三妙記》傳奇[88]，又對明末清初才子佳人小說有所啓廸，如《都是幻》[89]；更對艷情淫穢小說造成不小的影響，如《繡榻野史》。

《繡榻野史》的猥褻程度，比《三妙傳》有過之而無不及，相傳是明末呂天成「少年遊戲之筆」[90]。故事敍述揚州秀才姚同心（自號東門生）、妻金氏、龍陽友弟趙大里並其母麻氏，四人之間的淫事。其中「開關迎敵」一節，提及金氏嚴陣以待，趙大里大步前來：

> 只見房裏靠東壁邊，掛着一幅仇十洲畫的美女兒，就是活的一般。大里看了，道：「這倒就好做你的行樂圖兒。」把一張蘇州水磨的長桌挨了畫，桌子上擺了許多骨董，又擺着《如意君傳》、《嬌紅記》、《三妙傳》，各樣的春意圖兒……。[91]

按《如意君傳》，「在文字上以及事件兩方面，都給《金瓶梅》提供了充分的資料來源」[92]，是一本不折不扣的風月淫書，經常和《繡榻野史》被擺在一起[93]，沒想到《嬌紅記》竟與之為伍！而且這本《嬌紅記》可能還帶有「春意圖兒」，發揮著助長春興的作用。那麼，前述煙水散人曾見一本具刺激性慾效果的《嬌紅傳》，應該不是無中生有了！

八 《濃情快史》、《蜃樓志》、《野叟曝言》

過去雖曾有人將《嬌紅記》和《如意君傳》相提並論[94]，然而如果《嬌紅記》不是被動過手腳（如繪以春意），實在沒有跟《如意君傳》等淫穢小說同流合污的道理。令人喟歎的是，《嬌紅記》居然遭逢這項不幸，《繡榻野史》、《春燈鬧》裏的記載幾可證明。還有《濃情快史》、《蜃樓志》、《野叟曝言》三本小說，也同時傳達類似的噩耗！

《濃情快史》，書署「嘉禾餐花主人編次」，凡三十回[95]，與《如意君傳》同演武則天野史，內容亦不堪入目；但以白話寫作，與《如意君傳》有別。其第三回〈昌宗幸入合歡宮，媚娘巧弄鴛鴦被〉云：

> 媚娘在桌上去翻，看見是一本《嬌紅傳》，忙折轉了。……六郎見媚娘一眼看着他，便向袖兒取出《嬌紅傳》來，道：「小娘子，可將他看一看，想是有趣的。」媚娘失口道：「我侄兒有一本，前番已見過了。」六郎道：「我尚未曾看完，不知中間是什麼故事？」媚娘笑道：「你自看便知。」……六郎翻着一張春意兒，走過去指着道：「是這一段有趣。」媚娘臉漲紅，坐了轉去……。[96]

要是我們根據此一記載，遽言唐朝武則天時代卽有《嬌紅傳》存世，自然大錯特錯；不過從這段描述中，倒是可以更加相信《嬌紅記》確曾被加料改造，變成一本「圖文並茂」的黃色書刊，在坊間廣泛印售，甚至淪爲登徒子勾引婦女的工具！

《蜃樓志》，書署「庚嶺勞人說，愚山老人編」，凡八卷二十四回，「是《紅樓夢》以後的作品，但它並未繼承《紅樓夢》的藝術傳統，而是沿襲着康熙後期的人情小說、一些涉淫小說的路子走下來的」[97]。第三回〈溫馨姐紅顏嘆命，蘇笑官黑夜尋芳〉曾載：

> 素馨自幼識字，笑官將這些淫詞艷曲來打動他，不但《西廂記》一部，還有《嬌紅傳》、《燈月緣》、《趣史》、《快史》等類。素馨視為至寶，無人處獨自觀玩……。[98]

又第五回曾記溫素馨看《濃情快史》，看得「那一種炎炎慾火，早已十丈高升，怎生按捺得住」[99]。可見狂蕩者借誨淫之書爲勾引之媒，不是沒有的事，《野叟曝言》就有相同的記載。

《野叟曝言》，清夏敬渠著，光緒七年（一八八一）刊，全書長一百五十二回。其第三十一回〈巧賺貞姑憑人傳噩耗，正規浪子抒管寫箴銘〉，述及李四嫂者爲連城公子送書，企圖誘導守貞處子璇姑，璇姑：

> 料想今夜斷無他故，因把四嫂送來之書，展開一看，是一部《會真記》，一部《嬌紅傳》，一部《好逑傳》，板清紙白，前首繡像，十分工緻。約略繙閱，却已得其大概……。[100]

幸虧她不爲所動，甚至賦詩夾於《嬌紅傳》中，加以規勸，這才沒有落入小人的圈套。孫楷第先生便是根據《野叟曝言》和《蜃樓志》的引述，懷疑有一本《嬌紅傳》「或以口語演之」[101]，這種推測，雖無現存版本足資印證，但也不無可能。

結語

綜合以上蒐羅明清小說裏關於《嬌紅記》的諸多記錄，從明初至清末，《嬌紅記》經久不衰的流傳情形和膾炙人口的閱賞盛況，實已歷歷在目。

就作爲青年男女的愛情讀物而言，《嬌紅記》這篇名作始終與《西廂記》並居典範地位。儘管申純、嬌娘的私訂終身違悖敎條，暗通情款牴觸道德，未能善始，不得令終，非但遭受衞道之士的抨擊，也讓一些閨秀奉爲殷鑒，視如畏途（參《賈雲華還魂記》、《劉生覓蓮記》、《三奇合傳》；《灑雪堂》傳奇）。但是，正因爲申生輕功名、重愛情，與嬌娘自選良配，擇善固執，展現了反抗傳統、不向命運低頭的超然勇氣，以及兩人同心同德、至死不渝的多情執迷，發揮了人性可貴的情操，終使更多在舊禮敎束縛壓迫下的青年男女備受啓示鼓舞（參《三奇合傳》、《桃花影》、《三妙傳》、《金雲翹傳》；《霞箋記》傳奇），並博取廣大讀者的同情惋惜（參《二橋春》、《鍾情麗集》、《杜麗娘慕色還魂》、《金雲翹傳》）。《嬌紅記》這個愛情悲劇故事，能在明淸社會獲得那麼熱烈的廻響，不是毫無理由的。

就作爲第一本中篇文言傳奇小說而言，《嬌紅記》作者宋梅洞突破了唐宋短篇小說形式格局的限制，以其洋溢的才華和瀟灑的筆墨，鋪陳曲折情節，塑造典型人物，傳述着一段可歌可泣、感人肺腑的故事，陶鑄了一篇劃時代的文學作品，難怪後起者紛紛仿效，甚至不惜盜寫抄襲（參《灑雪堂巧結良緣》、《鍾情麗集》、《駐春園小史》、《天緣奇遇》、《傳奇雅集》）。但是，縱然仿作四出，《嬌紅記》依舊散發出它那獨特的迷人魅力，在元明兩代白話章回小說強大壓力下，於明末淸初才子佳人小說氾濫的逆流中，仍能屹立不搖，以單行本繼續流傳，或被小說彙編和通俗類書一再收錄。只可惜，它的部分讀者或因心術不正，或爲出版牟利，竟然予以加繪春圖，改頭換面，拿來當成縱慾行樂時助興的淫具，或利用它作爲煽惑勾引、挑燃慾火的淫媒（參《王嬌鸞百年長恨》、《春燈鬧》、《繡榻野史》、《濃情快史》、《蜃樓志》、《野叟曝言》）。堂堂傳奇佳構，受到讀者青睞之餘，卻不幸慘遭瀆褻蹂躪，淪落誨淫之書的行列，上了查禁焚燬的榜單[102]，怎不教人浩歎？而此一池魚之殃、不白之寃，恐怕就是導致目前幾爲世人遺棄，於文體等原因之外[103]，另一項未爲人知的外在因素。

再者，綜觀上文所列明清小說，引述《嬌紅記》及其典故者雖不一定有模仿之舉，未引述《嬌紅記》及其典故者卻未必不是抄襲之作，無論引或不引，幾乎都在《嬌紅記》直接或間接的影響之列。這個發現，有助於我們進一步瞭解明清兩代小說發展的路線及其面貌，也涉及《嬌紅記》小說在中國文學史上的定位問題。

在《嬌紅記》開導下的一大批明代中篇傳奇小說，其本身實已呈現出兩種不同主題、風格的走向：一是以情感的敍述爲主，一是以性愛的描寫爲主。以「情」爲主者，《賈雲華還魂記》、《鍾情麗集》等屬之，成書年代稍早；以「性」爲主者，《天緣奇遇》、《劉生覓蓮記》等屬之，成書年代較晚。到了明末清初，白話章回小說中，猖獗於檯面上的「才子佳子」一類，不少受到以「情」爲主之中篇文言傳奇的啓廸，如《二橋春》、《駐春園小史》、《金雲翹傳》等；充斥在地底下的「艷情淫穢」一類，則有許多是受以「性」爲主之中篇文言傳奇的激盪，如《桃花影》、《春燈鬧》、《繡榻野史》、《濃情快史》等。這兩類作品在明末清初的社會大量出現，彼此亦不無溶合現象，研究從《金瓶梅》到《紅樓夢》之間的學者，不能漠視它們的實際存在，也不能忽略它們與明代中篇傳奇小說的密切關係，更不能抹煞《嬌紅記》在這方面身具轉捩點的價值及其身居關鍵性的地位。

至於處於這般重要位置的《嬌紅記》，是否和曠世傑作《紅樓夢》也有所關聯呢？伊藤漱平先生說：「《紅樓夢》最後四十回中，黛玉亦行絕粒而殞，此與王嬌娘行逕相同（見第八十九回）；寶玉雖未殉情，但也出世落髮爲僧。無論如何，寶玉可說是爲迎合其時讀者心願而創造出來的再世申純。」[104]他隱然承認兩者之間不無連繫之處；蕭善因、張全太兩位先生則篤定地認爲：「賈寶玉和林黛玉這一對叛逆的身上有着申純和嬌娘的一脈骨血」[105]，「《嬌紅記》的成就是對元雜劇的繼承和發揚，它又啓發了曹雪芹，於是產生了由愛情故事作題材，反映一個階段、一個時代的沒落的不朽悲劇——《紅樓夢》。」[106]此言雖係針對孟稱舜《嬌紅記》傳奇而發，但實是《嬌紅記》小說既有的成就[107]。另外，林辰先生發現《金雲翹傳》有斷腸教主和斷腸册，《紅樓夢》有警幻仙姑和十二釵册，含蓄地表示兩者的緣源關係「存在於潛意識之中」[108]；既是如此，那麼《天緣奇遇》已經出現了「玉香仙子」和「香臺十二釵」[109]，也當在曹雪芹的潛意識裏浮現過才對。總之，《紅樓夢》與《嬌紅記》或許眞存在某種程度的關聯，論其文學價值，《嬌紅記》雖遠遜於《紅樓夢》的燦爛輝煌，但從文學演變和文學現象的角度來看，《嬌紅記》亦自有屬於它自己的一番成就，這是不容置疑的。

我們很高興沈陽春風文藝出版社繼《明末清初小說選刊》之後，有上補以《明人編刊小說總集》、下承以《紅樓夢續書選》的出版計畫，因爲這三套姊妹叢書，的確「既可以縱覽明末清初小說之概貌，也可以順理這一歷史時期中國小說發展的來龍與去脈」[110]；如果加上陳慶浩、王秋桂兩位先生在臺主編的《思無邪滙寶》再公諸於世[111]，相信明清小說的全貌會更清晰。屆時，明代中篇傳奇小說的存在，大概可以得到較多的矚目，而《嬌紅記》的地位和影響力也想必可以獲得突顯，希望它不會再繼續被埋沒下去！

附註

❶ 大塚秀高名之曰「長篇傳奇小說」，見〈明代後期における文言小說の刊行について〉，原文載《東洋文化》第六十一期，謝碧霞曾譯爲中文〈明代後期文言小說刊行概況〉，分上下兩次載於《書目季刊》第十九卷第二期（頁六〇—七五）、第三期（頁三四—五一）。筆者則將長達萬字以上者稱爲「中篇傳奇小說」，此係從伊藤漱平之說，見註⓭文。關於這批小說，大塚秀高統計的十四篇之中，《情義奇姻》其實不能列入，因爲據日本東京大學文學部所藏《萬錦情林》計算，《情義奇姻》不到五千字，既附載在卷四下層《浙湖三奇》之後，又不見它書選錄，極可能是編刊者余象斗爲補版面，臨時拼湊而成。至於元明中篇傳奇小說的數量究竟有多少，葉德均〈讀明代傳奇文七種〉認爲「就見存及各家書目著錄的約略估計，單篇一類至少當有四十種以上」，語見《戲曲小說叢考》，頁五三五；不過他的估計不分長篇短篇，故正確數目仍待調查。

❷ 《日本東京所見中國小說書目》卷六《風流十傳》條按語，鳳凰出版社，頁一二六—一二七。譚正璧、譚尋合著《古本稀見小說滙考》，《風流十傳》條亦因襲孫說，浙江文藝出版社，頁二六—二八。

❸ 《中國善本書提要》子部小說類《繡谷春容》按語，明文書局，頁三九九。

❹ 明高儒《百川書志》卷六小史類著錄《嬌紅記》二卷、《鍾情麗集》四卷、《艷情集》八卷、《李嬌玉香羅記》三卷、《懷春雅集》二卷、《雙偶集》三卷，附記：「以上六種，皆本《鶯鶯傳》而作。語帶煙花，氣含脂粉，鑿穴穿牆之期，越禮傷身之事，不爲莊人所取。但備一體，爲解睡之具耳。」成文出版社《書目類編》本，總頁一一九六〇。

❺ 語見朱承樸、曾慶全合著《明清傳奇概說》第三章，元山書局，頁六一。

❻ 王季思注《西廂記》第五本第三折云：「小說《嬌紅記》，記申生與王嬌娘相戀，亦因中表不能成婚。中表不能成婚，蓋金、元兩代並有此功令。至明洪武時，學士朱善極言其誤，帝從其言，始解禁。」里仁書局，頁一八四。然《曲海總目提要》沈受先《嬌紅記》條則說：「內兄弟不許成婚，……明洪武時學士朱升極言其誤，引據詳核，載在《實錄》，然彼時未能從其請，而民間亦未嘗遵律，士大夫家中表婚娶者甚多。」新興書局，頁二一二三。

❼ 《嬌紅記》應爲小說原題，選本《剪燈叢話》、《綠窗女史》、《艷異編》、《女聊齋志異》皆同。《繡谷春容》題爲《申厚嬌紅記》，《花陣綺言》、清刊《國色天香》題爲《嬌紅雙美》(前者又作《嬌紅並記》)，《古今圖書集成》題爲《王嬌》，《香艷叢書》題爲《王嬌傳》，《風流十傳》、《一見賞心編》、《情史類略》題爲《嬌紅傳》，《燕居筆記》、《筆記畫品》題爲《擁爐嬌紅(傳)》；另現行單行本二種，則作《新鍥校正評釋申王奇遘擁爐嬌紅記》、《嬌紅雙美全傳》。所謂「嬌紅」實乃截取「嬌」娘、飛「紅」之名命題，不料明梅鼎祚編《才鬼志》據《嬌紅傳》，縮寫《王嬌紅》條(國立中央圖書館藏萬曆刻本，卷九頁二四)，近人胡永竹編《明清傳奇故事》據《艷異編》，翻譯《嬌紅傳》全文(躍昇文化事業有限公司，第壹册頁七二—一三五)，竟將「嬌紅」誤爲王瑩卿一人之名，這是嚴重的錯誤。

❽ 王重民之說，已如前引。又如明末清初小說專家林辰先生亦云：「《嬌紅傳》問世，則後世之才子佳人小說體姿初具規模矣。……這篇文言小說，只差行文方面的文字和情節上的死後團圓，餘與才子佳人小說無異。後經《艷異編》、《情史》、《萬錦情林》(？)、《花陣綺言》收錄傳播，又經戲曲之演播，無疑對於才子佳人小說產生了影響。……即如才子佳人小說的那種以詩詞傳情定情的表現方式，至《書仙》、《嬌紅傳》則已經定型化了。」見《明末清初小說述錄》〈才子佳人小說的源流〉，春風文藝出版社，頁六三—六四。

❾ 詳參莊一拂《古典戲曲存目彙考》頁一〇三、一八三、三六〇—三六一、三七三—三七四、三七

七、三七八、九七五—九七六，上海古籍出版社。劉撰《金童玉女嬌紅記》，現存明宣德間金陵積德堂刊本，《古本戲曲叢刊初集》據日本九皐會印本影印；孟撰《節義鴛鴦塚嬌紅記》，現存崇禎間刊本，《古本戲曲叢刊二集》與天一出版社《全明傳奇》俱見影印，另有歐陽光注釋本，上海古籍出版社《古代戲曲叢書》排印，一九八八年五月；朱撰《玉嬌春》、《死葬鴛鴦塚》，疑原爲《王嬌春死葬鴛鴦塚》一劇，殘存佚曲，見《元人雜劇鈎沈》，世界書局，頁一〇六—一一三。餘均散失。

⑩ 語見胡永竹編《明清傳奇故事》〈前言〉，同註❼。

⑪ 一九三五年鄭振鐸爲上海生活書局編輯《世界文庫》第三册，曾選刊小說《嬌紅傳》（頁九五七—九八三）、雜劇《新編金童玉女嬌紅記》（頁九八五—一〇一六），功不可沒；趙景深據之以撰〈《嬌紅記》與《嬌紅傳》〉一文，收進《中國戲曲初考》，中州書畫社，頁二三六—二三九，可惜只作粗淺介紹。

⑫ 列入《中國古典文學大系》三十八，平凡社，一九七三年，附有解說。

⑬ 原文 "Formation of Chiao-hung Chi: Its change and Dissemination" 載 ACTA ASIATICA 第三十二期，一九七七年三月。謝碧霞曾譯爲中文，載於《中外文學》第十三卷第十二期，頁九〇—一一一。

⑭ 引文見頁九二，同註⑬。

⑮ 以註❼爲例，其中有許多載有《嬌紅記》的選本，伊藤先生沒有提到。清代選錄《嬌紅記》內容的詞集，除《詞林記事》、《本事詞》之外，尚有《詞統》、《林下詞選》、《詞苑叢談》……等書。又中國域外，韓國李朝燕山君曾命謝恩使來華蒐購《嬌紅記》，詳參註㉓；越南至少也有收錄《嬌紅記》的通俗類書流傳，參《翠翹傳詳註》引書目。凡此，皆是《嬌紅記》流傳的情形。

⑯ 引文見頁一〇二、一〇三，同註⑬。

⑰ 引文見頁一〇六、一〇七，同註⑬。

⑱ 王季思先生曾將孟稱舜《嬌紅記》傳奇，收入《中國十大古典悲劇集》。又如朱穎輝撰有〈孟稱舜《嬌紅記》的悲劇美〉，載《戲曲研究》第八集，頁一四二—一五六，一九八三年五月；蕭善因、張全太亦合著〈一部承前啓後的愛情悲劇——《嬌紅記》和元代四大愛情劇的比較分析〉，載《中華戲曲》第二集，一九八六年十月。

⑲ 伊藤漱平只利用到《賈雲華還魂記》、《鍾情麗集》、《三奇合傳》、《王嬌鸞百年長恨》、《野叟曝言》、《蜃樓志》小說六種（另有《霞箋記》戲曲一種），不甚豐富，致未能發掘更多眞象。本文一併納入，使之愈加周全。

⑳ 李禎《剪燈餘話》自序云：「往年余董役長干寺，獲見睦人桂衡所製《柔柔傳》，愛其才思俊逸，意婉詞工，因述《還魂記》擬之。後七年，又役房山……。」卷四附錄《至正妓人行》並序：「永樂十七年，余自桂林役房山。」《綠窗女史》卷六收錄《還魂記》則言作者爲「宋陳仁玉」，暨其卷五收錄《嬌紅記》而言作者爲「中州李詡」，俱不可信。

㉑ 《柔柔傳》已佚。惠康野叟《識餘》卷一有《歐陽夢桂忠妾柔柔傳》，新興書局《筆記小說大觀》第二十九編第九册，頁五一七三—五一七五。柔柔或爲一人，但二傳絕不相同。

㉒ 此據《剪燈新話・外二種》引，上海古籍出版社，頁二七三。

㉓ 燕山君十二年（一五〇六）四月壬戌：「傳曰：『《剪燈新話》、《剪燈餘話》、《效顰集》、《嬌紅記》、《西廂記》等，令謝恩使貿來。』」同年八月甲寅：「傳曰：『……嘗覽《剪燈新話》有……。且魏生常在（出）室，娉攜持侍姬蘭苕，有《嬌紅記》一册云云，故知有《嬌紅記》。今下册乃此集，前敎「竹窗幽戶尚如初」之句，亦在于此。但間有漢語多不可解，其以文字註解開刊。』」轉引自柳鐸一〈燕山君이 貿來下命한中國小說考〉，一九八八年九月十四—十

六日韓國「第三屆中國域外漢籍國際學術會議」論文。按「竹窗幽戶尚如初」一句，出自《賈雲華還魂記》，所謂「下册乃此集」，指的是《剪燈餘話》，柳先生誤解文意，以爲燕山君令刊《嬌紅記》註解本，其實並非如此。

㉔ 同註㉒，頁二七七。

㉕ 同註㉒，頁二八九。

㉖ 參岡崎由美〈《賈雲華還魂記》に於ける文言小說長篇化の指向性について〉，《早稻田大學院文學研究科紀要》別册第十一集，頁一三五－一四四。

㉗ 伊藤漱平語，同註⑬，頁一〇〇。

㉘ 參《古典戲曲存目彙考》頁九五一、九五五、九五七、九七四，同註⑨。四劇中惟《灑雪堂》現存，其第三十折「冥府憐情」云：「（閻問介）那賈娉娉，你私遇魏生，非以禮而合；卒致殞命，非得正而斃。難道嬌紅之多情，亦是鶯鶯之故轍。執迷如此，淫僻何辭。情之所鍾，不在我輩。獄之緐設，正爲此人。」天一出版社《全明傳奇》影墨憨齋新定本，卷下頁三一。這又是引用《嬌紅記》的典故，且仍與鶯鶯故事並舉。

㉙ 清陳樹基又改作話本《借屍還魂成婚應夢》，編入《西湖拾遺》卷四十三。

㉚ 此據崇禎間刊本引，天一出版社《明清善本小說叢刊初編》影印，卷二七頁二八。

㉛ 參《韓國漢文小說全集》卷七「愛情家庭類」，《英英傳》等。

㉜ 此據日本服部誠一評點明治刊本引，同註㉚，卷一頁一。

㉝ 書題《新刻鍾情麗集》，現藏日本成簣堂文庫，參孫楷第《日本東京所見中國小說書目》，鳳凰出版社，頁一二二－一二三；《續修四庫全書提要》，臺灣商務印書館，頁一七二〇－一七二一。

㉞ 書題《鍾情記》，現藏哈佛大學燕京學社漢和圖書館，參大塚秀高《增補中國通俗小說書目》，

汲古書院，頁一一二三。

㉟ 參《古典戲曲存目彙考》頁九五〇，同註❾。取集中有辜生壁間畫鶯、題詩托意一節命名。

㊱ 卷四上層，王秋桂先生主編《善本戲曲叢刊》第一輯第五册，臺灣學生書局影萬曆刊本，原缺。

㊲ 卷四上層，又作「瑜娘看詩」，同註㊱，第一輯第六册，頁九九—一一。

㊳ 語見沈德符《顧曲雜言》「丘文莊塡詞」條，臺灣商務印書館《景印文淵閣四庫全書》第一四九六册，頁三九二；並載於《萬曆野獲編》卷二十五。又《新刻鍾情麗集》簡菴居士序、《金瓶梅詞話》欣欣子序，皆明言作者爲「玉峯生」、「丘瓊山」。

㊴ 參《風流十傳》卷一《鍾情麗集》跋語，見《日本東京所見中國小說書目》頁一二五，同註❷；另《聽雨增記》亦有此說，葉德均認爲：「顯有揑造的嫌疑。……諸書既然都說屬邱濬所作，當是事實。」同註❶，頁五三七。

㊵ 此據春風文藝出版社排印《國色天香》卷九引，頁三一〇。

㊶ 同註㊵，頁三二〇。

㊷ 瑜娘最愛《一剪梅》詞，辜生以「如此鍾情古所稀，吁嗟好事到頭非；汪汪兩眼西風淚，洒向陽臺化作灰」一詩爲佳，引文俱與今本《嬌紅記》無異。

㊸ 同註㊵，頁三二一。

㊹ 語見明陶輔《桑榆漫志》，收入《今獻彙言》，藝文印書館《百部叢書集成初編》之六。

㊺ 語見《顧曲雜言》，同註㊳。《五倫》，即《五倫全備》，《曲海總目提要》作《綱常記》，天一出版社《全明傳奇》所收則作《伍倫全備忠孝記》。

㊻ 此據《明人話本鈎沈》引，見胡士瑩《話本小說概論》第十三章附錄，丹青圖書公司，頁五一〇。

㊼ 湯顯祖曾經察覺，故萬曆二十六年（一五九八）撰《牡丹亭》傳奇，第十齣「驚夢」改作：「昔

日韓夫人得遇于郎，張生偶逢崔氏，曾有《題紅記》、《崔徽傳》二書，此佳人才子，前以密約偸期，後皆得成秦晉。……」，語見漢京文化事業有限公司排印本，頁四四。按《題紅記》乃王驥德據《流紅記》改編之戲曲，確實是演韓氏題情故事；而《崔徽傳》則見於張君房《麗情集》，並非崔鶯待月故事，這也是湯氏的筆誤。

㊽ 《話本小說概論》說：「因爲本篇提到《嬌紅記》和《鍾情麗集》，前者爲元人宋遠（梅洞）作，後者爲明初人劉東生作。」同註㊻，頁五〇九。按劉東生實乃《金童玉女嬌紅記》作者，這又是一筆誤。

㊾ 詳參《明末清初小說述錄》頁二三四—二三八，同註❽。

㊿ 此據天一出版社《明清善本小說叢刊初編》影本引，文見水箬散人乾隆壬寅年（一七八二）〈駐春園小史序〉。

51 《尋芳雅集》常被誤與《懷春雅集》同，如柳文英〈明代的傳奇小說〉，《光明日報》一九五八年二月二十三日；葉德均〈讀明代傳奇文七種〉，同註❶，頁五三六；莊一拂《古典戲曲存目彙考》，同註❾，頁一〇二八。

52 此據《國色天香》卷四引，同註㊵，頁九五。

53 此據鼎文書局《警世通言》引，《中國學術類編》排印本，頁五二二。

54 遠山堂《曲品》著錄謝惠《鴛鸞記》，云：「吳廷璋得兩嬌而室，以趙文兕之搆，流離者二十年，有二子而幾不能認，頗盡傳奇離合之致。」又清初《巫夢緣》第八回載：「桂姐道：『……我嘗見有王嬌鶯的唱本兒，初然父母許他嫁，後來反悔了，以致又嫁不成，丟又丟不得，覆水殘花，悞了終身大事，日後卻送了性命。……』」，按此一「王嬌鶯」唱本，可能演「王嬌鸞」故事，不然就是朱經所撰《王嬌春》雜劇。

55 參《增補中國通俗小說書目》，同註㉞，頁一一三。

56 此據《國色天香》卷二引，同註40，頁三六。

57 同註56。「謝」字原作「拊」，此據《花陣綺言》卷十一改。

58 同註56，頁四八。

59 《劉生覓蓮記》曾載：「睡起，即令童取酒，飲至醉，枕書隱几。聞扣門聲，放之入。乃金友勝，因至書坊，覓得話本，特持與生觀之。見《天緣奇遇》，鄙之曰：『獸心狗行，喪盡天眞，爲此話本，其無後乎？』見《荔枝奇逢》及《懷春雅集》，留之。私念曰：『男情女欲，何人無之？不意今者近出吾身，苟得遂此志，則風月談中又增一本傳奇，可笑也。』」同註56，頁五三。

60 參《古典戲曲存目彙考》頁八二八—八二九，同註9；然周亮工《因樹屋書影》卻說：「惟予門人邗江王漢恭名光魯，所作《想當然》，猶有元人體裁。……《想當然》託盧次楩之名以行，實出漢恭手。」見蔣瑞藻《小說考證》卷六引，臺灣商務印書館，頁一二六—一二七。

61 參《古典戲曲存目彙考》頁九五一，同註9。

62 《古本戲曲叢刊初集》據崇禎刊本影印，署款思居士編，天一出版社《全明傳奇》亦收同一版本。

63 詳參葉德均〈讀明代傳奇文七種〉，同註1，頁五三九；大塚秀高〈明代後期文言小說刊行概況〉，同註1，第二期頁七二〇；薛汕《書曲散記》，書目文獻出版社，頁四六—五六。

64 參《古典戲曲存目彙考》頁九〇一—九〇二、九五七、一〇〇一—一〇一一，同註9。

65 書題《奇緣記》，不著撰人，現藏北京大學，參《增補中國通俗小說書目》，同註34，頁一二三。

66 水箬散人〈駐春園小史序〉云：「昔人一夕而作《祁禹傳》，詩歌曲調，色色精工，今雖不存，《燕居筆記》尚採大略。」同註50。

67 詳見清陳尚古《簪雲樓雜說》《祁禹傳》條，新興書局《說庫》第二册，頁一四七六。

68 參《風流十傳》卷四《天緣奇遇》跋語，見《日本東京所見中國小說書目》頁一三五，同註②。

69 《玉香記》，以祁生偶遇玉香仙子、獲授仙丹一節命名；《玉如意記》，以祁生手持玉如意入宮、尋得麗貞一節命名。兩本傳奇皆佚，《群音類選》殘存散齣，見《善本戲曲叢刊》第四輯第二册，同註㊱，頁一一一七—一一二七。

70 《三妙傳》，詳見下文。《李生六一天緣》內有「荀郎君有吳生之行，窮通不改；小姐諧鸞鳳之緣，終始無虧。則妾雖不來，獨不能法春英、秋蟾，以合兩家之好乎？」的用典，又見「當時三妙非爲妙，今日三奇果是奇」一詩，天一出版社影世德堂刊本《繡谷春容》，卷七頁一三，卷八頁二四。可見該書與《三奇合傳》、《三妙傳》有直接關係，至於內容，亦頗雷同。

71 此五種小說，分別被《萬錦情林》收錄於卷一至卷五。

72 見註59。

73 《巫夢緣》十二卷，一卷一回，本身卽爲艷情淫穢的白話小說，第二回〈雛兒未諳雲雨事〉記載寡婦卜氏：「生得俊俏，又識一肚子好字，閒著時節把些唱本兒看看。看完了沒得看，又央他哥弟們買些小說來看。不料他兄弟買了一本《天緣奇遇》，是祁禹狄故事，上面有許多不正經的話。」害得她「飯也不想吃，覺也睡不著」。日本佐伯文庫藏嘯花軒板，卷二頁一。《戀情人》六卷，一卷二回，乃《巫夢緣》之簡本，亦存嘯花軒板，觀《天緣奇遇》一段，見卷一頁七。

74 《桃花影》書署「檇李煙水散人編次」，二編《春燈鬧》亦署「檇李煙水散人戲述」，東海幻庵居士〈題春燈鬧序〉云「秋濤子點逑」，這是學界認定煙水散人卽徐震（字秋濤）的重要證據之一。不過，林辰先生指出「檇李煙水散人」與「鴛湖煙水散人」、「南湖煙水散人」、「古吳煙水散人」，及另一不加籍屬的煙水散人，五者未必同一人，進而懷疑煙水散人諸書有僞託者，詳參〈烟水散人諸書錄〉，同註⑧，頁三〇二—三四三。

75 語見〈煙水山人自跋〉，文載《桃花影》第十二回末總評之前。

76 此據雙紅堂藏嘉慶刋本《新鐫批評繡像桃花影快史》引，第四回頁五。

77 同註75。

78 孫楷第《中國通俗小說書目》卷四「鬧花叢四卷十二回」條，記：「題『姑蘇痴情士筆』。實卽明人小說《鼓掌絕塵》之雪集。」木鐸出版社，頁一八四。按兩者實未全同，《鬧花叢》書一開始便從《桃花影》第四回抄起，《鬧花叢》第四、五回也是據《鬧花叢》而來。日本雙紅堂文庫藏有康熙刋本《新鐫批評繡像鬧花叢快史》，姑蘇痴情士殘序亦顯然抄襲《桃花影》〈煙水山人自跋〉。

79 哈佛大學藏有香港書局民初石印本《繪圖情海緣》，經比對，知係改寫《桃花影》，縮為八回，加入民初口吻；上海新明書局民國十五年又有鉛印本發行，版權頁載「著作者：江都鄧小秋」。

80 紫宙軒主人曾於《春燈鬧》扉頁大作廣告，言：「《桃花影》一編，久已膾炙人口。玆後以《春燈鬧》續梓，識者鑒諸。」又東海幻庵居士〈題春燈鬧序〉云：「秋濤子方沾沾焉，閉戶摛思，以應書林氏之請。」

81 此據佐伯文庫藏紫宙軒本《春燈鬧奇遇豔史》引，第二回頁五—六。

82 詳見第三回，該書有廣雅出版社排印本，收入丹青圖書公司《中國古豔稀品叢刋》第三輯，引文在頁二七。

83 書署「養純子編集」，吳曉鈴先生舊藏。或以為清人所撰，如《中國通俗小說通目》，同註78，頁一八三；《古本稀見小說滙考》，同註2，頁二七。其實不然。按養純子卽《國色天香》編者吳敬所，此單行本《三妙傳》係由《國色天香》卷六別出，復借用《花陣綺言》或《萬錦情林》之分段標題，析為六卷。

84 此據東京大學文學部藏萬曆刋本《萬錦情林》引，卷二頁二九。

85 明不著撰人《霞箋記》第八齣「烟花巧賺」載：「〔旦〕君未觀《嬌紅記》乎？倘有不虞，則申爲嬌死，嬌爲申亡，夫復何恨！」臺灣開明書店《繡刻霞箋記定本》，頁二三；又第二十七齣「霞箋重會」云：「〔生〕……怕今生難作鴛鴦塚，只落得淚眼絲絲血染紅。」同上，頁七三。按戲曲《霞箋記》係取材自小說《心堅金石傳》，原載夕川老人《花影集》卷二；另有醉月樓刊本小說《霞箋記》（一名《情樓迷史》），則是據戲曲改寫。

86 詳參董文成〈中越《金雲翹傳》的比較〉（上、下），春風文藝出版社《明清小說論叢》第四、五輯；王千宜《金雲翹傳研究》，一九八八年東海大學中研所碩士論文。

87 此據春風文藝出版社排印《金雲翹》引，頁二一一—二一二。

88 遠山堂《曲品》著錄，參《古典戲曲存目彙考》頁一一〇九，同註9。

89 詳參大塚秀高《中國小說史への視點》，放送大學教育振興會，頁一五〇。

90 語見王伯良《曲律》卷四，參《中國通俗小說書目》《閒情別傳》條，同註78，頁一七六。

91 此據種德堂本《新刊圖像繡榻野史》引，卷上頁二七。

92 語見韓南著、水晶譯〈中國愛慾小說初探〉，《聯合文學》第四十七期，頁一一九。

93 如《肉蒲團》第三回載道：「未央生要助他淫興，又到書舖中買了許多風月之書，如《綉榻野史》、《如意君傳》、《痴婆子傳》之類，共有一二十種，放在案頭，任他翻閱。」香港聯合出版社據一七〇五年古本影印，卷一頁三一。

94 種德堂本《繡榻野史》書前有五陵豪長〈小敍〉，云：「客手一傳來，曰：『淫傳也。』予曰：『傳景以《如意》爲神奇，傳情以《嬌紅》爲雅妙，他無取也。』……斯傳殆擴《如意》而矯《嬌紅》者，……。」

95 日本鬼磨子書房《中國古典艷文學叢書》，收錄十二回本《濃情快史》，實爲《桃花影》之易名，不能與本書相混。

96 此據日本京都大學圖書館藏聚古堂板《新鐫濃情快史》引，第三回頁一一二。

97 語見《明末清初小說述錄》，同註[8]，頁四〇七。

98 此據《中國古豔稀品叢刊》本引，同註[82]，頁二六。

99 同註[98]，頁六一。

100 此據世界書局《通俗小說名著》第一集排印本引，頁二四五。

101 參《中國通俗小說書目》，同註[78]，頁一八一。

102 如《勸毀淫書徵信錄》「禁毀書目」、《得一錄》「計毀淫書目單」、《江蘇省例藩政》「同治七年江蘇巡撫丁日昌查禁淫詞小說」，俱見《姣（嬌）紅傳》一書，參王利器輯錄《元明清三代禁毀小說戲曲史料》（增訂本），上海古籍出版社，頁一二二、一三五、一四三。

103 如丘汝乘宣德乙卯（一四三五）〈嬌紅記序〉云：「元清江宋梅洞，嘗著《嬌紅記》一編，事俱而文深，非人莫能讀。余每恨不得如《崔張傳》，獲王實甫易之以詞，使途人皆能知也！……」全文見於劉兌《金童玉女嬌紅記》雜劇之首，同註[9]。

104 語見〈《嬌紅記》成書經緯：其變遷及流傳過程〉，同註[13]，頁一〇八。

105 語見〈一部承前啓後的愛情悲劇——《嬌紅記》和元代四大愛情劇的比較分析〉，同註[18]，頁二一六一。

106 同註[105]，頁二六五。

107 如蕭、張二氏誤以爲孟稱舜劇作是循劉兌《金童玉女嬌紅記》：「將情節做了改變，特別是安排了節度使公子帥某逼婚，申、嬌雙雙殉情的悲劇結局，取得了比原作高得多的思想意義和成就。」同註[105]，頁二四五。殊不知孟氏所本「原作」，實爲小說《嬌紅記》，而且《嬌紅記》小說早已有此安排和結局。

108 參《明末清初小說述錄》，同註[8]，頁二六〇。

109 詳參《天緣奇遇》原文。春風文藝出版社排印《國色天香》，見頁二〇八－二〇九、二四二－二四四。

110 語見〈《明人編刊小說總集》說明〉。《總集》預定出版《正續艷異編》、《古艷異編》、《情史類略》、《國色天香》、《萬錦情林》、《繡谷春容》、《燕居筆記》、《笑史》、《智囊》九種，自一九八八年十一月起，已陸續推出《艷異編》、《國色天香》、《笑史》。

111 該叢書將海內外現存罕見之明清艷情小說囊括殆盡，預定由法國國家科學研究中心與臺北金楓出版社合作出版，提供學術界研究參考之用。前此，天一出版社有《明清善本小說叢刊初編》凡十八輯，影印包括艷情小說在內的珍貴資料甚夥，貢獻不小，可惜未能廣泛流通。

章回小說中的小將和女將

羅宗濤

翻開章回小說，時常可以看到一個個、甚至於一夥一夥的少年英雄和巾幗英雄，揚眉吐氣，活躍於書中，玆就手邊幾種小說，略作舉隅：

《說唐演義》：

彼時羅公退堂，見公子羅成來接，這羅成，年方十四歲。（七回）

今有山馬關總兵裴仁基，他有三子，長元紹、次元福、三元慶，這元慶雖只十二歲，他用的兩柄鎚却有五升斗大，重三百斤，從未遇過敵手。（三十回）

（辛文禮、尚師徒等）遂點着乾柴，火箭撒下來，發動地雷，一時烈燄飛騰，可惜這少年勇將裴元慶，就這樣死在窟中，其年十五歲。（三十七回）

這李元霸年方十二歲，生得尖嘴縮腮，面如病魔，骨瘦如柴，力大無窮，兩柄鐵鎚，其重八百斤，坐一騎萬里雲，天下無敵。（三十三回）

孟海公有三個妻房，十分厲害，第一個叫做馬賽飛，善用二十四口柳葉飛刀，第二個叫做黑夫人，第三個叫做白夫人，都是有本領的。（三十四回）

《羅通掃北》：

這叫做是：「年老長擒年少將，英雄都怕少年郎。」（一回）

裏面走出一個小廝來。面如鍋底，黑臉濃眉，豹眼闊口，大耳鋼牙，海下無鬚，年紀只好十六七歲，（略）原來是劉國貞的兒子劉寶林。（略）寶林說：「爹爹，不妨，從來將門之子未及十歲，就要與皇家出力，況且孩兒年紀算不得小，正在壯年，不與父親報恨，誰人肯與爹爹出力？」（二回）

（段林）年紀只有十六七歲。（五回）

正是：英雄自古誇少年，演武場中獨逞能。（六回）

秦懷玉笑道：「兄弟！為兄年長，應該為帥，你尚年輕，曉得什麼？」羅通說：「哥哥！兄弟雖則年輕，鎗法比你利（厲）害些，就是照三軍，分隊伍，掌分權，用兵法，兄弟俱是精通的，自然讓我為帥。」（七回）

單講羅府中還有一位二公子，年方九歲，力大無窮，（略）還是一個小小孩童，有兩柄鐵鎚，到（倒）使得來神出鬼沒，人人都說他是裴元慶轉世。（略）取名羅仁。（七回）

再講黃龍嶺守將，你道什麼人？乃是一員女將，叫做屠爐公主。（略）能知三略法，會提兵調將，熟識八卦陣，兵書戰策，盡皆通透，力氣又大，武藝又精，才又高，貌又美。（四回）

《薛仁貴征東》：

那婦人姓梅名月英，是蓋蘇文的妻子，（略）叫聲：「薛蠻子，且慢動，看娘娘的法寶！」（略）仁貴大驚，把馬落荒跑走。（二十回）

《薛丁山征西》：

（秦懷玉次子）名喚秦夢，年纔八歲（略）吩咐家將請各府小將軍，羅章、尉遲青山、程千忠、段仁，都是八九歲，逐日嬉遊慣的有十多個，（略）與與頭頭來到監門。果然道宗見了這般小廝說：「此是什麼所在，擅敢來探！」吩咐手下人打開。這般小英雄聽見來來捉，到（倒）也乖巧，忙動手，見一個打一個，打得那些王府家將，頭青臉腫，沒命的跑了。可憐李道宗被秦夢當胸一把扭住，面上巴掌亂打，鬍鬚扯去一半。」（三回）

（秦漢）却好十六七歲。（三十九回）

（薛應龍）今年一十四歲，積草屯糧，招兵買馬，處處聞名。（三十六回）

（薛）金蓮小姐上前道：「哥哥！小妹亦受仙母教習仙法，煉就六丁六甲，金甲神符，武藝精通，憑他番兵百萬，那裏在妹子身上，與哥哥一同前去救父。」（十七回）

（竇仙童）將丁山綑住，大勝回山。（十八回）

次日，元帥（樊梨花）升帳，點（刁）月娥為頭陣，（薛）金蓮為二陣，（陳）金定三陣，（竇）仙童四陣，元帥親領大軍為五陣，劉仁、劉瑞為左右翼。正要出兵，有秦夢解糧回營，交割明白，參見元帥說：「今日出兵，不點男將，全點女將，却是為何？」（六十四回）

次日來至教場，有多少英雄在此，那張山保坐下彩山殿，有女披麻公主要比武，一連三日，並無敵手。（七十七回）

再說潼關守將，（盛龍）有一女兒，年已十六，美貌超羣，英雄了不得。（八十四回）

（蘭英）小姐說：「爹爹不必憂心，待女兒出去，必要殺盡薛將，以洗三兄之恥。」（八十五回）

《楊家將演義》：

（除第十回提到楊家八娘年十五、九娘年十二之外，都沒提到諸將年齡。但書中女將很多，如：楊令婆、蕭太后、金頭娘、柴太郡、穆桂英、董夫人、單陽公主、黃瓊女等。）

《萬花樓》：

張忠又道：「若論年紀，公子（狄青）最小，應該排在第三，但他是貴公子出身，若稱之為弟，到底心上不安，莫若結個少兄長弟之意。」（五回）

狄爺乃稱奇了，即言：「吾年方十六歲。」（二十四回）

薛德禮之女，名喚百花，乃是一員女將，學得武藝精通。（六十三回）

《五虎平西》：

賽花公主，十二歲，盧山聖母收為徒弟，在仙山學法三年，傳授許多武略。（略）又

贈他八件寶貝，（略）更名八寶。（略）教習女兵三百人（略）已經三載。（八回）

劉慶說：「不要講起，氣殺人也，失在沒雞巴陰人之手。」（九回）

《五虎平南》：

（狄龍狄虎道）：「（略）有志不論年輕，無志空長百歲。昔日周瑜，年方十八歲，他就執掌大權，退曹兵百萬於赤壁；甘羅十二之年，為相於秦；近唐之羅通，年少十四，掛帥平定北夷；英名冠世；唐末史達，年交十五，大破王彥章於雞寶山。英雄出在少年，歷觀少將幼將，多少建立奇勳，與國家出力。孩兒雖不及古之人，但君父之難，孩兒斷不坐視安享而為天地間之罪人也。」（略）（公主）喝道：「好兩個逆子！（略）豈知你年已十六，就不依母命。（略）」（十一回）

仁宗天子道：「（略）朝中將士雖有，但多年老力衰，只剩下些世襲少年，故特調你楊家精於法力者提兵，如若太君推卻，無人可用，就以楊文廣為帥便了。」佘太君奏道：「臣妾孫兒，年方十餘，（略）不如命臣媳王懷女執掌中軍。」（略）天子又呼太君說：「王懷女前為征西元帥，今朕再加封征南元帥，（略）文廣為征南副元帥。」（十二回）

（狄龍虎狄）弟兄二人，當日隨娘擺架，望着楊府而來，早有家丁報進去。佘太君忙令人大開中門迎接，有王懷女、杜金娥、穆桂英、同楊公主、馬賽英、耿金花、董月娥、楊金花、梅七姐、楊秋菊、它龍女、八姐、九妹等前來迎接公主。（十三回）

詩曰：賓門女將有雄名，救解重圍領大兵，肯背總兵投敵國，忠奸異路各分明。（十

四回）

孫振聽了，口稱：「大王，（略）宋朝文臣所倚者孔道輔、文彥博、包拯；武將不過范仲淹、狄青、楊家幾名寡婦。（略）」（廿一回）

包公在將台上兩邊一看，（略）見右女將，十二位寡婦皆是年老，下面是小姐丫頭輩、短衣窄袖，竟非婦女氣象，倒像個勇戰將軍。（卅九回）

《三門街》：

夫人王氏，年方三十九，所生一位公子，便是小孟嘗，綽號玉面虎，表字國卿，乳名寧馨，年纔二九。（二回）

祝氏夫人所生兩子，是名文炳，表字捷之，綽號好好先生，年方十七；次名文亮，表字敏之，綽號玉美人，年方十五。（二回）

從樑上落下一人，非僧非道，儒雅風流，不過十五、六歲模樣，（略）姓張名穀，綽號半枝梅。（十五回）

詩曰：自古興衰本不同，安危都在笑談中。鬚眉應有匡時志，巾幗寧無撥亂功？莫謂鼓鼙思將帥，居然粉黛亦英雄。大明天子書勳後，好乘雲車駕六龍。（一百二十回）

從上引各例可以看出少年英雄自七、八歲到十七、八歲，都很了得；而巾幗英雄也都精通韜略，武藝高強。如果再細讀各書，還可以發現：那些過了二十歲的武將，幾乎完全不是小孩子的對手，而且能力隨年齡增長而遞減（但年紀很老的老人則反而極為厲害），壯年人更是迹近道具，無甚能奈；至於女將，不論美醜，只要看中了如意郎君，不管你是將軍還是元帥，隨時到手擒來，逼令成婚，由於她們都是朝廷安危之所繫，因此，縱使經過一番波折，最後終歸是如願以償的。

歸納前引的小將、女將，可大別爲四大類：㈠歷史上確有其人的少年才俊和女強人；㈡歷史上有其人但事迹或年齡不詳，而小說將其說成少年才俊者；㈢歷史上確有其人其事，而小說刻意降低其年齡者；㈣純屬虛構，無中生有者。以下略加申述：

㈠　歷史上確有其人的少年才俊和女強人，如：

甘　羅：《史記・甘茂列傳》：「甘羅者，如甘茂孫也。茂既死後，甘羅年十二，事秦相文信侯呂不韋，（略）始皇召見，使甘羅於趙，趙襄王郊迎甘羅。甘羅說趙王曰：（略）趙王立自割五城以廣河間。秦歸燕太子，趙攻燕，得上谷三十城，令秦有十一。甘羅還報，秦乃封甘羅爲上卿。」（卷七十）所以《五虎平南》中狄龍、狄虎說：「甘羅十二之年，爲相於秦。」的話是有憑據的。

狄　青：《東都事略》：「狄青年十六，兄素與里人號鐵羅漢者鬭水濱，至溺殺之。（略）青默祝曰：『我若貴，羅漢當蘇。』乃舉其尸，出水數斗而活，人皆異之。《萬花樓》雖然沒有用這個故事，但說狄青十六歲發迹，總算有點依據。

蕭太后：《遼史・后妃列傳》共列后妃二十人，除太祖后述律氏、世宗妃甄氏之外，其餘十八人都姓蕭，而《楊家將演義》中的蕭太后是指聖宗的母親，即景宗睿知皇后蕭氏。《本傳》云：「后明達治道，聞善必從，故羣臣咸竭其忠。習知軍政，澶淵之役，親御戎車，指麾三軍，賞罰信明，將士用命，聖宗稱遼盛主，后教訓爲多。」

(《遼史》卷七十一) 所以小說中的蕭太后，的確是眞有其人。

羅成：史書並無羅成其人，但《舊唐書》、《新唐書》的《忠義傳》都有《羅士信傳》，《舊唐書》略謂：「羅士信，齊州歷城人也。大業中長白山賊王簿、左才相、孟讓來寇齊郡，通守張須陀率兵討擊。士信年始十四，固請自効。須陀曰：『汝形容未勝衣甲，何可入陣？』士信怒，重著二甲左右雙鞬而上馬，須陀壯而從之。擊賊濰水上。（下略）」（卷一百八十七上，《新唐書》卷一百九十一略同。）這跟《說唐演義》說羅成「年方十四歲」符合，而且羅成的驍勇善戰，英年早逝亦一如羅士信。可見小說中的羅成是據《羅士信傳》點染而成。

(二) 歷史上有其人，但事迹或年齡不詳，而小說將其說成少年才俊者，如：

李元霸：《說唐演義》中的李元霸是李世民的弟弟，爲天下第一條好漢。而新舊《唐書》則有李玄霸其人。《舊唐書，高祖二十二子傳・衞王玄霸》云：「衞王玄霸，高祖第三子也，早薨，無子。」（卷六十四）《新唐書・高祖諸子傳》云：「衞懷王玄霸，字大德，幼辯慧。隋大業十年薨，年十六，無子。」（卷七十九）小說就憑這少許資料，大肆敷衍。

裴元慶：《說唐演義》中天下第三條好漢裴元慶是裴仁基的三子，而《隋書・裴仁基傳》只提到裴仁基有個兒子叫裴行儼，說他們「父子並驍銳」，「行儼每有攻戰，所當皆披靡，號爲萬人敵」（《隋書》卷七十）。至於他的年齡則不詳，而小說則說他是十二歲的小將。

㈢ 歷史上有其人，而小說刻意降低其年齡者，如：

周瑜：《五虎平南》云：「昔日周瑜，年方十八歲，他就執掌大權，退曹兵百萬於赤壁。」案：《三國志・吳書・周瑜傳》云：「（周瑜）欲假塗東歸，（袁）術聽之，遂自居巢還吳。是歲建安三年也。（孫）策親自迎瑜，授建威中郎將，即與兵二千人，騎五十匹。瑜時年二十四。（裴注：建安三年年二十四，當生於靈帝熹平四年，與孫策同歲。）」（卷五十四）而赤壁之戰在建安十三年，周瑜三十四歲。小說不顧史實，將他降爲十八歲。

楊文廣：《五虎平南》敍仁宗擬派遣楊文廣爲帥南征救狄青時，佘太君奏道：「臣妾孫兒，年方十餘歲。」（十二回）案：《宋史・楊業傳附子延昭等傳》云：「大中祥符七年（西元一〇一四年），（楊延昭）卒，年五十七。（略）子文廣。文廣，字仲容，以班行討賊張海有功，授殿直。范仲淹宣撫陝西，與語，奇之，置麾下。從狄青南征。」（卷二百七十二）據《續資治通鑑長編》卷一二七，范仲淹宣撫陝西在仁宗康定元年（西元一〇四〇），上距延昭卒年已二十六年；而據宋史仁宗本紀，狄青平儂智高，更晚至仁宗皇祐五年（一〇五三），上距延昭卒年，更達三十九年。無論如何楊文廣在南征時，不可能只有十餘歲。

㈣ 純屬虛構，無中生有者：

小說中的小將大部分是虛構的人物，如羅通、羅章、羅昌、薛斗、薛應龍……等等；而女將更是絕大多數爲虛構，如樊梨花、八寶公主……等等。

總之，章回小說總喜歡選擇或製造一批小將和女將，讓他在小說中大展身手，建立奇勳。

倘若再加考察，我們可以發現，凸顯少年英俊，並非章回小說特有的現象，在敦煌變文已有類似的情形。例如《降魔變文》云：

王聞此語，喜悅難任：「卿雖讚德此能，猶未表其的實，然可定其是非。卿之所師，敵得和尚已否？」

須達啓言：「陛下！千鈞之弩，〔豈〕為鼷鼠發機；百尺炎爐，不為毫毛爇焰。不假我大聖天師，最小弟子，亦能祇（抵？）敵。」

王問：「弟子是誰？對得我和尚？」

須達啓言：「大王！佛之弟子，不是餘人，卽舍利弗是。」

王曰：「舍利弗者，是我和尚外甥。近日出家，學法有（猶）淺，計其功行，不曆多時。長幼不可比肩，如何對我和尚？」

「晏嬰雖小，能謀虎狼之臣。有德不假年高，無智徒勞百歲。」（略）

這裏也特別強調幼可勝長。再者，「有德不假年高，無智徒勞百歲。」一語，也被《五虎平南》所沿用，而作「有志不論年輕，無志空長百歲。」可見在通俗文學中，頗能接受這種觀念的。又如《韓擒虎話本》云：

皇帝宣問：「阿奴無得（德），檻（濫）處為軍（君），今有金璘（陵）陳叔古（寶）便生為（違）背，不順阿奴，今擬拜將出師剪戮，甚人去得？」時有左勒將賀若弼越班走出，啓言：「陛下！臣願請軍去得。」賀若弼才請軍之次，有一個人不恐（忿），是甚人？是卽大名將是韓熊（雄）男，幼失其父，自訓其名號曰衾（擒）虎，心生不分（忿），越班走出：「臣啓陛下，蹄觥小水，爭福大海滄波；賈（假）饒螻蟻成堆，儺能與天為患？臣願請軍，尅日活捻（擒）陳王進上，感（敢）不奏。」皇帝聞語，亦（一）見衾（擒）虎，年登一十三，妳腥未落，有日大肯（胸），今阿奴何愁社稷。

案：《隋書，高祖紀》云：「（開皇）十二年（五九二）、十一月己未上柱國新義郡公韓擒虎卒。」（卷二）而《隋書・韓擒（虎）列傳》云：「又有人疾篤，忽驚走擒家曰：『我欲謁王。』左右問曰：『何王也？』答曰：『閻羅王。』擒子弟欲撻之。擒止之曰：『生為上柱國，死為閻羅王，斯亦是矣。』因寢疾，數日，竟卒。時年五十五。」（卷五十二）因知韓擒虎卒於隋開皇十二年，年五十五。至於隋伐陳則在開皇八（五八八）、九年間。《隋書，高祖紀》云：「（開皇）八年，冬十月，甲子，將伐陳。有事於太廟。命晉王廣、秦王俊、清河公楊素並為行軍元帥以伐陳。（略）新義公韓擒虎出廬江，襄邑公賀若弼出吳州。（略）九年春正月己巳，白虹夾日。辛未，賀若弼拔陳京口，韓擒虎拔陳南豫州。癸酉，以尚書右僕射虞慶則為右衞大將軍。景子，賀若弼敗陳師於蔣山，獲其將蕭摩訶；韓擒虎進師入建鄴，獲其將任蠻妃，獲陳主叔寶。陳國平。」（卷二）《話本》中人物和《隋書》大致符合，但開皇八、九年間，擒虎已五十一、二歲，跟一十三歲，相差很遠，而且《話本》在

「年登一十三歲」之後緊接着「妳腥未落」，「妳腥未落」就是「乳臭未乾」的意思，所以「一十三歲」不可能是筆誤，而是作者有意將「老將」改變爲「小將」。

神童項託（一作橐）七歲爲孔子師的故事，在我國極爲流行，從《戰國策》、《史記》、《淮南子》以下，源源不絕，直到晚近，還在流行着。在唐朝以後流行的情形，張鴻勛先生〈從《孔子項託相問書》談敦煌文書的研究〉（見《敦煌語言文學論文集》）中已有詳細的說明。這裏只提一點，即唐人俗文學作品，已經喜歡選擇少年英俊爲題材。

小說刻意選擇或虛構少年英雄，甚至於不惜違背歷史降低人物年齡，這可能跟講唱文學在傳播的過程中，兒童少年是重要的聽衆羣有關。《漢書，東方朔傳贊》曰：

> 朔之詼諧、逢占、射覆，其事浮淺，行於衆庶，童兒牧豎，莫不眩燿。（卷六十五）

可見「其事浮淺」的口耳文學，卻往往爲「童兒」所喜歡。元稹《答姨兄胡靈之見寄五十韻並序》云：

> 九歲解賦詩，飲酒至斗餘乃醉。時方依倚舅族，舅憐，不以禮數檢；故得與姨兄胡靈之之輩十數人為晝夜遊，日月跳擲，於今餘二十年矣。（略）盡日聽僧講，通宵詠月明。正耽幽趣樂，施被宦途縈。吏晉資材枉，留秦歲序更。（略）（《元稹集》卷十一）

元稹在「吏晉資材枉，留秦歲序更」一聯自注云：「時靈之作吏平陽，予酬校秘閣，自玆分散。」案：元稹年十五明經及第，二十四，調判入四等，署秘省校書。元稹「盡日聽僧講」，應在二十四歲之前，很可能是在十五歲明經及第之後的事，大約也是個少年吧。敦煌本《太公家教》云：

（略）為書一卷，助誘童兒。（略）本不呈於君子，意欲教於童兒。

可見《太公家教》是專爲兒童而作的，在敦煌文書中這類作品還有多種。蘇軾《東坡志林》云：

王彭嘗云：「塗巷中小兒薄劣，其家所厭苦，輒與數錢，令聚坐聽說古話。至說三國事，聞劉玄德敗，頻眉蹙，有出涕者；聞曹操敗，卽喜唱快。」以是知君子小人之澤，百世不斬。彭，愷之子，辜二吏，頗知文章，余嘗為作哀辭，字大年。（卷六）

這裏透露的訊息是，北宋時兒童聽說古話，是民間普遍的現象。聽古話要花幾個錢，而孩子的興致很高，對情節的發展有着熱烈的反應。陸游《老學庵筆記》云：

俗說唐五代間事，每及功臣，多云：『賜無謂（畏）。』其言鄙淺，予兒時聞之，每以為笑。（卷六）

可見南宋初年陸游在兒時也常常聽民間說鄙淺的古話。劉克莊《田舍即事》詩云：

> 兒女相携看市優，縱談楚漢割鴻溝；山河不暇爲渠惜，聽到虞姬直是愁。（《劉後村集》）

直到南宋後期，一如以往，兒女還是喜歡聽古話。他們所關心的不是天下大事，而是在具體人物的悲歡離合。

從上引各項資料，可知古代口耳文學在宣演時，往往以兒童少年爲主要對象。

至於「女將」問題，玆先從「女講」說起。據《事物紀原》所載，尼講始於東晉洛陽的道馨（〈道釋科敎部〉）。中唐韓愈〈華山女〉詩，記女冠開講的盛況（見《全唐詩》卷三四一）。晚唐吉師老〈看蜀女轉昭君變〉詩，敍蜀女演王昭君故事的情形（見《全唐詩》卷七百七十四）。入宋以後，有關女講的資料非常豐富，如：吳自牧《夢粱錄》的〈妓樂〉條和〈小說講經史〉條、周密《武林舊事》的〈諸色伎人〉條、孟元老《東京夢華錄》的〈京瓦伎藝〉條、《西湖老人繁勝錄》的〈瓦市〉條等等，都有豐富的資料，而爲小說史學者所常引用。

到了元朝，社會劇烈變動，衣冠舊族，多淪入基層。除了許多士人參與民間文學的創作與演出之外，甚至有仕女也投入演藝的行列，如楊維楨〈送朱女士桂英演史序〉云：

> 至正丙午春二月，予蕩舟娛春，過濯渡。一姝淡粧素眠，貌嫻雅，呼長年艤櫂，歛袵

而前，稱朱氏、名桂英，家在錢唐，世為衣冠舊族，善記稗官小說，演史於三國、五季。因延致舟中，為予說道君艮嶽、及秦太師事。座客傾耳聽。知其腹笥有文史，無煙花脂粉。（《東維子文集》卷六）

又如陶宗儀《輟耕錄》〈勾欄壓〉條云：

至元壬寅夏，有女官奴習嘔唱，每聞勾欄鼓鳴則入。（卷二十四）

可見女流講唱，在元朝並未衰歇。至如《水滸傳》中金老帶着女兒翠蓮在酒樓趕座子賣唱（三回）；白玉喬、白秀英父女在勾欄講唱院本（五十一回）。這更是耳熟能詳的事。明朝有些盲藝人，有男有女，這在胡士瑩先生《話本小說概論》第十一章第一節第六項有着詳細的考證。此外，在《金瓶梅》五十一回則提到薛姑子與王姑子帶了兩個徒弟妙趣、妙鳳講《金剛科儀》。清朝也有女講，如《紅樓夢》第五十四回就有一個婆子「帶了兩個門下常走的女先兒」到賈府說書。

關於女性講唱，學者多有觸及，其中以胡士瑩先生考證最爲翔實，所論散在《話本小說概論》各章之中。然而，這裏還簡略提它一下，是有兩個原因的：第一、雖然沒有充分證據顯示，女性講唱比較喜歡用女性人物爲題材，但是女性講唱，可能對女性人物的刻劃比較逼眞；更重要的是，第二、以女性來講唱，更方便打入女性聽衆活動的環境。

婦女聽衆，在唐人俗講中已屢次出現，如《破魔變文》將開講功德迴向聽衆時說：

謹將稱贊功德，奉用莊嚴我府主司徒：伏願洪河再復，流水而繞乾坤；此（紫）綬千年，勳業長扶社稷。次將稱讚功德，謹奉莊嚴國母聖天公主：伏願南山朱桂，不變四時；嶺北寒梅，一枝獨秀。又將稱讚功德，奉用嚴嚴合宅小娘子、郎君貴位；兒則朱纓奉國，匡輔聖朝；小娘子眉齊龍樓，身臨帝闕。（略）（P.2189）

在這裏俗講僧將功德奉用於府主闔第男女。《廬山遠公話》說：

座下善男、善女，千災霧卷，瘴逐雲霄，災害不侵，功德圓滿。

又云：

須臾之間，便□（已）下講，男女齊散。（S.2073）

《十恩德讚》云：

十恩德，說一場，人聞爭（可能缺一「能」字）不悲傷？善男子，善女人，審思量，莫交辜負阿耶孃。（S.289）

以上這些公開宣演，聽衆包含了男女信徒，所以《佛說觀普賢菩薩行法經記》云：「一、俗講：卽年三月就緣修之，只會男女，勸之輸物，充造寺資，故言俗講。」（《大正藏》卷五十六）而趙璘《因話錄》亦云：「有文漵僧者，公爲聚衆譚說，假託經論，所言無非淫穢鄙褻之事。不逞之徒，轉相鼓扇扶樹。愚夫冶婦樂聞其說，聽者塡咽寺舍。（略）」（卷四）可見唐人俗講的聽衆是有男有女的。元代《輟耕錄》〈勾欄壓〉條云：「至元壬寅夏，松江府前勾欄鄰居顧百一者，一夕，夢攝入城隍廟中，（略）獨顧以宵夢匪貞，不敢出門。有女官奴習嘔唱，每聞勾欄鼓鳴則入。是日，入未幾，棚屋拉然有聲，衆驚散；旣而無恙，復集焉。不移時，棚阽壓，顧入抱其女，不謂女已出矣，遂斃於顚木下，死者凡四十二人，內有一僧人、二道士，獨歌兒天生秀全家不損一人。」（卷二十四）則元代句欄的觀衆也是有男有女。

但是，有些資料則顯示有些講的是專爲家庭婦女而設者，如明田藝蘅《留青日札》記杭州盲女說：

> 曰盲先生者，乃雙目瞽女，卽宋陌頭盲女之流。自幼學習小說、詞曲、彈琵琶為生。多有美色，精技藝，善笑謔，可動人者。大家婦女，驕奢之極，無以度日，必招致此輩，養之深院靜室，晝夜狎集飲宴，稱之曰先生。如杭之陸先生、高先生、周先生之類。（引自胡士瑩《話本小說概論》第十一章第一節）

這些從事講唱聰明伶俐的盲女，往往被「大家婦女」養在深院靜室，供她們娛樂。又如《金瓶梅》五十一回：

月娘因西門慶不在，要聽薛姑子講說佛法，演頌《金剛科儀》，正在明間內，安放一張經桌兒，焚下香。薛姑子與王姑子兩個一對坐；妙趣、妙鳳兩個徒弟立在兩邊，接念佛號。大妗子、楊姑娘、吳月娘、李嬌兒、孟玉樓、潘金蓮、李瓶兒、孫雪娥、和李桂姐，一個不少，都在根前，圍着他坐的，聽他演誦。

聽薛姑子、王姑子演講的是吳月娘領頭的一批女眷。《紅樓夢》五十四回的那兩個「門不常走的女先兒」在賈府說《鳳求鸞》時，在座聽衆是賈母、薛姨媽、李嬸娘、邢夫人、王夫人、王熙鳳、薛寶釵、寶琴、黛玉、湘雲、婁氏、尤氏、胡氏等爲主。

總之，以往俗文學的宣演，婦女也是重要的聽衆。

本來，孔子敎人，卽已因材施敎；而佛敎宣法，也有種種方便。到了東晉以後，佛敎的唱導，更特別強調說法時應特別重視時機與對象，如《高僧傳・唱導論》曰：

若能善茲四事（案：謂聲、辯、才、博），而適以人時：如為出家五衆，則須切語無常，若陳懺悔；若為君王長者，則須兼引俗典，綺綜成辭；若謂悠悠凡庶，則須指事造形，直談聞見；若為山民野處，則須近局言辭，陳斥罪目。凡此變態，與事而興，可謂知時衆，又能善說。（卷十五）

讀唐代的講經文，演佛經故事的變文，以至於演歷史故事、當代新聞的變文、話本，都能認清對象，掌握時機，獲致很好的效果。到了宋朝以後，講唱文學，又有進一步的發展，誠如胡士瑩先生所說的：「宋代說話的演出範圍很廣泛，人數衆多，一部分經常在瓦子勾欄和茶肆等固定地點演出，絕大多數說話人已不是爲士大夫所豢養，而是在廣大市民中以說話謀生，並已從『百戲』中獨立出來，可以單獨活動了，因而更加發展和繁榮起來，成爲一個獨立的行業。作爲從說唱底本發展而來的話本小說，也開始吐葉開花了。」（《話本小說概論》第二章第二節）由於範圍擴大，參與的人加多，俗文藝工作者就更加注意如何引發和保持聽衆的趣味。胡先生又說：

> 許多歷史故事、民間傳說和當代新聞，最初是在百姓口頭流傳着，這些故事，原是樸索的、簡單的，人物形象不鮮明，性格不突出，接近真人真事。一到了說話人那裏，由於他們的思想感情與市民基本一致，他們就能在市民的愛憎褒貶的基礎上進行加工；再由於他們的職業是有競爭性的，又有着自己的師承家數，他們憑着自己的閱歷才智，揣摩着聽衆的心理，各運匠心，隨時生發，把故事重新組織，穿插一些動聽的情節，人物性格有更多的描繪刻畫。（《話本小說概論》第五章第一節）

俗文學工作者靠廣大的民衆爲生，同行之間則處於自由競爭的狀況，所以他們要揣摩聽衆的心理，了解他們的愛憎，以此爲基礎來編織故事。既然自古以來，兒童和婦女就是口耳文學重要的聽衆，講故事的人爲了激發他們的興味，自然就搬出或虛構許多小將和女將，讓小將們意氣風發，取代成年人，提前成爲國家的棟樑、民族的救星；讓女將們不再軟弱柔順，一一都能壓倒赳赳武夫，如意郎君，莫不手到擒來，不但主導婚姻，而且爲國干城，縱使身懷六甲，臨盆待產，照樣能破陣克敵，達成她們的丈夫或公公無法達成的艱巨使命。這也許正是那些說話人不斷揣摩聽衆心理，逐漸形成的結果。

此外，在許多章回小說中，還有一批厲害的老公公和老婆婆，他們是小將和女將們的師父。他們老謀深算，算無遺策；精通武略，法力無邊。呼風喚雨，移山倒海，揮劍成河，撒豆成兵，對他們而言，渾然小事一樁。而且他們都是慈祥慷慨，愛護男女兒童。不但呵護調教孩童，在徒兒下山時，往往都能毫不吝惜地拿出看似不起眼，卻是極爲珍貴的法寶，贈予他們，讓徒兒受用不盡。這型小說中的老人，大率如此。而小說出現大量這種老人的原因，也正如小將、女將一般——老人也是說書的主要聽衆羣。其重要性正可與兒童、婦女，鼎足而三。可是，這篇小文章並沒有將小將、女將和老人作鼎足而三、平衡進行的探討，最主要的原因，就是老人的出現，和小將、女將不全一樣，除了他們經常隱身幕後，見首不見尾之外，他們還牽涉到僧、尼、道、巫，應該另作研究，所以這裏只是稍爲提一下而已。

前面所引的幾種章回小說，都已經是書寫品，而所論聽衆成分，則多用「說話」的資料，這是因爲有關小說讀者的資料少於說書聽衆的資料。雖然有關章回小說讀者的論文已有陸鴻基的〈從《水滸傳》及《三言》看明代平民識字概況〉（《明報》月刊二〇五期，一九八三年）、日儒磯部彰的〈關於明末《西游記》的主體接受層的研究——明代古典白話小說的讀者層問題〉（《東洋學集刊》四四期，一九八〇年）、大木康的〈關於明末白話小說的作者和讀者〉（見《明清小說研究》一九八八年第二期，吳悅摘譯）等重要的著作，但尚以啓迪之功爲多。再者，章回小說原自話本，二者存在極密切的關係，這已是小說史上的定論。卽使後來有些章回小說，在撰寫時，已有供人閱讀的意圖，但仍不免受到以前「口傳」

形式的影響，例如《說唐演義》各回末尾都還是用：

未知後事如何？（或作『未知程咬金如何戲耍二王？』）請聽下回分解。

所以，「聽」和「看」，「聽衆」和「讀者」到了明清，還是難以截然劃分。本文的陳述，也許仍有些微的參考價值吧。

梁啓超的散文歷程

林明德

一、新文體的歷史

從中國散文發展史上看，晚清「新文體」的出現，毋寧是嶄新的氣象，它不僅光耀了當時的文學界，也見證了大時代的複雜的歷史掠影。尤其是，它上承桐城派古文的餘緒，下開五四白話文的先聲，在文體的蛻變過程，扮演相當重要的腳色。因此，有關「新文體」的來龍去脈，是值得我們去作進一步探索的。

大致上說來，桐城派古文到了清朝中葉，已呈式微之勢。固然，咸、同年間，因曾國藩尊崇桐城派古文，而出現中興氣象，可是隨著他的逝世（一八七二年），桐城派已是日薄西山，後繼乏力了。梁任公在《清代學術概論》曾說：

> 咸同間，曾國藩善為文，而極尊「桐城」，嘗為〈聖哲畫像贊〉，至躋姚鼐與周公、孔子並列。國藩功業既焜燿一世，「桐城」亦緣以增重，至今猶有挾之以媚權貴欺流俗者。平心論之，「桐城」開派諸人（按：即方苞、劉大櫆等），本狷潔自好，當「漢學」

（按：即戴震、錢大昕等）全盛時而奮然與抗，亦可謂有勇，不能以其末流之墮落歸罪於作始。然此派者，以文而論，因襲矯揉，無所取材；以學而論，則獘空疏，闕創獲，無益於社會。且其在清代學界，始終未嘗占重要位置，今後亦斷不復能自存，置之不論焉可耳。（十九）

一針見血的指出桐城派古文的致命病原。情勢比人強，代之而起的卻是維新派的「報章文體」——一種「備哉燦爛」、「體裁之博碩，綱領之滙萃」的新文體❶。而扭轉此一文運關鍵的，是譚嗣同與梁任公兩人；至於發揚光大的，則非梁任公莫屬了。

在維新派當中，眞正提出散文界革命的，可說是譚嗣同與梁任公二位。譚生於同治四年（一八六五），長任公八歲，是「晚清思想界」的「彗星」，文章獨樹一幟，深具「懷疑之精神，解放之勇氣」❷，他在《仁學》〈自敍〉強調：

> 網羅重重，與虛空而無極：初當衝決利祿之網羅；次衝決俗學若考據、若詞章之網羅；次衝決全球羣學之網羅；次衝決君主之網羅；次衝決倫常之網羅；次衝決天之網羅；次衝決全球羣教之網羅；終將衝決佛法之網羅。然其能衝決，亦自無網羅；真無網羅，乃可言衝決。❸

「衝決網羅」，也就是「打破偶像」的意思，嗣同極欲脫離舊思想之束縛，昭然可見。其中，衝決「詞章之網羅」，顯然牽涉到他的文學經驗，此中消息可以他的〈三十自紀〉一段自白來印證：「嗣同少頗爲桐城所震，刻意規之數年，久自以爲似矣。出示人亦以爲似。誦書偶多，廣識當世淹通歸壹之士，稍稍自慚卽又無以自達。或授以魏晉間文，乃大喜，時時籀繹，益篤耆之。由是上溯秦漢，下循六朝，始悟心好沈博絕麗之文，子雲所以獨遼遼焉。舊所爲，遺棄殆盡。……昔侯方域少喜駢文，壯而悔之，以名其堂。嗣同亦既壯，所悔乃在此不在彼。……所謂駢文，非四六排偶之謂，體例氣息之謂也。」❹

他毫不掩飾三十歲以前的文學心靈歷程：擺脫了桐城的規範，感悟秦漢、六朝文的「沈博絕麗」，領略駢文的「體例氣息」❺，再加之以時文，於是締造了譚式的「新文體」，而《仁學》便是他的典範之作。梁任公曾評云：

> 譚瀏陽之《仁學》，以宗教之魂，哲學之髓，發揮公理，出乎天天，入乎人人，衡重重之網羅，造劫劫之慧果。其思想為吾人所不能達，其言論為吾人所不敢言，實禹域未有之書，抑衆生無價之寶。此編之出現於世界，蓋本報為首焉。❻

不過，這位爲中國流血的第一烈士，殉於戊戌政變（一八九八），因此，發揚「新文體」的光輝與影響力，則有待梁任公的後來表現。

早在戊戌以前，任公的文章已不是桐城派古文所能範圍的了。開始，他受到康有爲的影響，精研《宋元學案》、《明儒學案》、《傳習錄》等書，對語錄體極其熟稔；接著，受到譚嗣同的影響，研索佛書，對於佛學辭彙、佛經翻譯文法，也相當留意，因此，他當時寫的時務文章，經常會有上述的若干影子出現。一八九八年，任公亡命日本，多年的「日本經驗」——「自此居日本東京者一年，稍能談東文，思想爲之一變。」（三十自述），使他的文體又得到再次的解放。他在《夏威夷遊記》曾透露：

二十八日風復大作，船頭之桅為折，晝然電燈者又兩日，浪浸灌船中，水深數寸。船主自言航太平洋數十年，未見有遇風亙九日之久如此次者也。余既戒為詩，乃日以讀書消遣，讀德富蘇峯所著《將來之日本》，及《國民叢書》數種。德富氏為日本三大新聞主筆之一，其文雄放儁快，善以歐西文思入日本文，實為文界別開一生面者。余甚愛之，中國若有文界革命，當亦不可不起點於是也；蘇峯在日本鼓吹平民主義甚有功，又不僅以文豪者。❼

任公的胸襟與抱負，宛在目前。根據中村忠行先生的研究，任公曾私淑德富蘇峯，並以「中國の德富蘇峯」自期，他那「筆鋒常帶情感」的「新民體」，便是得自那位以 Thomas Babington Macaulay（1800～1859）自比，而洋洋得意的德富蘇峯。❽

中國之有報章文學，大概是從梁任公開始的，他曾肯定報館有益於國事，能「起天下之廢疾」❾；而報紙則是「進化之一原力」❿，他列舉《淸議報》的四個特色：

一、倡民權。
二、衍哲理。
三、明朝局。
四、厲國恥。

並總結「《清議報》之脈絡，之神髓，一言以蔽之曰：廣民智，振民氣而已。」這種以「言論之力」作爲「報國家之思」[11]的理念，是他一生的堅持。自光緒二十一年（一八九五）開始，到一九一六年爲止，他先後創辦而且主持了九種報章雜誌，包括：《中外公報》（一八九五）、《時務報》（一八九六～一八九八）、《清議報》（一八九八～一九〇一）、《新民叢報》（一九〇二～一九〇七）、《新小說》（一九〇二～一九〇五）、《政論》（一九〇七～一九〇八）、《國風報》（一九一〇～一九一一），以上七種在清季；《庸言》（一九一二～一九一四）、《大中華》（一九一五～一九一六），以上二種在民國。前二者屬於維新運動時期，《中外公報》「奠定了他在言論界的基礎」[12]，也促使他「感慨時局，自審舍言論外，末由致力，辦報之心益切。」[13]《時務報》辦得很有生氣，「數月之間，銷行萬餘份，爲中國報以來所未有。」[14]他的一支筆很快的風靡了全國。《清議報》、《新民叢報》與《新小說》三報，是任公亡命日本的歲月所創辦的，爲他贏得「言論界的驕子」的美譽，至於「言論之力」的影響所及，更是不可思議[15]；晚清的政治、社會、文化……無不被攪動，而文學界也揭開了革命的序幕，尤其是「新文體」不僅得到解放，而且趨於成熟；《庸言》是歸國之後，以言論與國人相見，不希望有「振奇之論」，但談與政治及國民生活最有密切關係的問題；《大中華》是從政治參與回到言論界，發揮討袁力量的媒體。周作人先生曾作了時代的見證說：

> 梁任公的文章是融合了唐宋八大家、桐城派、和李笠翁、金聖嘆爲一起，而又從中翻陳出新的。這也可算他的特別工作之一。在我年小時候，也受了他的非常大的影響，

讀他的《飲冰室文集》、《自由書》、《中國魂》等書，都非常有趣。他的文章，如他自己在《清代學術概論》中所講，是「筆鋒常帶情感」，因而影響社會的力量更大。[16]

「新民體」是當時人們對《新民叢報》文章的稱呼，一般又稱之爲「新文體」。任公心知肚明此一文體的奧秘，因此有段淋漓盡致的追憶，似乎比知堂老人來得深入：

> 啓超夙不喜桐城派古文，幼年為文學，學晚漢魏晉，頗尚矜鍊，至是自解放，務為平易暢達，時雜以俚語韻語及外國語法，縱筆所至不檢束，學者競效之，號「新文體」。老輩則痛恨，詆為野狐，然其文條理明晰，筆鋒常帶情感，對於讀者，別有一種魔力焉。[17]

後來，胡適之先生也以親身的體驗，證明任公的「這種文字在當日確有很大的魔力」，並且探索構成「這種魔力」的原因是：

一、文體的解放，打破一切「義法」、「家法」，打破一切「古文」、「時文」、「散文」、「駢文」的界限。

二、條理的分明，梁任公的長篇文章都長於條理，最容易看下去。

三、辭句的淺顯，既容易懂得，又容易模倣。

四、富於刺激性，「筆鋒常帶情感」。[18]

不愧是眞知灼見。梁任公發表的文章，據估計大概在二千萬字左右，坊間結集出版的《飲冰室專集》、《飲冰室文集》，約在七百多萬字之譜。其中，有關「新文體」（或說理、或議論、或政論、或雜文，……）的文章，約佔一半。所以，稱他爲「散文大家」，絕非過譽。

「新文體」誕生於晚清，表面上看來，是受到維新思潮的影響，這種說法大概毋庸置疑。但是，倘若我們往深層去探索的話，可能會發現更爲複雜的現象——一股傳統思潮的潛運力，綿綿若存。具體的說，公羊學者與經世致用的學者的文風與寫作理念，隱約是「新文體」作者的心靈導引。梁任公在《清代學術概論》曾流露：

1.「鴉片戰役」以後，志士扼腕切齒，引為大辱奇慼，思所以自湔拔，經世致用觀之復活，炎炎不可抑；又海禁既開，所謂「西學」者逐漸輸入，始則工藝，次則政制，學者若生息於漆室之中，不知室外更何所有。忽穴一牖外窺，則粲然者，皆昔所未睹也。還顧室中，則皆沈黑積穢，於是對外求索之慾日熾，對內厭棄之情日烈。欲破壁以自拔於此黑闇，不得不先對於舊政治而試奮鬬。於是以其極幼稚之「西學」智識，與清初啓蒙期所謂「經世之學」者相結合，別樹一派，向於正統派公然舉叛旗矣。（二十）

2.今文學之中心在《公羊》，而公羊家言，則真所謂「其中多非常異義可怪之論」（何休公羊傳注自序）。自魏晉以還，莫敢道焉。今十三經注疏本，公羊傳雖用何注，而唐徐彥為之疏，於何義一無發明，《公羊》之成為絕學，垂二千年矣。清儒既徧治古經，戴震弟子孔廣森始著《公羊通義》，然不明家法，治今文學者不宗之。今文學啓蒙大師，則武進莊存與也。存與著《春秋正辭》，刊落訓詁名物之末，專求其所謂「微言大義」者，與戴段一派所取塗徑，全然不同。其同縣後進劉逢祿繼之，著《春秋公羊經傳何氏釋例》，凡何氏所謂非常異義可怪之論，如「張三世」、「通三統」、「絀周王魯」、「受命改制」諸義，次第發明，其書亦用科學的歸納法，有條貫，有斷制，在清人著述中，實最有價值之創作。段玉裁外孫龔自珍，既受訓詁學於段，而好今文，說經宗莊劉。自珍性詄宕，不檢細行，頗似法之盧騷，喜為要眇之思，其文辭俶詭連犿，當時之人弗善也。而自珍益以此自熹，往往引公羊義譏切時政，詆排專制。晚歲亦眈佛學，好談名理。綜自珍所學，病在不深入，所有思想，僅引其緒而止；又為瑰麗之辭所掩，意不豁達。雖然，晚清思想之解放，自珍確與有功焉。光緒間所謂新學家者，大率人人皆經過崇拜龔氏之一時期。初讀《定庵文集》，若受電然，稍進乃厭其淺薄。然今文學派之開拓，實自龔氏。夏曾佑〈贈梁啓超詩〉云：「璱人（龔）申受（劉）出方耕（莊），孤緒微茫接董生（仲舒）。」此言「今文學」之淵源最分明，擬諸「正流派」，莊可比顧，龔劉則閻胡也。（二十二）

3.今文學之健者，必推龔魏。龔魏之時，清政既漸陵夷衰微矣。舉國方沈酣太平，而彼輩若不勝其憂危，恆相與指天畫地，規天下大計；考證之學，本非其所好也。而因衆所共習，則亦能之，能之而頗欲用以別闢國土。故雖言經學，而其精神與正統派之為經學而治經學者則既有以異。自珍、源皆好作經濟談，而最注意邊事。自珍作〈西域置行省議〉，至光緒間實行，則今新疆也；又著《蒙古圖志》，研究蒙古政俗而附以論議(未刻)。源有《元史》，有《海國圖志》，治域外地理者，源實為先驅。故後之治今文學者，喜以經術作政論，則龔魏之遺風也。(同上)

4. 今文學運動之中心，曰南海康有為；然有為蓋斯學之集成者，非其創作者也。有為早年，酷好《周禮》，嘗貫穴之著《政學通議》，後見廖平所著書，乃盡棄其舊說。平，王闓運弟子，闓運以治《公羊》聞於時，然故文人耳，經學所造甚淺，其所著《公羊箋》，尚不逮孔廣森，平受其學，著《四益館經學叢書》十數種，知守今文家法。晚年以張之洞故，復著書自駁，其人固不足法。然有為之思想，受其影響，不可誣也。有為最初所著書曰《新學偽經考》，……諸所主張，是否悉當，且勿論。要之，此說一出，而所生影響有二：第一、清學正統派之立脚點，根本搖動；第二、一切古書，皆須重新檢查估價。此實思想界之一大颶風也。有為弟子有陳千秋、梁啓超者，並夙治考證學，陳尤精洽，聞有為說，則盡棄其學而學焉。偽經考之著，二人者多所參與，亦時時病其師之武斷，然卒莫能奪也。實則此書大體皆精當，其可議處乃在小節目。

5. 有為第二部著述曰《孔子改制考》，其第三部著述曰《大同書》。若以《新學偽經考》比颶風，則此二書者，其火山大噴火也，其大地震也。有為之治《公羊》也，不斷斷於其書法義例之小節，專求其微言大義，卽何休所謂非常異義可怪之論，定《春秋》為孔子改制創作之書，……近人祖述何休以治《公羊》者，若劉逢祿、龔自珍、陳立輩，皆言改制，而有為之說，實與彼異。有為所謂改制者，則一種政治革命、社會改革的意味也，故喜言「通三統」，「三統」者，謂夏商周三代不同，當隨時因革也；喜言「張三世」，「三世」者，謂據亂世、升平世、太平世，愈改而愈進也。有為政治上「變法維新」之主張，實本於此。(俱見二十三)

就上面的資料，大致可以歸納出三點主要看法：

(一) 經世致用

這是由顧炎武所開啓的觀念，希望使學問與社會的關係增加密度，也就是「實用主義」。顯然是針對晚明之帖括派、清談派，所下的大針砭；也影響到「清代儒者以樸學自命以示別他於文人」。[19]

任公以爲晚清數十年，「以經術而影響於政體，亦遠紹炎武之精神也。」[20]指的就是經世致用的觀念。

(二) 公羊學的系譜

任公把二千多年來的「公羊學」的傳承，作了係聯，勾勒出簡賅的系譜，以詮釋清代，尤其是晚清有識之士「引公羊義譏切時政，詆排專制」的理論依據。

「公羊學」自東漢喪亂以來，幾成絕學。到了清代中葉，因緣際會，忽然成爲顯學，大放異彩，其中以「常州學派」爲重鎭，首倡者是莊存與，後進劉逢祿繼續薪傳的工作，他的門人龔自珍、魏源加以發揚光大，所以，任公以爲「今文學之健者，必推龔魏。」咸、同之際，王闓運主成都尊經書院，傳「公羊學」於廖平。光緒十六年（一八九〇），廖平到廣州，康有爲大受他的影響，於是，有《新學僞經考》與《孔子改制考》等書，以作爲維新派的理論基礎。康有爲以《公羊》的微言大義，傳授譚嗣同、梁任公，成爲維新論政的中堅。茲錄清常州公羊學系譜如下：

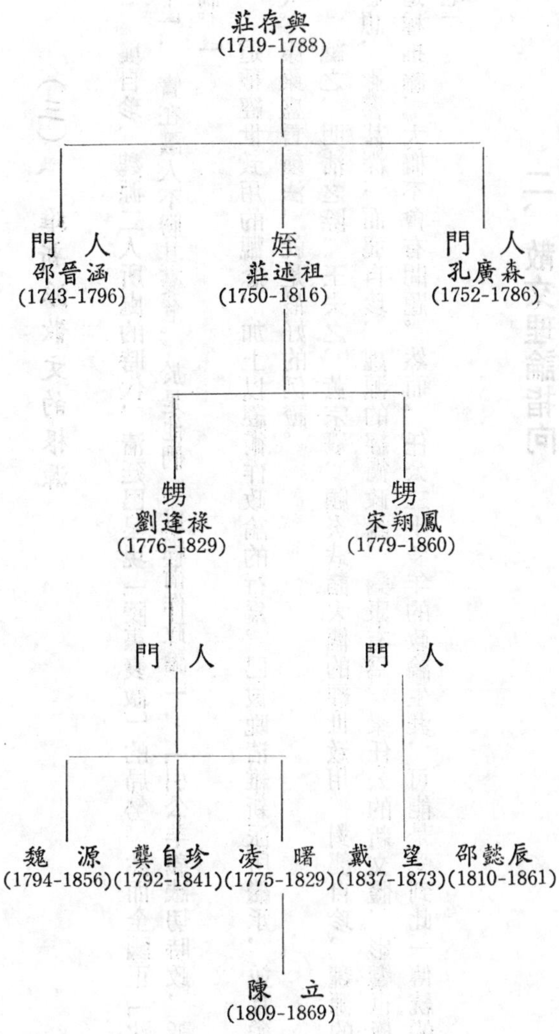

（三）、維新派散文的根源

龔自珍、魏源二人所處的時代，清廷已呈現「陵夷衰微」的局勢。然而全國正「沈酣太平」，實在讓人不勝其憂危。於是他們「以經術作政論」，「引公羊義譏切時政，詆排專制。」

這種經世致用的觀念，加上以經術作政論的行爲，已被晚清維新派所繼承，並且發揚光大。康梁盛言變法，就是最好的例證。

總之，明清之際，王夫之、黃宗羲、顧炎武諸大儒的經世致用，對龔自珍、魏源的改革思想，影響甚深；而龔自珍、魏源的經術政論，對康有爲、梁任公的新文體，影響也極大。這種推論，大概不會有問題。然而，任公二十多年的政論生涯，可能是受到此一傳統的啓示吧。

二、散文理論指向

（一）從創作到理論

在梁任公的「文學界革命」聲浪裏，幾乎是理論、實踐，二元倚伏，相輔相成的，詩界、小說界、戲劇界，莫不如是，唯一例外的是散文界。「新文體」風行的時候，任公並沒有提出有關的革命「宣言」，也沒有推出理論。「新文體」就這樣風光的登上備受矚目的文壇，實在有些不可思議。

從一八九五年起，任公便以「條理明晰」的文章，與一支帶有情感的筆，爲他贏得了「言論界的驕子」的冠冕；他那「廣民智、振民氣」的文章，或說理或議論或政論或雜文，酣暢恣肆，往往引人入勝，因此，充分發揮了「言論之力」。然而，將近三百五十萬字的散文，正也說明他寓理論於實際創作之中了。

檢視《飲冰室合集》，可以發現任公對於散文的相關理論，一直到民國七年以後，才陸續出來，特別是十一年推出〈作文教學法〉之後，其理論架構，大概可見。在他文集裏面，有關散文的理論，約見於下列三篇，即：

㈠一九二二年，〈中國歷史研究法補編〉。

㈡一九二二年，〈作文教學法〉。

㈢一九二七年，〈爲什麼要注重敍事文字〉。

（二）模倣與創造

基本上，任公對中國文字的三昧，有獨到的體會，也就是說，對中國文字的感性，他有份過人的能力。這種文學修養，一部分來自啓蒙教育：「他幼年穎悟，四、五歲時，祖父即授以四子書、詩經。六歲，就父讀，授中國略史、五經。八歲學爲文，九歲時，下筆能成千言。」另一部分則得自對文字、聲韻的研索造詣：一九〇七年的〈國文語原解〉、一九二一年的〈從發音上研究中國文字之源〉與〈翻譯文字與佛典〉等，在在證明他對中國文字的熟稔，加上他對文言、語體的體會與兼容並包的胸襟。因此，他的散文才得以解放，縱橫捭闔，獨步文壇。

至於他創作散文的動機：乃「欲普及思想，爲國民前途有所盡也。」㉑林志鈞《飲冰室合集》〈序〉加以解釋：「任公之爲人，款摯而坦易，胸中豁然無所蓋覆。與人言，傾囷竭廩，懇懇焉，惟慮其不盡。世每稱其文字之閎豁通徹，感人特深，實其性情使然也。其哀時憂國之念，則至老不稍衰。」

周作人先生指出：「就這樣，他以改革政治、改革社會爲目的，而影響所及，也給予文學革命運動以很大的助力。」㉒正好說明了任公散文創作動機的多元性。

在散文創作上，任公堅持模倣與創造是不可分的，在〈什麼是文化〉一文，他有相當精闢的靈視：

1. 創造者，人類以自己的自由意志選定一個自己所想要到達的地位，使用自己的「心能」闖進那地位去。

2. 模倣是複性的創造，有模倣纔有共業。

3. 嚴格說來，無論何種創造的行為中，都不能絕對的不含有模倣的成分，這是創造以前的事。創造以後呢？一方面自己將所創造者常常為心理的複現，令創造的內容越加豐富確實；一方面熏感到別人。被熏感的人，把那新創造的吸收到他的「識閾」中，形成他的「心能」之一部分，加工協造，這兩種作用，都是模倣，內中第二種尤為重要。

4. 凡有意識的模倣，都是經過自由意志選擇纔發生的，所以，他的本質，已經是和創造同類。

5. 人類有創造模倣兩種「心能」，都是本著他的自由意志，不斷的自動自發，因以「開拓」其所欲得之價值，而「積厚」其所已得之價值。隨開隨積，隨積隨開，於是文化系統以成。所以說：「文化者，人類心能所開積出來之有價值的共業也。」㉓

任公對模倣與創造的看法，的確令人耳目一新。雖然，他是剋就文化而論的，但與文學方面的模倣與創造，理論性質上相當接近，藉以作爲他的散文創造觀，應該不會有太大的問題。在〈書法指導〉一文，他再次解釋：「模倣與創造，這個問題，不單在寫字方面，要費討論，就是一切美術及其他藝術的大部分，都成爲一種問題。創造固然切要，但是模倣是否切要？模倣與創造有無衝突？這都是值得研究的地方。許多人排斥模倣，以爲束縛天才，我反對這種說法。學爲人的道理，學做學問，學所有一切藝術，模倣都是好的，不是壞的，都是有益的，不是無益的。簡單說吧，從前人所得的成績，從模倣下手，用很短的時間，很小的精力，就可以得到，得到後，才挪出精力，做創作的工夫，這是一件很經濟的事情。」㉔具體而微的道出了模倣與創造的眞諦，與理論的共相質性。

其實，模倣是創造的預備，它的目的是創造。任公在〈治國學雜話〉試從心理學的觀點來印證兩者的糾葛、互動之關係：「我在前項書目表中有好幾處，寫『希望熟讀成誦』字樣，我想諸君或者以爲甚難，也許反對說我頑舊。但我有我的意思，我並不是獎勵勉強記憶。我所希望熟讀成誦的有兩種類：一種類是最有價值的文學作品，一種類是有益身心的格言。好文學是涵養情趣的工具，做一個民族的分子，總須對於本民族的好文學十分領略，能熟讀成誦，纔在我們的『下意識』裏頭，得著根柢，不知不覺會『發酵』；有益身心的聖哲格言，一部分久已在我們全社會上形成共同意識。我既做這社會的分子，總要澈底了解他，纔不至和共同意識生隔閡。一方面我們應事接物時候，常常仗他給我們的光明。要平日摩得熟，臨時纔得著用。我所以有些書希望熟讀成誦者在此。」㉕

所以說，模倣與創造，是二而一，互爲依存的。在任公的文學觀念裏，是相當重要的環節。這裏，列舉關於散文「文采」，以爲例證：

> 文采，就是寫人寫事所用的字句詞章。同是記一個人、敘一件事，文采好的，寫得栩栩欲活，文采不好的，寫得呆雞木立。這不在對象的難易，而在作者的優劣。沒有文章素養的人，實在把事情寫不好、寫不活；要想寫活寫好，祇有常常模倣，常常練習。㉖

顯然這是他的經驗談了。倘若從中國文學批評史上看，類似他的這些觀點，不乏其人，劉勰所謂的「凡操千曲而後曉聲，觀千劍而後識器；故圓照之象，務先博觀」㉗，與嚴滄浪所說的「夫學詩者以識爲主：入門須正，立志須高；以漢魏晉盛唐爲師，不作開元天寶以下人物。若自退屈，即有下劣詩魔入其肺腑之間；由立志之不高也。行有未至，可加工力；路頭一差，愈鶩愈遠；由入門之不正也。故曰：『學其上，僅得其中，學其中，斯爲下矣。』又曰：『見過於師，僅堪傳授；見與師齊，減師半德也。』工夫須從上做下，不可從下做上。先須熟讀楚辭，朝夕諷詠以爲之本；及讀古詩十九首、樂府四篇、李陵蘇武漢魏五言皆須熟讀，卽以李杜二集枕藉觀之，如今人之治經，然後博取盛唐名家，醞釀胸中，久之自然悟入。雖學之不至，亦不失正路。此乃是從頂顊上做來，謂之向上一路，謂之直截根源，謂之頓門，謂之單刀直入也。」[28]都有些默契。

然而，客觀的說，梁任公的論述似乎較爲深刻、周延。因爲，他的論點已牽涉到容格(C.G. Jung 1875—1961) 所說的「集體潛意識」(Collective Unconsciousness)，不可等閒視之。

(三) 文章構造的原則

〈作文教學法〉，演講於東南大學，也是爲中學以上作文科教師講授與學生自習而撰寫的講義。任公強調：「主意在根據科學方法研究文章構造之原則，令學者對於作文技術得有規矩準備，以爲上達之基礎。」表面上看來，很像是文章入門之類的，但裏面涉及到相當複雜的技巧與類型等問題，因此，把它當作任公散文理論，應該是可以成立的。其實，透過本文的瞭解，我們將不難發現與印證到「新文體」的奧秘。

任公認爲，文章可以分爲三種，卽：

一、記載文。

二、論辯文。

三、情感文。

然而，這只能說是大概的分別，有時一篇之中，難免兩種或三種並存的。其中，第三種比較多美術性的成份，相關的研究法已見於《中國韻文裏頭所表現的情感》，所以，這裏祇論述記載文與論辯文兩種。

一、記載文：

凡是敍述客觀的事實者，稱之爲記載文。這類文體可以分爲四種，即：

1. 記物件之內容或狀態。例如：書的提要、畫記等。
2. 記地方之形勢或風景。例如：方志、遊記等。
3. 記個人之言論行事及性格。例如：略傳、行狀年譜等。
4. 記事件之原委因果。這類又稱爲記事文，內涵包羅萬象：小記個人事件，大記國家世界事件；短記幾個小時的事件，長記幾千年的事件。

他強調，無論作何種記載文，一定要注意兩個原則：第一、要客觀的忠實。記載文既以敍述客觀的事實爲目的，對於材料的蒐集要完備，鑑別要眞，觀察要普遍、精密。絕對不能將主觀的情感摻雜進去，把客觀的事實，任意加減輕重。總之，寫記載文的目的，是預備傳到未來作可靠的史料，所以，對於事實、讀者都要負嚴正責任。如此，「不惟把『文德』的基礎立得鞏固，即以文體論，也免了許多枝葉葛藤。」第二、敍述要有系統。客觀的事實是散漫、斷續的，作文時要設法加以排列、連貫起來，動筆之前，要觀察事實與事實之間的關係，找出脈絡，建立全篇系統，一切材料由我自由駕馭。如此，「不惟文章容易成就，而且可以養成他部分的組織能力。」

記載文有把客觀事實全部記載的。例如韓愈的〈畫記〉，以四百多字寫一幅田獵人物畫手卷，卻把畫中人馬與其他動物、雜器物五百多件全部敍入，令讀者彷彿看到原畫。實際上，這篇傑作是費了一番組織工夫才構成的。不過，敍事文的通例，總是限於部分的記述。紙面的記述，雖僅「限於一部分，而能把全部的影子攝進來」，便是佳作。大致上說，部分記述的方法有四種，卽：

1. 側重法。
2. 類概法。
3. 鳥瞰法。
4. 移進法。

先談側重法。

這種方法專門注重題中某一點，或某幾點，其餘或帶敍，或不敍，例如：陳羣等著的〈魏律序略〉，以七百多字記魏律與秦漢律篇章的異同，極得要領，「遂成爲天地間有用且不朽之文」。

面對一個廓大的題目，要敍述的固然有許多，但最好能選擇一部分，配合自已的興味來寫，其餘的當陪襯，這樣，自然會把此一部分眞相「看得透說得出」，所謂「部分的敍述，須能把全部影子攝進來」，就是這個意思。這不僅是文學家的取巧方法，同時也是做學問最實際的一種途徑。

次談類概法。

類概法或稱爲類從法，所記述的對象，不能有所偏重，但又不能徧舉。於是把它分類，每類提出要領，將所有資料係聯，例如《史記》的〈西南夷列傳〉即是。任公提醒，記載條理紛繁的事物，又想要眉目清楚，最好能運用這種方法。類概法最注重分類，而分類有三個主要原則，即：第一、要包括，第二、要對等，第三、要正確。申言之，包括，是要所分類能包含該事物之全部；對等，是要所分類性質相等；正確，是要所分類有互排性不相含混。

就文章的構造理論而言，構造幾十卷書和構造幾百字的短文，二者雖有長短之分，但其中的道理是一致的，無非要讓人知道「組織」的秘密：把材料組織好，廢話少而能令讀者瞭解且有興味。

接著談鳥瞰法。

鳥瞰法只要大略觀察，像一隻鳥飛在空中，拿斜眼一瞥下面的人民、城郭。這與側重法、類概法的精密觀察，是有差別的。鳥瞰法雖然只是得到「一個朦朧影子」，但這影子卻是全個的，這麼說來，這種觀察法還必須建立在充分學問的基礎上，因爲它關係到文章的成功與失敗。

一般說來，寫一部書的提要或一個人的略傳，馴致一篇長文中若干地方，都會運用到鳥瞰法，例如《史記》〈貨殖列傳〉，便充分發揮鳥瞰法的神妙，「能把各地的特點說出，各地相互的關係處處保聯絡」，所以，「確是極有價值的一篇大文」。

最後談移進法。

基本上，前三種記述方法，都立在一個定點上從事觀察：或立在旁邊、或立在高頭、或精密的觀察局部、或粗略的觀察全體。作者選擇一個定點站住，引導讀者也站在這一點上，然後將個人觀察的信息傳達給讀者。

移進法則大異其趣，作者不站定一點，隨著自己所要觀察的路線挪動，自己去就他，並且帶領讀者跟著走，沿路去觀察，這種手法以《漢書》的〈西域傳〉可謂範例。其他，像柳宗元的〈永州八記〉，不僅字句研鍊，筆法雋拔，「最妙的是，把他逐日的發現名勝，挨次分篇敍述，令我們讀起來好像跟他去遊覽，和他得同等的快樂，這就是移進法的好處。」

然而，移進法並非一成不變，它相當靈活，對作者來說，眞是「運用之妙，存乎一心」了。作者所寫對象，本來有時、空的層次，所以作文時一步一步移進去，這就是正格的寫法；可是也有對象本身沒有層次，必須由作者自己創造出層次來移進，例如汪容甫的名作〈廣陵對〉。任公指出，這篇文章的可愛，在於字字句句都洗鍊，筆筆都跳盪，然而「最主要者，實在他的章法，本來只有許多平面的材料，他會把他分類，造出層次，從這個觀察點移到那個觀察點，每移一度，令人增加一重趣味，這可以說是故事造作出來的移進法。」

許多好小說，令讀者不能中斷，非接下去看完不可，都因爲用移進法用得入妙的關係，所以說，移進法的靈活運用，必然造成無窮的魅力。

這四種部分記述的方法，比較適合記載文的第一、二種，也就是記物件之內容或狀態、記地方之形勢或風景。因爲，這兩種所記載的都屬於事物的靜態，應用「物理的或數理的觀察法」，便綽綽有餘；至於第三、四種，也就是記個人之言論行事及性格、記事件之原委因果，必須寫出他的動態，因此，非兼用「化學的觀察法」不可。茲分析於下。

記述一個人，最要緊的是，抓住並寫出這個人與別人不同的地方，人類性格，十之八九是共通的，這就是人類的羣性，但是，人之不同，各如其面，這就是人類的個性。那麼，記述一個人的文字，就必須恰如其份的描繪那人的個性，才能算是成功的創作。任公例證：「近世寫實派文學大家莫伯桑，初學作文時，他的先生敎他，同時觀察十個車夫的動作，作十篇文章把他們寫出，每篇限一百字。這是從最難求出個性處刻意去求，這種個性發見得出，別的自然容易了。莫伯桑經過這一番訓練之後，文思大進，後來常常舉以敎人。《水滸傳》寫一百零八個強盜，要想寫得個個面目不同，雖然不算十分成功，但總有十來個各各表出他的個性，這部書所以成爲不朽之作就在此。懂得這種道理，對於傳記文作法便有入手處了！」

就實際創作經驗來說，小說體的文章，寫個人特性，全憑作者豐富的想像力；傳記體的文章，寫個人的特性，則全靠作者敏銳的觀察力。但有了相當的想像力與觀察力，要如何才能把所想像所觀察的「東西」維妙維肖的傳釋出來，則恐怕非靠作者的表達技術不可了。

至於表達技巧，千變萬化，因人而異，但古今中外的傳記名手，大概有一個慣例，凡是足以表現傳中人個性的言論行事，不論大小，一定淋漓盡致、委曲詳盡的描寫，使那人的人格躍然紙上；也就是說，在關鍵處，絕不愛惜筆墨，這是一種通用的表達技術。在歐洲有布魯特奇的《英雄傳》，在中國則有司馬遷的《史記》，最能深得其中三昧。像《史記》的〈廉頗藺相如列傳〉、〈酈食其列傳〉與〈信陵君列傳〉，篇篇人格獨特，栩栩如生，是記述人物的最佳典範。

再看第四種——記事件之原委因果，也就是記事文。任公以爲在記載文當中第四種最棘手，因爲，一篇記事文總是把許多時候的動作聚攏一起來處理，而事情總不會孤立，那麼，記一件事也就是記一組事。因此把許多性質不同的事整理成爲一組，就必須仰賴看家本領了。

解決上述難題的不二法門，就是：整理空間的關係。任公解釋：「凡同一時間所發生的事實，必異其空間，同一空間所發生的事實，必異其時間。作者但能把這兩種關係觀察清楚、敍述得有法度，自然會把滿盤散沙的事件弄成一組了。」

就以記戰爭的文章來說吧，任公承認它是記事文範疇最難的一環，不過，經驗告訴他：「學會記戰爭，別的文自迎刃而解。」

在傳統文學裏，記戰爭的文章，以《左傳》與《資治通鑑》最爲出色，例如：《左傳》的〈秦晉韓原之戰〉、〈晉楚城濮之戰〉、〈晉齊鞍之戰〉、〈晉楚邲之戰〉、〈晉楚鄢陵之戰〉、〈吳楚柏舉之戰〉；《資治通鑑》的秦漢之交〈鉅鹿之戰〉、王莽時〈昆陽之戰〉、三國時〈赤壁之戰〉、東晉時〈淝水之戰〉等，篇篇膾炙人口，騰傳後代。

事實上，善作戰記的高手，以敍述勝敗因果爲主，然而，必須根據一個原則：凡有關於勝敗者雖小必錄，無關於勝敗者雖大必棄。如此，對於材料的取捨才能有所把握，拿捏得準。接著，就是「整理時間空間的關係」了。

任公指出，就時間論，每回戰爭，總可分爲三大段，即：

(1) 戰前——所應敍述者爲戰爭動機、兩造準備、兩造心理狀態、兩造行動及其位置等等。

(2) 戰時——兩造接觸之實況。

(3) 戰後——戰事之收束及因戰爭發生之直接影響、間接影響等。

由於聚集大多數人在一大空間內行動，非先明瞭各部分所占的位置不可，所以記載時要整理空間。任公以爲：「整理空間，莫如用圖，沒有圖的文章，只能令讀者可以據文製圖，便是佳文，例如《通鑑》〈鉅鹿之戰〉。」

總之，理想的記事文是「行文詳略，要跟著主要目的去斟酌，像畫畫要有濃淡凸凹，唱歌要有疾徐高下，最忌把文章做成一個平面。」然而，心思縝密，會綜合、會分析、會剪判、會佈置，將是到達上述境界的憑藉。

二、論辯文

論辯文的定義，就是用文字發表自己意見，希望別人從我。論辯文約有五種，即：

1. 說諭：對於特定的一個人或一部分發表自己的意見，勸他服從某種道理或某件事，如命令佈告或與人論事的公私函札之類皆是。
2. 倡導：標舉一種學說，主張一種政策，堂堂正正，豎起旗幟，聽衆人研究論難，凡學術上之著作、政治社會上之建議，皆屬此類。
3. 剖釋：對於一件事理，以及自己或別人所倡導之說詳細解剖說明，題目形式爲說某某、釋某某、某某考、某某解等類。這類文字和前頭所講記載文第一種有點相混。其不同處，彼注重客觀的敍述，此注重主觀的解釋。
4. 質駁：把別人所說諭、倡導、剖釋的質問他駁難他。內中尤以對於倡導的爲最多。其形式或著一部書或作一篇文或寄一封信等等。被質駁的人再反質反駁，也屬這類。

5. 批評：對於別人的言論動作，自己立於第三者地位批評他。這類文大抵兼含有倡導、質駁兩種性質。其與倡導之文不同處，因爲他不採主動的態度；其與質駁之文不同處，因爲他並非專與所批評者相反對。其種類或批評一件事，或批評一個人，或批評一種學說……等等。

任公特別說明，做論辯文必須注意兩個條件，卽：一、耐駁，二、動聽。耐駁是經得起和人辯駁的意思，〈因明頌〉說：「能立與能破及似唯悟他」，正此之謂。撰寫論辯文的目的，是在讓別人覺悟（悟他），但要讓別人覺悟，則非要自己所說的站得住（能立）不可。而且能把別人所說駁倒（能破），好像站得住而實際站不住（似能立）；我所立被別人破了，但好像駁倒而實際駁不倒（似能破），我所破便依然立了。這就是論辯文的最高境界。

值得注意的是，論辯文與邏輯學關係極爲密切，其中的推理方法——或演繹推理，或歸納推理㉙——往往關係文章的好壞。演繹推理的形式，包括：

1. 大前提
2. 小前提
3. 斷案（也卽結論）

論辯文雖有長短之分，內在結構不外這三層組織，例如，賈誼〈過秦論〉，其思辯形式可以排列成：

1. 守國要用仁義（大前提）
2. 秦不以仁義守國（小前提）
3. 所以秦國不能守（結論）

毫無疑問的，推理方法是論辯文的深層組織，也是一把無形的檢驗尺。

就我們的瞭解，梁任公以「新文體」崛起晚清的散文界，他的「新文體」比較傾向論辯文，是有目共睹的。問題是，在討論文章構造的原則時，顯然詳述記載文，而輕描論辯文，這種現象毋寧是矛盾的。

檢視他的有關散文理論，我們發現，在〈爲什麼要注重敍事文字〉一文，對上述的問題，有更進一步的解釋。

他認爲，應用文不外議論（論事）文與記述（敍事）文兩大類。可是學校專教做論事文，似乎中了八股策論的餘毒，可能產生許多後遺症，例如：一、獎勵剿說、二、獎勵空疏及剽滑、三、獎勵輕率、四、獎勵刻薄及不負責任、五、獎勵偏見、六、獎勵虛僞。

作文，本來是自動自發的，然而，有時難免被迫，像榨油似的去榨出「言不由己」的內容，的確違背了作文的初衷。這種病原由來已久，「宋明以來，士大夫放言高論，空疏無眞，拘虛執拗，叫囂乖張，釀成國家社會種種弊端，大半由八股策論製造出來，久已人人公認了。現在依然是換湯不換藥，凡有活動能力的人，都從學校出，凡在學校裏總經過十幾年這種獎勵……獎勵……獎勵……獎勵……獎勵偏見獎勵虛僞的教育，養成不健全的性格，他入到社會做事，不知不覺一一映現在一切行爲上來。國家社會之敗壞，未始不由此。」

即便如此，他並沒反對或排斥做論事文；他畢竟清楚論事文可以磨練理解力、判斷力的功能。不過，學習過程不要專做、濫做或速做，的確也是不容忽視的原則。

文章循序漸進，智慧與時俱增，任公深識個中奧妙的建議：「等到學生對於某一項義理、某一件事情、某一個人物，確有他自己的見解——見解對不對倒不必管——勃鬱於中，不能不寫出來，偶然自發做一兩篇，那麼，便得有做論事文的益處而無其流弊。」

因此，對於學校所教的應用文——論事文或記事文——那一種最重要呢？他的結論當然是：敘事文學。

這就是他詳述記載文而輕描論辯文的原因了。

根據上述可以知道，梁任公的文章構造原則，是了解文章三昧的經驗論，他所談的固然是極平實簡易，卻是經過一番分析，有途徑可依循的方法論。他發人之所未發，言人之所未言，而且理論的深入與周延，在中國文學批評史上可謂罕見的文學智慧。

最後，他落實的說：

> 結構成一篇妥當文章，有最低限度的要求，是「該說的話——或要說的話，不多不少的照原樣說出，令讀者完全了解我的意思。」

言簡意賅，又直探本源，不愧是散文大家的經驗談了。

儘管他對文章構造的原則，作了那麼詳細的分析，不過，任公卻客觀的指出：

> 孟子說：「能與人規矩，不能使人巧。」文章做得好不好，屬於巧拙問題，巧拙關乎天才，不是可以教得來的。如何纔能做成一篇文章，這是規矩範圍內事，規矩是可以教可以學的。我不敢說，懂了規矩之後便會巧，然而敢說懂了規矩之後，便有巧的可能；又敢說不懂規矩的人，絕對不會巧，無規矩的，絕對不算巧。

淋漓盡致的論辯，眞使讀者不能不跟著他走，不能不跟著他想。

附帶說明的是，梁任公論述文章構造的原則，往往取材文言文，對語體文一概從略。他聲明「並非對於語體文有什麼不滿。」實際上，文言文已應用了二千多年，「許多精深的思想和優美的文學作品皆用他來發表。」所以，應該學習文言文，最起碼要能讀它能解它。相對而言，語體文還在發達、幼稚時代，可以作爲範例的並不很多。

經驗告訴他，「文言和語體我認爲是一貫的，因爲文法所差有限得很。會作文言文的人，當然會作語體；或者可以說，文言用功愈深，語體成就愈好。」

在他的理念中，文章的語言，文言、白話，可以隨意。

三 散文風格三階段

在《飲冰室合集》七百多萬字裏，「新文體」大概佔了一半，以這樣的創作數量，足以讓任公成爲少有的散文大家；然而，審視其質量，氣勢之磅礴、詞采之流麗、節奏之曲盡其妙、內容之錯綜複雜，則更讓人驚嘆不已。黃遵憲稱其文「從古至今，文字之力之大，無過於此。」又引述知己的看法證明：「吾有一三十年故友，謂公之文，有大吸力，今日作此語，吾之腦絲筋隨之而去；明日翻此案，吾腦絲筋又隨之而轉。蓋如牽傀儡之絲，左之右之，惟公言是聽。我極贊其言。」（與飲冰室主人書）嚴復亦云：

任公妙才，下筆不能自休。其甲午以後，於報章文字，成績為多，一紙風行，海內觀聽為之一聳！……其筆端又有魔力，足以動人：言破壞則人人以破壞為天經，倡暗殺則人人以暗殺為地義。敢為非常可喜之論，而不知其種禍無窮。（〈與熊純如書〉）

雖然兩人的讚揚容或有些差別，但肯定「新文體」的魔力（魅力），予讀者熏浸刺提的作用，則是一致的。周作人先生在《知堂回想錄》曾多次提到任公「新文體」對他的影響，例如：「所看漢文書籍於後來有點影響的，乃是當時書報，如《新民叢報》、《新小說》，梁任公的著作。」㉚

民國二十二年，胡適之先生撰寫《四十自述》，以親身經驗，深刻見證：

我個人受了梁先生無窮的恩惠。現在追想起來，有兩點最分明。第一是他的《新民說》，第二是他的《中國學術思想變遷之大勢》。梁先生自號「中國之新民」，又號「新民子」，他的雜誌也叫做《新民叢報》，可見他的全副心思貫注在這一點。「新民」的意義是要改造中國的民族，要把這老大的病夫民族改造成一個新鮮活潑的民族。他說：

未有四肢已斷，五臟已瘵，筋脈已傷，血輪已涸，而身猶能存者；則亦未有其民愚陋怯弱渙散混濁而國猶能立者。……苟有新民，何患無新制度，無新政府，無新國家！（〈新民說敍論〉）

他的根本主張是：

吾思之，吾重思之，今日中國羣治之現象殆無一不當從根柢處摧陷廓清，除舊而

布新者也。（〈新民議〉）

說的更沈痛一點：

然則救危亡求進步之道將奈何？曰，必取數千年橫暴混濁之政體，破碎而齏粉之，使數千萬如虎如狼如蝗如蝻如蜮如蛆之官吏失其社鼠城狐之憑藉，然後能滌盪腸胃以上於進步之途也！必取數千年腐敗柔媚之學說，廓清而辭闢之，使數百萬如蠹魚如鸚鵡如水母如畜犬之學子毋得搖筆弄舌舞文嚼字，為民賊之後援，然後能一新耳目以行進步之實也！而其所以達此目的之方法有二：一曰無血之破壞，二曰有血之破壞。……中國如能為無血之破壞乎？吾馨香而祝之。中國如不得不為有血之破壞乎？吾衰経而哀之。（《新民說》：〈論進步〉）

我們在那個時代讀這樣的文字，沒有一個人不受他的震盪感動的。他在那時代（我那時讀的是他在壬寅癸卯做的文字）主張最激烈，態度最鮮明，感人的力量也最深刻。他很明白的提出一個革命的口號：

破壞亦破壞，不破壞亦破壞！（同上）

後來他雖然不堅持這個態度了，而許多少年人衝上前去，可不肯縮回來了。《新民說》的最大貢獻在於指出中國民族缺乏西洋民族的許多美德。梁先生很不客氣的說：

五色人相比較，白人最優。以白人相比較，條頓人最優。以條頓人相比較，盎格魯撒遜人最優。（〈敘論〉）

他指出我們所最缺乏而須採補的是公德，是國家思想，是進取冒險，是權利思想，是

> 自由，是自治，是進步，是自尊，是合羣，是生利的能力，是毅力，是義務思想，是尚武，是私德，是政治能力。他在這十幾篇文字裏，抱著滿腔的血誠，懷著無限的信心，用他那枝「筆鋒常帶情感」的健筆，指揮那無數的歷史例證，組織成那些能使人鼓舞，使人掉淚，使人感激奮發的文章。其中如論毅力等篇，我在二十五年後重讀，還感覺到他的魔力。何況在我十幾歲最容易受感動的時期呢？
>
> 《新民說》諸篇給我開闢了一個新世界，使我徹底相信中國之外還有很高等的民族，很高等的文化；《中國學術思想變遷之大勢》也給我開闢了一個新世界，使我知道「四書」「五經」之外中國還有學術思想。㉛

梁任公曾自白：「不惜以今日之我，難昔日之我。」㉜可見其生命的積極性；他胸無成見，處世治學都不例外，並且求知慾相當熾烈，嗜好、涉獵的學識極爲複雜，而且，「數十年日在彷徨求索中」㉝，以這樣的精神，加上「欲普及思想，爲國民前途有所盡」的抱負，形之於文章，自然多采多姿，波瀾壯闊了。例如，康有爲上書變法時，他在上海辦《時務報》，鼓吹變法，灌輸變法觀念，《變法通議》便是這時期的代表作；變法失敗，任公亡命日本，先後創辦《清議報》、《新民叢報》、《新小說》、《政論》、《國風報》，其中以《新民叢報》的影響力最大，他詮釋「新民」，發揮「言論之力」，《新民說》便是此時期的代表作；民國肇造，任公歸國，因袁世凱圖謀帝制，而發表〈異哉所謂國體問題〉，引起羣情的憤慨，充分發揮言論的制衡力量。

他的文章是貼緊國家的脈搏而發的，因此眞切感人。

觀察任公的散文進程，其發展脈絡，可謂相當清楚，大概可分爲三個階段，即：

一、一八九五～一九一一。

二、一九一二～一九一八。

三、一九一九～一九二八。

先談第一階段。

這個階段將近十七年，任公從國內到國外，先後創辦了七種報章雜誌，「想藉著文學的感化力作手段，而達到其改良中國政治和中國社會的目的。」[34]言論奠定了基礎之後，憑他的一支具有「魔力」的筆，很快的風靡了全國。流亡日本的歲月，他繼續創辦報章雜誌，發表一系列「開文章之新體，激民氣之暗潮」的政論文，「一紙風行，海內觀聽爲之一聳」[35]，「這時代是梁先生文章最有勢力的時代」[36]，因此，他贏得了「言論界的驕子」的冠冕。他的文章，或說理、或議論、或政論，橫放傑出，與會淋漓，加以貼切時代脈搏，針砭病原，讓讀者同情共感，深深反省，不僅發揮了「言論之力」的極致，也完成了言論報國的意願。

從任公的作品繫年來看，這個階段的文學活力最強，尤其是光緒二十八年（一八九八），是最高點，作品崢嶸，千彙萬端，而且，氣勢磅礴，撼人心弦，例如：《變法通議》、〈論報館有益於國事〉、〈論中國人種之將來〉、《自由書》、《夏威夷遊記》、〈愛國論〉、〈中國積弱溯源論〉、〈呵旁觀者文〉、《新民說》、〈論小說與羣治之關係〉、《三十自述》、〈說希望〉、〈余之死生觀〉、《開明專制論》、《將來百論》、《中國前途之希望與國民責任》等等。錢基博《現代中國文學史》云：

其文晰於事理，豐於情感，迄今（按：指民國十九年）六十歲以下四十歲以上之士夫，論政持學，殆無不為之默化潛移者！可以想見啓超文學感化力之偉大焉！[37]

這裏，我們特別列舉一、二例證，以窺此期散文的「廬山眞面目」：

一、少年中國說

日本人之稱我中國也，一則曰老大帝國，再則曰老大帝國。是語也，蓋襲譯歐西人之言也。嗚呼！我中國其果老大矣乎？梁啓超曰：「惡是何言？是何言？吾心目中有一少年中國在[38]！」

欲言國之老少，請先言人之老少。老年人常思既往，少年人常思將來。惟思既往也故生留戀心，惟思將來也故生希望心。惟留戀也故保守，惟希望也故進取。惟保守也故永舊，惟進取也故日新。惟思既往也，事事皆其所已經者，故惟知照例。惟思將來也，事事皆其所未經者，故常敢破格。老年人常多憂慮，少年人常好行樂。惟多憂也故灰心，惟行樂也故盛氣。惟灰心也故怯懦，惟盛氣也故豪壯，惟怯懦也故苟且，惟豪壯也故冒險，惟苟且也故能滅世界，惟冒險也故能造世界。老年人常厭事，少年人常喜事。惟厭事也，故常覺一切事無可為者，惟好事也，故常覺一切事無不可為者。老年人如夕照，少年人如朝陽，老年人如瘠牛，少年人如乳虎，老年人如僧，少年人如俠，老年人如字典，少年人如戲文，老年人如鴉片煙，少年人如潑蘭地酒[39]，老年人如別行星之隕石，少年人如大洋海之珊瑚島，老年人如埃及沙漠之金字塔，少年人如西伯利亞之鐵路，老年人如秋後之柳，少年人如春前之草，老年人如死海之瀦為澤，少年人如長江之初發源，此老年與少年性格不同之大略也。梁啓超曰：「人固有之，國亦宜然。」

梁啓超曰：「傷哉老大也，潯陽江頭琵琶婦，當明月繞船，楓葉瑟瑟，衾寒於鐵，似夢非夢之時，追想洛陽塵中春花秋月之佳趣；西宮南內，白髮宮娥，一燈如穗，三五對坐，談開元天寶間遺事，譜霓裳羽衣曲；青門種瓜人，左對孺人，顧弄孺子，憶侯門似海珠履雜遝之盛事。拿破侖之流於厄蔑[40]，阿剌飛之幽於錫蘭，與三兩監守吏或過訪之好事者，道當年短刀匹馬，馳騁中原，席捲歐洲，血戰海樓，一聲叱咤，萬國震恐之豐功偉烈，初而拍案，繼而撫髀，終而攬鏡。嗚呼！面皴齒盡，白髮盈把，頹然老矣。若是者，舍幽鬱之外無心事，舍悲慘之外無天地，舍頹唐之外無日月，舍歎息之外無音聲，舍待死之外無事業。美人豪傑且然，而況於尋常碌碌者耶？生平親友，皆在墟墓，起居飲食，待命於人，今日且過，遑知他日，今年且過，遑恤明年。普天下灰心短氣之事，未有甚於老大者。於此人也，而欲望以拏雲之手段，回天之事功，挾山超海之意氣，能乎不能？」

嗚呼！我中國其果老大矣乎？立乎今日，以指疇昔，唐虞三代，若何之郅治。秦皇漢武，若何之雄傑。漢唐來之文學，若何之隆盛。康乾間之武功，若何之烜赫。歷史家所鋪敍，詞章家所謳歌，何一非我國民少年時代良辰美景賞心樂事之陳跡哉？而今頹然老矣！昨日割五城，明日割十城，處處雀鼠盡，夜夜雞犬驚，十八省之土地財產，已為人懷中之肉，四百兆之父兄子弟，已為人注籍之奴，豈所謂老大嫁作商人婦者耶？嗚呼！憑君莫話當年事，憔悴韶光不忍看，楚囚相對，岌岌顧影，人命危淺，朝不慮夕。國為待死之國，一國之民為待死之民。萬事付之奈何，一切憑人作弄，亦何足怪？

梁啓超曰：「我中國其果老大矣乎？是今日全地球之一大問題也。如其老大也，則是中國為過去之國，卽地球上昔本有此國，而今漸澌滅，他日之命運殆將盡也；如其非老大也，則是中國為未來之國，卽地球上昔未現此國，而今漸發達，他日之前程且方長也。欲斷今日之中國為老大耶？為少年耶？則不可不先明國字之意義。夫國也者何物也，有土地，有人民，以居於其土地之人民，而治其所居之土地之事，自制法律而自守之，有主權，有服從，人人皆主權者，人人皆服從者。夫如是斯謂之完全成立之國，地球上之有完全成立之國也，自百年以來也，完全成立者，壯年之事也，未能完全成立而漸進於完全成立者，少年之事也。故吾得一言以斷之曰：『歐洲列邦在今日為壯年國，而我中國在今日為少年國。』」

夫古昔之中國者，雖有國之名，而未成國之形也。或為家族之國，或為酋長之國，或為諸侯封建之國，或為一王專制之國。雖種類不一，要之其於國家之體質也，有其一部而缺其一部，正如嬰兒自胚胎以迄成童，其身體之一二官支，先行長成，此外則全體雖粗具，然未能得其用也。故唐虞以前為胚胎時代，殷周之際為乳哺時代，由孔子而來至於今為童子時代，逐漸發達，而今乃始將入成童以上少年之界焉。其長成所以若是之遲者，則歷代之民賊有窒其生機者也，譬猶童年多病，轉類老態，或且疑其死期之將至焉，而不知皆由未完全未成立也，非過去之謂，而未來之謂也。

且我中國疇昔，豈嘗有國家哉？不過有朝廷耳。我黃帝子孫，聚族而居，立於此地球之上者既數千年，而問其國之為何名，則無有也。夫所謂唐、虞、夏、商、周、秦、漢、魏、晉、宋、齊、梁、陳、隋、唐、宋、元、明、清者，則皆朝名耳。朝也者，一家之私產也；國也者，人民之公產也。朝有朝之老少，國有國之老少，朝與國既異物，則不能以朝之老少而指為國之老少明矣。文、武、成、康，周朝之少年時代也，幽、厲、桓、赧，則其老年時代也；高、文、景、武，漢朝之少年時代也，元、平桓、靈，則其老年時代也。自餘歷朝，莫不有之，凡此者謂為一朝廷之老也則可，謂為一國之老也則不可。一朝廷之老且死，猶一人之老且死也，於吾所謂中國者何與焉？然則吾中國者，前此尚未出現於世界，而今乃始萌芽云爾。天地大矣，前途遼矣，美哉我少年中國乎！

瑪志尼者，意大利三傑之魁也，以國事被罪，逃竄異邦，乃創立一會，名曰：少年意大利。舉國志士，雲湧霧集以應之，卒乃光復舊物，使意大利為歐洲之一雄邦。夫意大利者，歐洲第一之老大國也，自羅馬亡後，土地隸於教皇，政權歸於奧國，殆所謂老而瀕於死者矣。而得一瑪志尼，且能舉全國而少年之，況我中國之實為少年時代者耶，堂堂四百餘州之國土，凜凜四百餘兆之國民，豈遂無一瑪志尼其人者？

龔自珍[41]氏之集有詩一章，題曰：「能令公少年行」，吾嘗愛讀之，而有味乎其用意之所存，我國民而自謂其國之老大也，斯果老大矣。我國民而自知其國之少年也，斯乃少年矣。西諺有之曰：「有三歲之翁，有百歲之童。」然則國之老少，又無定形，而實隨國民之心力以為消長者也。吾見乎瑪志尼之能令國少年也，吾又見乎我國之官吏士民能令國老大也，吾為此懼。夫以如此壯麗濃郁翩翩絕世之少年中國，而使歐西日本人謂我為老大者何也？則以握國權者皆老朽之人也。非哦幾十年八股，非寫幾十年白摺，非當幾十年差，非捱幾十年俸，非遞幾十年手本，非唱幾十年諾，非磕幾十年頭，非請幾十年安，則必不能得一官、進一職，其內任卿貳以上、外任監司以上者，百人之中，其五官不全者，殆九十六七人也。非眼盲，則耳聾，非手顫，則足跛，否則半身不遂也。彼其一身飲食步履視聽言語，尚且不能自了，須三四人在左右扶之捉之，乃能度日，於此而乃欲責之以國事，是何異立無數木偶而使之治天下也？且彼輩者，自其少壯之時，既已不知亞細、歐羅為何處地方，漢祖、唐宗是那朝皇帝，猶嫌其頑鈍腐敗之未臻其極，又必搓磨之陶冶之，待其腦髓已涸，血管已塞，氣息奄奄與鬼為鄰之時，然後將我二萬里山河，四萬萬人命，一舉而畀於其手。嗚呼！老大帝國，誠哉其老大也，而彼輩者，積其數十年之八股白摺當差捱俸手本唱諾磕頭請安，千苦萬辛，千辛萬苦，乃始得此紅頂花翎之服色，中堂大人之名號，乃出其全副精神，竭其畢生力量，以保持之。如彼乞兒，拾金一錠，雖轟雷盤旋其頂上，而兩手猶緊抱其荷包。他事非所顧也，非所知也，非所聞也，於此而告之以亡國也，瓜分也，彼烏從而聽之，烏從而信之。卽使果亡矣，果分矣，而吾今年既七十矣、八十矣，但求其一兩年內，洋人不來，强盗不起，我已快活過了一世矣。若不得已，則割三頭兩省之土地奉申賀敬，以換我幾箇衙門，賣三幾百萬之人民作僕為奴，以贖我一條老命，有何不可，有何難辦。嗚呼！今之所謂老后老臣老將老吏者，其修身齊家治國平天下之手段，皆具於是矣。西風一夜催人老，凋盡朱顏白盡頭，使走無常當醫生，携催命符以祝壽，嗟乎痛哉！以此為國，是安得不老且死，且吾恐其未及歲而殤也。

梁啓超曰：「造成今日之老大中國者，則中國老朽之寃業也。製出將來之少年中國者，則中國少年之責任也。彼老朽者何足道，彼與此世界作別之日不遠矣。而我少年乃新來而與世界為緣，如僦屋者然。彼明日將遷居他方，而我今日始入此室處。將遷居者，不愛護其窗櫳，不潔治其庭廡，俗人恆情，亦何足怪？若我少年者，前程浩浩，後顧茫茫，中國而為牛為馬為奴為隸，則烹臠鞭箠之慘酷，惟我少年當之，中國如稱霸宇內主盟地球，則指揮顧盼之尊榮，惟我少年享之，於彼氣息奄奄與鬼為鄰者何與焉？彼而漠然置之，猶可言也，我而漠然置之，不可言也。使舉國之少年而果為少年也，則吾中國為未來之國，其進步未可量也。使舉國之少年而亦為老大也，則吾中國為過去之國，其澌亡可翹足而待也。故今日之責任，不在他人，而全在我少年。少年智則國智，少年富則國富，少年强則國强，少年獨立則國獨立，少年自由則國自由，少年進步則國進步，少年勝於歐洲，則國勝於歐洲，少年雄於地球，則國雄於地球。紅日初升，其道大光。河出伏流，一瀉汪洋。潛龍騰淵，鱗爪飛揚。乳虎嘯谷，百獸震惶。鷹隼試翼，風塵吸張。奇花初胎，矞矞皇皇。干將發硎，有作其芒。天戴其蒼，地履其黃。縱有千古，橫桃八荒。前途似海，來日方長。美哉我少年中國，與天不老，壯哉我中國少年，與國無疆。

「三十功名塵與土，八千里路雲和月，莫等閑白了少年頭，空悲切。」此岳武穆滿江紅詞句也，作者自六歲時卽口受記憶，至今喜誦之不衰。自今以往，棄「哀時客」之名，更自名曰「少年中國之少年」。

作者附識。

〈少年中國說〉是篇「新文體」的典型之作。在中國現代散文史上，不論形式或內容，都堪稱是篇「妙文」。它寫於光緒二十六年（一九〇〇）庚子，也就是梁任公廿八歲的時候。在這年以前，他寫文章常自署爲「哀時客」，這以後，改名「少年中國之少年」，其抱負於此可見。

庚子，是國事最爲紛沓的一年，「極目中原暮色深」的任公悟識到：「人事無盡涯，天道有推移。努力造世界，此責舍我誰？」（留別梁任南漢挪路盧），因此，他在實際行動之外，還提筆寫了若干篇文章來激勵民氣，喚醒國魂。譬如：〈立憲法議〉、〈少年中國說〉、〈中國積弱溯源論〉、〈十種德性相反相成義〉、〈呵旁觀者文〉等，其中以〈少年中國說〉尤其特殊，筆鋒夾理論與情感俱下，「使讀的人不能不跟著他走，不能不跟著他想。」

〈少年中國〉這一概念雖深受瑪志尼（Mazzini）「少年意大利」與龔自珍「能令公少年」的影響，但是，全篇文章的理論與觀點卻言人之所未能言，發人之所未能發，證之歷史，可謂「古之所無，今之罕有」。

任公強調，儘管日本人稱我中國爲老大帝國，可是在他心目中有一少年中國在。他藉著「人之老少」來詮釋「國之老少」：少年人如俠，常想將來，積極進取，豪壯冒險，所以能「造世界」。相對地，老年人如僧，常想既往，消極保守，怯懦苟且，所以能「滅世界」。一國國家之老少也可作如是觀。接著，他揭示「國」的意義來斷定今日中國爲老大或者爲少年。結論是：我中國在今日爲少年國。（相對而言，歐洲列邦在今日為壯年國。）過去的中國，雖有國之名，而未成國之形，所謂唐、虞、夏、商、周、秦、漢、魏、晉、宋、齊、梁、陳、隋、唐、宋、元、明、清，都是專制的朝代名稱，一家的產業，這與「人人皆有主權」、「國家是人民的公產」，不啻天壤之別。

任公以意大利瑪志尼使全國少年，成爲歐洲的雄邦，來期許國人（當然也是自己）：「造成今日之老大中國者，則老朽之寃業也；製出將來之少年中國者，則中國少年之責任也。」的確，國之老少無定形，它是隨國民之心力以爲消長，那麼，讓中國爲少年有未來，與讓中國成老大爲過去，關鍵不在他人，完全在我少年的一份自覺上。最後任公說：

> 少年智則國智，少年富則國富，少年强則國强，少年獨立則國獨立，少年自由則國自由，少年進步則國進步，少年勝於歐洲，則國勝於歐洲，少年雄於地球，則國雄於地球。

字字沉重，句句誠摯，爲苦難的國家、爲多事的社會提出寶貴的政治智慧。八十年後的今天，〈少年中國說〉一文歷久彌新，讀來還是那麼動人，在感動之中，我們敬佩一代政治的憂患意識與自負，更敬佩他禱詞中「美哉我少年中國，與天不老；壯哉我中國少年，與國無疆。」的悲憫胸襟。

錢基博先生評〈俾士麥與格蘭斯頓〉一文云：

> 啓超之文，篇幅之鉅，亦創前古所未有！古人以萬言書為希罕之稱！而在啓超無書不萬言，習見不鮮也！〈俾士麥與格蘭斯頓〉一文，洋洋六百餘言，在古人不為短幅；

而在啓超則劄記小品耳！然紆徐委備，往復百折，而條達疏暢，無所間斷；氣盡語極，急言竭論，而容與閒易，無艱難勞苦之態；遣言措意，切近的當；能令讀者尋繹不倦，如與曉事人語，不驚其言之河漢無涯。嗚呼！此啓超之文之所為獨闢一逕者也！㊷

的確鞭辟入裏，不過，把它借來作爲〈少年中國說〉的論評，毋寧更恰當些。

二、論進取冒險

天下無中立之事，不猛進，斯倒退矣。人生與憂患俱來，苟畏難，斯落險矣。吾見夫今日天下萬國中，其退步之速，與險象之劇者，莫吾中國若也，吾為此懼。歐洲民族所以優強於中國者，原因非一，而其富於進取冒險之精神，殆其尤要者也。今勿徵諸遠，請言其近者：當羅馬解紐以後，歐洲人滿為憂，紛競不可終日。時則有一窶人子，孑身萬里，四度航海，舟人失望睸怒之極，欲殺之而飲其血，而顧勇撓不屈，有進無退，卒覓得亞美利加，為生靈開出一新世界者，則西班牙之哥侖布士(Columbus)其人也。當羅馬教皇威力達於極點，各國君主，俯伏肘下，時則有一介僧侶，（天主教之教士不娶妻，故日本假佛教僧字以名之，今從其號。）悍然揭九十六條檄文於大府，鳴舊教之罪惡，倡新說以號召天下。教皇率百數十王侯，開法會拘而訊之，使更前說；而彼從容對簿，侃侃抗言，不屈不撓，卒能開信教自由之端緒，為人類進幸福者，則日耳曼之馬丁路得(Martin Luther)其人也。扁舟繞地球一周，凌重濤，冒萬死，三年乃還，卒開通太平洋航路，為兩半球鑿交通之孔道者，則葡萄牙之麥志倫（Magellan）其人也。隻身探險於亞非利加內地，越萬里之撒哈拉沙漠[43]，與瘴氣戰，與土蠻戰，與猛獸戰，數十年如一日，卒使全非開通，為白人殖民地，則英國之立溫斯敦（Livingstone）其人也。十六七世紀間，新舊教之爭正烈[44]，日耳曼勸滅新教徒，殆無遺類。時則有波羅的海岸一叢爾國，奮其螳臂，為人類請命，為上帝復仇，卒以萬六千之精兵，橫行歐陸，拯民塗炭，犧牲一身而不悔者，則瑞典王亞多法士（Adolphus）其人也。俄羅斯經蒙古蹂躪之後，元氣新復，積弱蠻陋，無足比數。時則有以萬乘之尊，微服外游，雜伍傭作，學其文明技術，傳與其民，使其國為今日世界第一雄國，駸駸乎有囊括宇內之觀者，則俄皇大彼得（Peter the Great）其人也。英國自額里查白[45]（英女皇名）以後，積勝而驕，立憲美政，漸以墜地。時則有一窮壤牧夫，攘臂以舉義旗，與國會軍，血戰八年，卒俘獨夫，重興民政，使北海三島，為文明政體之祖國，國旗輝於大地者，則英吉利之克林威爾（Cromwell）其人也。美受英軛，租稅煩重，人權蹂躪，民不聊生，時則有一窮谷佚農，叩自由之鐘，揭獨立之旗，毫無憑藉，以抗大敵，卒能建雄邦於新世界，今日幾為廿世紀地球之主人翁者，則美總統華盛頓（Washington）其人也。法國大革命後，風潮迅激，大陸震慴，舉國不寧，時則有一小軍隊中一小將校，奮其功名心，征埃及、征意大利、席捲全歐、建大帝國，猶率四十萬貔貅臨强俄、逐北千里，雖敗而其氣不挫，則法皇拿破侖（Napoleon）其人也。荷為班屬，宗教壓制，虐政憔悴，緹騎徧國，時則有一亡命志士，集勁旅於日耳曼，歸圖恢復，血戰三十七年，卒復國權，身斃於鉏麑[46]之手而不悔者，則荷蘭之維廉額們（William Egmont）其人也。美國當數十年前，奴政盛行，人道滅絶，南北異趣，國幾分裂，時則有一舟人之子，以正理為甲胄，以民義為戈矛，斷然排俗情，興義戰，犧牲少數以活多數，草芥一身以獻國民，卒能實行平等博愛之理想，定國憲以為天下法，則美總統林肯(Lincoln)其人也。羅馬云亡[47]，遺烈久沫，寄息他族，奴畜禽視，時則有弱冠翩翩一少年，投秘密結社，傾偽政府，不能得志，逋竄異域，專務青年教育，喚起國魂，卒能使其國成獨立統一之功，列於世界第一等國者，則意大利之瑪志尼(Mazzini)其人也。若此者，不過聊舉數賢以為例耳。其他豪傑之類此者，比肩接踵於歷史，臚其事實，則五車不能容；即算其姓名，亦更僕不能盡。於戲！何其盛哉！後世讀史者，挹其芬，汲其流，崇拜而歌舞之，而不知其當時道天下所不敢道，為天下所不敢為，其精神有江河學海不到不止之形，其氣魄有破釜沉舟一瞑不視之概。其徇其主義也，有「天上地下，惟我獨尊」之觀；其向其前途也，有「鞠躬盡瘁，死而後已」之志。其成也，洇腦精以買歷史之光榮；其敗也，迸鮮血以贖國民之沉孽。嗚呼！曷克有此？曰「惟進取故！」曰「惟冒險故！」

進取冒險之性質何物乎？吾無以名之，名之曰「浩然之氣」，孟子釋浩然之氣，曰：「其為氣也，配義與道，無是，餒也。」又曰：「是集義所生者，非義襲而取之也；行有不慊於心，則餒矣。」故此性質者，人有之則生，無之則死，國有之則存，無之則亡。而所以養成之發現之者，其根抵甚深厚，而非器性薄弱之人所能假借。試推其所原，有四端焉：

一曰生於希望。亞歷山大[48]之親征波斯也，瀕行，舉其子女玉帛，悉分予諸臣，無一餘者。諸臣曰：「然則王更何有乎？」王曰：「吾有一焉，曰『希望！』」甚哉希望之於人如此其偉大而有力也！凡人生莫不有兩世界：其在空間者，曰「實跡界」，曰「理想界」；其在時間者，曰「現在界」，曰「未來界」。實跡與現在，屬於行為；理想與未來，屬於希望。而現在所行之實跡，卽為前此所懷理想之發表；而現在所懷之理想，又為將來所行實跡之券符。然則實跡者理想之子孫；未來者現在之父母也。故人類所以勝於禽獸，文明人所以勝於野蠻，惟其有希望故，有理想故，有未來故。希望愈大，則其進取冒險之心愈雄。越王勾踐之棲會稽，以薪為蓐，以膽為糧，彼其心未嘗一日忘沼吳也。摩西[49]率頑冥險躁之猶太人民，彷徨於亞剌伯沙漠四十餘年，彼蓋日有一葡萄滋熟蜜乳芬郁之迦南[50]樂土，來往於其胸中也。王陽明詩云：「人人有路透長安，坦坦平平一直看。」[51]豈惟吳會？豈惟迦南？蓋丈夫之所以立於世者，莫不有第二之世界，以為其歸宿之一故鄉，各懷希望以奔於無極之長途，此世運所以日進步也。以此希望故，故其於現在界，於實跡界，不惜絞其腦，滴其汗，胼胝其手足，甚乃獻其血，蛻其骸，豈徒然哉？其將有所易也！西哲有言：「上帝語衆生曰：『汝所欲之物，吾悉畀汝，但汝當納其代價。』」進取冒險者，希望之代價也。彼禽獸與野蠻人，饑則求食，飽則嬉焉，知有今日而不知有明日。人之所以為人，文明之所以為文明，亦曰知明日而已。惟明日能繫我於無極，而三日焉，而五日焉，而七日焉，而一旬焉，而一月焉，而一年焉，而十年焉，而百年焉，而千萬年焉，而億兆京垓無量數不可思議年焉，皆明日之積也。保守今日，故進取之念消；媮安今日，故冒險之氣亡；若此者，是棄其所以為人之具，而自儕於羣動也。吾乃知進取冒險之不可以己如此其甚也！

二曰生於熱誠。吾讀史記李將軍列傳，至「廣出獵，見草中石，以為虎，射之，中石沒羽，視之，石也。因復更射之，終不能復入石矣。」未嘗不歎人生之能力，無一定界限，無一定程度，而惟以其熱誠之界限程度為比例差。其動機也希微，其結果也殊絶。而深知夫天下古今之英雄、豪傑、孝子、烈婦、忠臣、義士，以至熱心之宗教家、政治家、美術家、探險家，所以能為驚天地泣鬼神之事業，震宇宙而昭蘇之者，其所得皆有由也。西儒姚哥[52]氏有言：「婦人，弱也，而為母則强。」夫弱婦何以能為强母？唯其愛兒至誠之一念，則雖平日嬌不勝衣，情如小鳥，而以其兒之故，可以獨往獨來於千山萬壑中；虎狼吼咻，魍魎出沒，而無所於恐，無所於避。大矣哉，熱誠之愛之能易人度也！朱壽昌[53]之棄官行乞，跋涉風雪，愛其親也。豫讓[54]之漆身為厲，被髮為奴，愛其君也。諸葛武侯之扶病出師，洒一掬之淚於五丈原頭而不辭者，愛知己也。克林威爾冒弒君之大不韙，且兩度解散國會，受專制之嫌而無憚者，愛國民也。林肯不顧國內之分裂，不恤戰爭之塗炭，而毅然布放奴令於南美者，愛公理也。十六、七世紀之間，新教徒抵抗教皇者二百餘年，死者以千數百萬計，而未嘗悔者，愛上帝、愛自由也。十九世紀，革命風潮，遍於全歐，擲無量數之頭顱血肉，前者仆而後者繼，亦以其民之愛國而自愛也。彼男女之相悅，則固常背父母，犯輿論，千回百折以相從矣，甚者乃相為死矣。夫人情孰不愛生而惡死，顧其所愛有甚於生者，故或可以得生而不用也。戰國策言，有攫金於齊市者，士官拘而鞫之，其人曰：「吾攫金時，只見金，不見人。」彼夫英雄、豪傑、孝子、烈婦、忠臣、義士，以至熱心之宗教家、政治家、美術家、探險家，當其徇其主義，赴其目的，何一非「見金不見人」之類也？若是者，莫之為而為，莫之致而至，豈惟不見有人，並不見有我焉。無以名之，名之曰「煙士披里純」(Inspiration)。「煙士披里純」者，熱誠最高潮之一點，而感動人，驅迫人，使上於冒險進取之途也。而此熱誠又不惟於所愛者有之，乃至哀之極，怒之極，危險之極，亦常為驅發熱誠之導線。處火宅者，弱女能運千鈞之筒；臨敵陣者，疲馬亦作突圍之想。故曰：「不搏不躍，不激不行。」可愛者而不知愛，可哀者而不知哀，可怒者而不知怒，可危者而不知危，此所謂無人性也，吾乃知進取冒險之不可以已如此其甚也！

三曰生於智慧。凡人之有所畏縮也，必其於事理見之未明者也。孩童、婦嫗最畏鬼，暮夜則不敢出也；蠻野民族最畏禨祥，龜筮不從則不敢動作也；日食彗見則恐懼潛藏也；禮拜五日不宜出行也；十三人不敢共膳也(二者皆西俗)。此皆有所蔽，而行遂有所怯也。灘石錯落，河流激湍，非習水性者不敢渡焉；大雪漫野，坑谷皆盈，非識地勢者不敢凌焉。見之不審，則其氣先餒；餒則進取之精神萎地矣。故王陽明以知行合一為教義，誠得其本也。哥侖布之敢於航大西洋而西也，蓋深信地圖之理，而知彼岸必有極樂世界也。格蘭斯頓之堅持愛爾蘭自治案[55]也，蓋深信民族主義、自由平等主義，知非此而英、愛不能相安也。猛虎躡於後，則越澗穿林如平地；大火燎於棟，則飛簷走壁如轉蓬；知虎與火之能殺人，而不得不冒次險以避最險也。若乳嬰之子，不知虎之暴而火之烈，則嬉然安之而已。故進取冒險之精神，又常以其見地之淺深高下為比例差。「欲養氣者必先積智」，非虛言也。而不然者，為教宗之奴隸，為先哲之奴隸，為習俗之奴隸，為居上位有權勢者之奴隸，乃至自為其心之奴隸，其心又為四支百體之奴隸，重重縛軛，奄奄就死，無復生人之趣矣！吾乃知進取冒險之不可以已如此其甚也！

四曰生於膽力。拿破侖曰：「『難』之一字，惟愚人所用字典為有之耳。」又曰：「『不能』二字，非佛蘭西人所用也。」訥爾遜[56]曰：「吾未見所謂可畏者；吾不識『畏』之為何物也。」(訥爾遜，英國名將。即掃盪拿破崙海軍者也。當五歲時，常獨游山野，遇迅雷風烈，入夜不歸，其家遣人覓得之，則危坐於山巔一破屋也。其祖母責之曰：「嘻！異哉！何物怪童，此可怖之現象，竟不能驅汝歸家耶？」訥則答曰："Fear?I never saw Fear I do not know what it is!" 即此文是也。譯爲華言，不能得其精神於萬一。）嗚呼！至今讀此言，神氣猶為之王焉。豈偉人之根器，固非吾輩所能企乎？抑自有之而自不用也？拿破侖所歷至難之境正多，訥爾遜所遇可畏之端亦不少；而拿、訥若行所無事者，無他，其氣先足以勝之也。佛說：「三界惟心，萬法唯識。」[57]吾以為不能焉，以為可畏焉，斯不能矣，斯可畏矣；吾以為能焉，以為無畏焉，斯亦能矣，斯亦無畏矣。此其理真非鈍根衆生之所能悟也。雖然，猶有二義焉：凡人之有疾病者，雖復齒痛鼻眩之微末，而其日之精神志氣，輒為之萎縮；蓋氣力與體魄，常相依而為用者也。此一説也；又莊敬日強，安惰日偷，生理之大經也。曾文正曰：「身體强弱，却不宜過於愛惜；精神愈用則愈出，陽氣愈提則愈盛。若存一愛惜精神的意思，將前將却，奄奄無氣，決難成事。」此又一説也。若是乎體魄之不可不自壯，而膽力亦未嘗不可以養成也！若拿破侖，若訥爾遜，若曾國藩，皆進取冒險之豪傑，永為後輩型者也。(曾文正最講踏實地步，謹愼小心。然其中自有冒險之精神，細讀全集自能見之。）吾乃知進冒險之不可以已如此其甚也！

危乎，微哉！吾中國人無進取冒險之性質，自昔已然，而今且每況愈下也。曰「知足不辱，知止不殆」[58]；曰「知白守黑，知雄守雌」[59]；曰「不為物先，不為物後」[60]；曰：「未嘗先人，而常隨人」[61]，此老氏之譾言，不待論矣。而所稱誦法孔子者，又往往遺其大體，摭其偏言；取其「狷」主義，而棄其「狂」主義，取其「勿」主義，而棄其「為」主義，（勿主義者，懲忿窒慾之學也，如非禮勿視四句等義是；爲主義者，開物成務之學也，如天下有道，某不與易等義是。）取其「坤」主義，而棄其「乾」主義，（地道、妻道、臣道，此坤主義也。自强不息，此乾主義也。）取其「命」主義，而棄其「力」主義，（列子有力命篇，論語稱子罕言命，又稱子不語力。其實力、命兩者皆孔子所常言。知命之訓，力行之教，昭昭然矣。）其所稱道者，曰「樂則行之，憂則違之」[62]也；曰「無多言，多言多患，無多事，多事多敗」[63]也；曰「危邦不入，亂邦不居」[64]也；曰「孝子不登高，不臨深」[65]也。夫此諸義，亦何嘗非孔門所傳述；然言非一端，義各有當，孔子曷嘗以此義盡律天下哉！而末俗承流，取便利己，遂蒙老馬以孔皮[66]，易尼鄶以聃莒[67]，於是進取冒險之精神，漸滅以盡。試觀一部十七史[68]之列傳，求所謂如哥侖布、立溫斯敦者有諸乎？曰無有也。求所謂如馬丁路得、林肯者有諸乎？曰無有也。求所謂如克林威爾、華盛頓者有諸乎？曰無有也。藉有一二，則將為一世之所戮辱而非笑者也：不曰「好大喜功」，則曰「亡身及親」也。積之數千年，浸之億萬輩，而霸者復陽芟之而陰鋤之，務使一國之人，鬼脈陰陰，病質奄奄，女性纖纖，暮色沉沉。嗚呼！一國之大，有女德而無男德；有病者而無健者，有暮氣而無朝氣，甚者乃至有鬼道而無人道。恫哉！

悯哉！吾不知國之何以立也？君夢如何，我憂孔多，撫絃慷慨，為少年進步之歌。歌曰：

Never look behind, boys,
When you're on the way;
Time enough for that, boys,
On some future day.
Though the way be long, boys,
Face it with a will;
Never stop to look behind.
When climbing up a hill.
First be sure you're right, boys,
Then with courage strong.
Strap your pack upon your back;
And tramp, tramp along.
When you're near the top, boys,
Of the rugged way,
Do not think your work is done,
But climb, climb away.

Success is at the top, boys,
Waiting there until
Patient, plodding, plucky boys,
Have mounted up the hill.

本篇是《新民說》的第七節。屬於論說文。光緒二十八年（一九〇二）正月，《新民叢報》出版，梁任公陸續發表了《新民說》，以激發民氣，喚醒國魂。他在〈敍論〉曾說：「嗚呼噫嘻？吾知其由，國也者，積民而成，國之有民，猶身之有四肢五臟筋脈血輪也。未有四肢已斷，五臟已瘵，筋脈已傷，血輪已涸，而身猶能存者；則亦未有民愚陋怯弱渙散混濁，而國猶能立者。故欲其身之長生久視，則攝生之術不可不明；欲其國之安富尊榮，則新民之道不可不講。」於是，一系列的政論性文章像：〈論新民爲今日中國第一急務〉、〈釋新民之義〉、〈就優勝劣敗之理以證新民之結果而論及取法之所宜〉、〈論公德〉、〈論國家思想〉、〈論進取冒險〉、〈論權利思想〉、〈論自由〉、〈論自治〉、〈論進步〉、〈論自尊〉、〈論合羣〉、〈論生利分利〉、〈論毅力〉、〈論義務思想〉、〈論尚武〉、〈論私德〉、〈論民氣〉、〈論政治能力〉等便先後出現，因爲筆端的魔力，海內觀聽爲之一聳，後來結集爲《新民說》。他的行文簡淨有力，筆鋒常帶情感，形成一時風尚的「新文體」。梁任公曾追憶當日言論的影響：

自是啓超復專以宣傳為業，為《新民叢報》、《新小說》等雜誌暢其旨義，競喜讀之。清廷雖嚴禁，不能遏，每一册書內地翻刻本輒十數，二十年來學子之思想，頗蒙其影響。啓超夙不喜桐城派古文，幼年為文，學晚漢、魏、晉，頗尚矜鍊，至是自能放，務為平易暢達，時雜以俚語韻語，及外國語法，縱筆所至，不為檢束，學者競效之，號新文體。老輩則痛恨，詆為野狐，然其文條理明晰，筆鋒常帶情感，對於讀者別有一種魔力焉。（清代學術概論）

本文論進取冒險精神之有無，關係國運的盛衰存亡，藉歐洲民族富有進取冒險精神以襯托中國缺乏此種精神的危機，並以此爲借鏡的苦心，實在發人深省。全篇可分爲四段，即：

1. 論天下事不猛進，即倒退，人生與憂患俱來，苟畏難，便落險；中國退步之速與險象環生，讓人擔心。
2. 論歐洲民族所以優於中國，在於他們富有進取冒險的精神，並列舉包括航行家、宗教家、探險家、軍事家、政治家、革命家等十二位西方偉人的事蹟加以例證。
3. 論進取冒險的性質，一言以蔽之，曰：「浩然之氣」。此等至大至剛之氣，或生於希望，或生於熱誠，或生於智慧，或生於膽力。
4. 論中國無進取冒險的緣由，深以民氣消沈爲憂。最後撫絃慷慨，爲少年進步之歌，以喚醒國魂，激發民氣。

從這篇文章的遣辭造字可以看出，任公的筆底乾坤，是根植傳統文學，又揉合了俚語及外國語法，但由於對文字的高人駕馭力，縱筆所至，翻成亦莊亦諧的新境界。在旁徵博引的例證中，不僅流露他學域的堂廡特大，鞭辟入裏的辯證力更教讀者爲之痴迷，爲之折服。這就是他所說的「魔力」吧。胡適之先生說得好：「這種魔力的原因約有幾種：⑴文體的解散：打破一切『義法』、『家法』，打破一切『古文』、『時文』、『散文』、『駢文』的界線；⑵條理的分明：梁啓超的長篇文章都長於條理，最容易看下去；⑶辭句的淺顯，既容易懂得，又容易模倣；⑷富於刺激性，筆鋒常帶情感。」（五十年來中國之文學）

「新文體」既風靡國內，馳騁文壇，一時興起模倣的風氣。然而，一般人眼高手低，只學其堆砌，學其排比，有其冗長，無其條暢。這像一面鏡子，讓任公驚惕，從此，文章力求洞爽軒豁，樸實說理。胡適之先生指出：「梁啓超中年的文章，《國風報》、《庸言報》時代的文章，把早年文章的毛病漸漸的減少了，漸漸的回到清淡明顯的文章。但學他的文章的人，往往學了他的堆砌，他的排比。在記敘的文章內，這種惡劣之處更容易呈顯出來，前七八年一時流行的《玉梨魂》一類的小說，便是這種文體用來敍事的結果。」（同上）

次談第二個階段。

大概有七年屬於這個階段，辛亥革命後，任公返國，創辦《庸言報》，參加進步黨。四十一歲，擔任熊希齡內閣司法總長。一九一五年十二月，袁世凱改元洪憲，圖謀帝制，任公一面撰寫〈異哉所謂國體問題〉批判，一面南下與學生蔡鍔組織護國軍討袁。這段歲月，他從政論到參政，經驗自是不同，文章也有不同的反映，錢基博先生直指爲：「此四五年中，厥爲啓超文學之復古時期焉。」[69]他的這個結論是根據下面的幾點觀察：

1. 誦其文者比之東坡之嬉笑怒罵，俱成文章焉！時國內士大夫，人人效為啓超文，而啓超轉自厭倦所為，時時以詩古文辭質正於望江趙熙、閩縣陳衍諸人，而趙熙尤所心折。

2. 民國旣建，入都，則時時與林紓、陳衍、易順鼎過從，述志言情，間出儷體。

3. 一書（卽〈答宋伯魯書〉）一文（卽〈淸德宗帝后奉安文〉），於啓超中年以後為別調，儻初年學晚漢、魏晉，綺習未除，而有忍俊不禁者耶！於是之時，啓超亦時時斆為桐城文以應人請，而因事抒慨，亦致深切動人。是其天性善感，終非描頭畫角所可幾也。

4. 綜前所述，可知啓超歸國以來，則亦時時喜治所謂詩古文辭。蓋其時在京師投簡札而過從者，大率治詩古文辭者多也；最折服為趙熙，每有所為，常以質正焉。

我們認爲錢氏說法雖然持之有故，言之成理，自有他的見地，不過，也不無商榷的地方。因爲他僅憑任公六篇作品（或文或詩或書或跋或祭文），便下了如此的結論：這四五年，是任公文章的復古期。可能有「以偏概全」的嫌疑。其實，只要檢視任公這七年的作品，就可獲得客觀的眞相。這幾年，除了詩古文辭之外，仍然不乏精彩的文章，例如：〈初歸國演說詞〉、〈罪言〉、〈憲法之三大精神〉、〈多數政治之試驗〉、〈述歸國後一年來所感〉、〈送一九一四年〉、〈告小說家〉、〈痛定罪言〉、〈吾今後所報國者〉、〈傷心之言〉、〈五年來之教訓〉等等。

大致上看，此期「新文體」頗剋就民國的政治現狀：政治、經濟、外交、教育，繼續堅持並發揮「二十年來」的「政治生涯」，扮演「理論的政談家」的角色，以「言論之力」報效國家[70]。

有心人不難發現這時的文風潔淨，「清淡明顯」，與《新民叢報》的渾灝流轉，酣暢恣肆，是有些差別的。茲舉〈吾今後所以報國者〉爲例，以印證上述的看法。

吾二十年來之生涯，皆政治生涯也。吾自距今一年前，雖未嘗一日立乎人之本朝，然與國中政治關係，殆未嘗一日斷。吾喜搖筆弄舌，有所論議，國人不知其不肖，往往有樂傾聽之者；吾問學既譾薄，不能發為有統系的理想，為國民學術闢一蹊徑。吾更事又淺，且去國久，而與實際之社會閡隔，更不能參稽引申，以供凡百社會事業之資料。惟好攘臂扼腕以譚政治，政治譚以外，雖非無言論，然匣劍帷燈，意固有所屬，凡歸於政治而已。

吾亦嘗欲藉言論以造成一種人物，然所欲造成者，則吾理想中之政治人物也。吾之作政治譚也，常為自身感情作用所刺激，而還以刺激他人之感情，故持論亦屢變，而往往得相當之反響。疇昔所見淺，時或沾沾自喜，謂吾之多言，庶幾於國之政治小有所裨，至今國中人猶或以此許之。雖然，吾今體察既確，吾歷年之政治譚，皆敗績失據也。吾自問本心，未嘗不欲為國中政治播佳種，但不知吾所謂佳種者誤於別擇耶？將播之不適其時耶？不適其地耶？抑將又播之不以其道耶？要之，所穫之果，殊反於吾始願所期。吾嘗自訟，吾所效之勞，不足以償所造之孽也。

吾躬自為政治活動者亦既有年，吾嘗與激烈派之秘密團體中人往還，然性行與彼輩不能相容，旋即棄去。吾嘗兩度加入公開之政治團體，遂不能自有所大造於其團體，更不能使其團體有所大造於國家，吾之敗績失據又明甚也。吾曾無所於悔，顧吾至今乃確信吾國現在之政治社會，決無容政治團體活動之餘地，以今日之中國人而組織政治團體，其於為團體分子之資格，所缺實多。夫吾卽不備此資格者之一人也，而吾所親愛之儔侶，其各皆有所不備，亦猶吾也。吾於是日憬然有所感，以謂吾國欲組織健全之政治團體，則於組織之前更當有事焉，曰務養成較多數可以為團體中健全分子之人物。然茲事終已非旦夕克立致，未能致而強欲致焉，一方面既使政治團體之信用，失墜於當世，沮其前途發育之機；一方面尤使多數有為之青年，浪耗其日力於無結果之事業，甚則品格器量，皆生意外之惡影響。吾為此懼，故吾於政治團體之活動，遂不得不中止。

吾又嘗自立於政治之當局，迄今猶尸名於政務之一部分。雖然，吾自始固自疑其不勝任，徒以當時時局之急迫，政府久懸，其禍之中於國家者或不可測，重以友誼之敦勸，乃勉起以承其乏，其間不自揣，亦頗嘗有所規畫，思效鉛刀之一割。然大半與現在之情實相閡，稍入其中，而知吾之所主張，在今日萬難貫澈，而反乎此者又恆覺於心有所未安。其權宜救時之政，雖亦明知其不得不爾，然大率為吾生平所未學，雖欲從事而無能為役。若此者，於全局之事有然，於一部分之事亦有然，是故援陳力就列不能者止之義，籲求引退，徒以元首禮意之殷渥，辭不獲命，暫靦然濫竽今職，亦惟思拾遺補闕，為無用之用；而事實上則與政治之關係，日趨於疏遠，更得閒者，則吾政治生涯之全部，且將中止矣。

夫以二十年習於此生涯之人，忽焉思改其度，非求息肩以自暇逸也，尤非有所憤惡而逃之也，吾自始本為理論的政譚家。其能勉為實行的政務家與否，原不敢自信，今以一年來所經歷，吾一面雖仍確信理論的政治，吾中國將來終不可以蔑棄，吾一面又確信吾國今日之政治，萬不容拘律以理論。而現在佐元首以實行今日適宜之政治者，其能力實過吾倍蓰，以吾參加於諸公之列，不能多有所助於其實行，亦猶以諸公參加於吾之列，不能多有助於吾理論也。

夫社會以分勞相濟為宜，而能力以用其所長為貴。吾立於政治當局，吾自審雖蚤作夜思鞠躬盡瘁，吾所能自效於國家者有幾？夫一年來之效既可睹矣，吾以此日力以此心力轉而用諸他方面；安見其所自效於國家者，不有以加於今日？然則還我初服，仍為理論的政譚家耶？以平昔好作政譚之人，而欲絕口不譚政治，在勢固必不能自克。且對於時政得失而有所獻替，亦言論家之通責，吾豈忍有所諱避？雖然，吾以二十年來幾度之閱歷，吾深覺政治之基礎恆在社會，欲應用健全之政論，則於論政以前更當有事焉。而不然者，則其政論徒供刺激感情之用，或為剽竊干祿之資，無論在政治方面，在社會方面，皆可以生意外之惡影響，非直無益於國而或反害之。

故吾自今以往，不願更多為政譚，非厭倦也，難之故慎之也。政譚且不願多作，則政團更何有？故吾自今以往，除學問上或與二三朋輩結合討論外，一切政治團體之關係，皆當中止。乃至生平最敬仰之師長，最親習之友生，亦惟以道義相切劘，學藝相商榷。至其政治上之言論行動，吾決不願有所與聞，更不能負絲毫之連帶責任。非孤僻也，人各有其見地，各有其所以自信者，雖以骨肉之親，或不能苟同也。

夫身既漸遠於政局，而口復漸稀於政譚，則吾之政治生涯，真中止矣。吾自今以往，吾何以報國者，吾思之，吾重思之，吾猶有一莫大之天職焉。夫吾固人也，吾將講求

> 人之所以為人者而與吾人商榷之，吾固中國國民也，吾將講求國民之所以為國民者而與吾國民商榷之，人之所以為人，國民之所以為國民，雖若夫婦之愚可以與知乎？而吾國竟若有所未解，或且反其道而恬不以為怪。質言之，則中國社會之墮落窳敗，晦盲否塞，實使人不寒而慄，以智識才技之晻陋若彼，勢必劣敗於此。物競至劇之世，舉全國而為餓殍，以人心風俗之偷窳若彼，勢必盡喪吾祖若宗遺傳之善性。舉全國而為禽獸，在此等社會上而謀政治之建設，則雖歲變更其國體，日廢置其機關，法令高與山齊，廟堂日昃不食，其亦曷由致治，有蹙蹙以厎於亡已耳。
>
> 夫社會之敝極於今日，而欲以手援天下，夫孰不知其難。雖然，舉全國聰明才智之士，悉輳集於政界，而社會方面，空無人焉，則江河日下，又何足怪？吾雖不敏，竊有志於是，若以言論之力，能有所貢獻於萬一，則吾所以報國家之恩我者或於是乎在矣！

這篇文章刊於《大中華》雜誌，時在民國四年一月二十日，與〈傷心之言〉系列，共同釋出了任公此時的沉痛心聲。

然而，正如屈原所說的：「亦余心之所善兮，雖九死其猶未悔！」（離騷）任公澈底反省，在沉痛之中，他什麼都可以放棄，唯一的也是最後的堅持，卻是知識分子的天職：言論報國。眞不失書生本色，任公之所以爲任公，以此。

最後談第三個階段。

從一九一九到一九二八年，大概是任公散文風格的第三階段。一九一八年是他生命史的一個轉捩點，遊歐返國之後，決定放棄政治運動，從此潛心學術研究與講學，先後在天津南開大學、清華大學、南京東南大學等校講學。一九二六年，五十三歲的任公主持清華研究院，任北京圖書館館長。

這期間，他沉潛國學，苦心孤詣，專著散論輩出，例如：《清代學術概論》、《中國歷史研究法》、《中國韻文裏頭所表現的情感》、〈作文教學法〉、《情聖杜甫》、《屈原研究》、《陶淵明》、《中國近三百年學術史》、《中國之美文及其歷史》、《儒家哲學》等。

至於散文，則有《遊歐心影錄節錄》、〈美術與科學〉、〈學問之趣味〉、〈美術與生活〉、〈什麼是什化〉、〈爲學與做人〉、〈苦痛中的小玩意兒〉等。

值得注意的是，民國八年的《遊歐心影錄節錄》，反映他學問思想又一次的激盪與轉變，同時，使用的語言，也跨出了「新文體」一步，揮灑他那獨特的「語體」。固然，早在一八九八年的《新中國未來記》與一九〇二年的《十五小豪傑》，他已閑熟的使用過語體文，但是，都屬於小說語言。眞正在散文語言使用語體的，這恐怕是第一次。

任公的白話文，別有一番滋味，是早已被公認的事。不過從他的表現，正好印證他所說的：

「文言和語體我認爲是一貫的，因爲文法所差有限得很。會作文言文的人，當然會作語體；或者可以說，文言用功愈深，語體成就愈好。」

這裏，我們特別以他的〈苦痛中的小玩意兒〉的一段前言，來印證任公語體文的獨特味道：

晨報每年紀念增刊，我照例有篇文字。今年真要交白卷了。因為我今年受環境的酷待，情緒十分無俚。我的夫人從燈節起，臥病半年，到中秋日，奄然化去。他的病極人間未有之苦痛，自初發時，醫生便已宣告不治。半年以來，耳所觸的只有病人的呻吟，目所接的，只有兒女的涕淚。喪事初了，愛子遠行，中間還夾著羣盜相噬，變亂如麻，風雪蔽天，生人道盡。塊然獨坐，幾不知人間何世。哎！哀樂之感，凡在有情，其誰能免？平日意態活潑興會淋漓的我，這會也嗒然氣盡了。提筆屬文，非等幾個月後心上的創痕平復，不敢作此想。晨報記者索我的文，比催租還兇很，我沒有法兒對付，只好撒個爛污寫這篇沒有價值的東西給他。……

「小玩意兒」，是對聯集詩句。任公自白：「在駢儷文中，原不過附庸之附庸。然其佳者，也能人起無限美感。我鬧這種玩意兒，雖不過自適其適。」但是，篇名稱之為〈痛苦中的小玩意兒〉，就耐人尋味了。原來，這篇是在他夫人逝世（一九二四年九月十三日）之後，應付《晨報》的稿子，時在民國十三年十二月三日。前面所錄只是引言的一段。

五十二歲的任公，面對「喪事初了，愛子遠行」，加上國事如麻，眞是孤絕了。

短短的篇幅，和盤托出任公的深慟極哀，再度展示他獨特的散文魅力。

梁任公從散文創作的經驗理出了散文理論，為中國文學批評史增添不少光彩；有趣的是，藉著他的散文理論，我們不僅揭開了「新文體」的面紗，更體會了「新文體」的美感。

眞金不怕火煉，妙文不會寂寞。陸機〈文賦〉云：

恢萬里而無閡，通億載而為津。

這種超時空的觀念，在梁任公的「新文體」上，得到印證。

附注

❶ 見譚嗣同〈報章文體說〉。

❷ 俱見梁啓超《清代學術概論》二十七。

❸ 見《譚嗣同全集》：〈仁學自敍〉。

❹ 見《譚瀏陽全集》：〈三十自紀〉。

❺ 胡適之〈五十年來中國之文學〉曾解釋：「所謂體例，即是譚嗣同說的『沈博絕麗之文』；所謂氣息，即是梁啓超說的『筆鋒常帶情感』。」

❻ 見《飲冰室文集》之六：〈清議報一百册祝辭並論報館之責任及本館之經歷〉第四清議報之性質。

❼ 《夏威夷遊記》，舊題《汗漫錄》，又名《半九十錄》，爲光緒二十五年（一八九九）己亥之作品。

❽ 見中村忠行〈德富蘆花と現代中國文學〉一文。

❾ 見《飲冰室文集》之一：〈論報館有益於國事〉。

❿ 同❻。

⓫ 見《飲冰室文集》之三十三：〈吾今後所以報國者〉。

⓬ 見張朋園《梁啓超與清季革命》八：〈言論界的驕子——自報章發售數字看梁啓超言論的影響〉。

⓭ 見《飲冰室文集》之二十九：〈鄙人對於言論界之過去及將來〉。

⓮ 見《飲冰室文集》之六：〈清議報一百册祝辭並論報館之責任及本館之經歷〉。

⑮ 見周作人《中國新文學的源流》：第五講〈文學革命運動〉。

⑯ 梁啓超《清代學術概論》說道：「爲《新民叢報》、《新小說》等雜誌，暢其旨義，國人競喜讀之，清廷雖嚴禁，不能遏。每一册出，內地翻刻本輒十數。二十年來學子之思想，頗蒙其影響。」（二十五）

⑰ 同⑯。

⑱ 同⑤。

⑲ 見《清代學術概論》四。

⑳ 同⑲。

㉑ 見《飲冰室合集》原序。

㉒ 同⑯。

㉓ 見《飲冰室文集》之三十九。

㉔ 見《飲冰室專集》第五册。

㉕ 同㉔。

㉖ 見《歷史研究法》〈補編〉。

㉗ 見《文心雕龍》：〈知音〉第四十八。

㉘ 見《滄浪詩話》：〈詩辨〉。

㉙ 按：中國的「名學」、印度的「因明」、西洋的「邏輯」，名異而實同，都是說思想和辯論的法則，研究怎樣才能立能破，任公稱之爲「思辯學」。思辯學的推理方法有兩種：先知道一個普遍原則，然後用這原則去推論他所包含的那一類事物之任何部分，叫做演繹推理，亦叫做形式的思辯學；先觀察一類事物中之各部分，根據各個實例求出普遍原則，叫做歸納推理，亦叫做實質的思辯學。

㉚ 見周作人《知堂回想錄》：四二、老師。
㉛ 見胡適《四十自述》：三、在上海（一）。
㉜ 見梁啓超《清代學術概論》：二十六。
㉝ 同㉜。
㉞ 同⑯。
㉟ 見嚴復〈與熊純如書〉。
㊱ 見胡適〈四十自述〉：三、在上海〔一〕。
㊲ 見錢基博《現代中國文學史》下編：新文學。
㊳ 少年中國：梁任公「少年中國」的字源可能受到義大利革命家瑪志尼（Giuseppe Mazzine 1805～1872）的啓迪。瑪志尼年十七矢志以身報國，先加入燒炭黨，後來發現不行，乃糾合同志組織「少年意大利黨」。旋被放逐，客寓倫敦，曾以快利動人的筆鋒宣傳他的主義，並發行《少年意大利報》。
㊴ 潑蘭地酒：Brandy. 酒名，今人稱爲白蘭地。
㊵ 厄蔑：即地中海厄爾巴 Elba 島。西元一八一二年拿破侖（Napoleon Bonaparte）攻俄失敗後，被流放於此。
㊶ 龔自珍：（一七九一－一八四一），清浙江仁和人。字璱人，號定盦，更名鞏祚。道光九年進士，官禮部主事，才氣過人，博覽群書，有志於經世之學，治西域蒙古地理，兼道釋典。詩文皆負重名，文章沈博奧衍，出入諸子百家，詩歌不主格律家數，都卓然可觀。但仕宦不達，道光十九年乞退歸里，二十一年任丹陽雲陽書院講，卒於書院。著有《定庵詩文集》。
㊷ 同㊲。
㊸ 撒哈拉沙漠：Sahara，世界第一大沙漠，在非洲北部。

㊹ 新舊教之爭：馬丁路德創新教，德國中部、丹、挪、瑞典一時增加許多信徒。德皇查理斯五世與法爭米蘭，聯絡路德派諸侯，答應人民信教自由。勝法之後卻違反諾言，禁止新教。於是新教起來反抗並組織同盟以抗德皇，互相攻殺。至一五五五年奧格斯堡宗教會議後才稍定，到了一六一二年馬底亞爲帝，竭力裁抑新教，導致波希米亞人憤逐斐迪南，遂引發三十年宗教戰爭。

㊺ 額里查白：Elizabeth 一五三三～一六〇三。

㊻ 鉏麑：本來指春秋晉國力士。這裏指的是刺客。

㊼ 羅馬云亡：羅馬，指義大利。

㊽ 亞歷山大：馬基頓王，Alexander the Great 紀元前三五六～三二三。

㊾ 摩西：Mosses 希伯來酋長，約生於西元前十四世紀前半期。

㊿ 迦南：Canana 原爲巴勒斯坦沿海的一地名。

51 此二句爲陽明「示諸生」七律頷聯。

52 姚哥氏：Victor Hugo 一八〇二～一八八五，即雨果，法國文學家。

53 朱壽昌：字康叔，宋人。歷官閬州太守、司農少卿。父巽，母劉氏，巽妾，懷孕時出嫁民間，壽昌數歲才歸依生父，母子暌違五十年。熙寧初，壽昌棄官，刺血寫告白，行四方訪求生母於陝州，迎接母親及三位弟弟回去，由是以孝聞。

54 豫讓：戰國晉大夫智伯的門下士。趙襄子殺智伯，豫讓變姓名，漆身爲癩，呑炭爲啞，沿街乞食，毀形變聲，伏於橋下圖謀刺趙襄子，被襄子所獲，遂伏劍而死。詳見《史記》卷八十六〈列傳第二十六刺客〉。

55 格蘭斯頓之堅持愛爾蘭自治案：William E. Gladstone 一八〇九～一八九八，英國大政治家，自由黨領袖。格蘭斯頓同情愛爾蘭自治案，曾在西元一八八六與一八九三年兩次提出議會，都沒通過，最後辭職。

56 訥爾遜：Nelson Horatio 一七五八～一八〇五。

57 三界惟心，萬法唯識：佛家語。三界卽：欲界、色界、無色界。一切皆法，唯有內心，無心外之法，是謂唯心，亦云唯識。《華嚴經・十地品》：「三界所有，惟是一心。」唯識法：「諸法皆不離識。」

58 語見《老子》四十四章。

59 語見《老子》二十八殿。

60 不爲物先，不爲物後：上句取《老子》六十七章：「吾有三寶：一曰勤，二曰儉，三曰不敢爲天下先。」之意。下句不見於《老子》一書，可能是任公綜合《老子》所擬之詞。

61 語見《莊子》〈天下篇〉，但這是關尹的話。

62 語見易乾文言。

63 語見《說苑》〈金人經〉。

64 語見《論語》〈泰伯篇〉。

65 語見《禮記》〈四禮上〉。

66 蒙老馬以孔皮：取老子之實，而用孔子之名，譬如蒙馬以虎皮。

67 易尼鄶以聃莒：鄶、莒，春秋時二個小國。《左傳》襄公六年，鄶爲莒所滅。比喻孔學爲老學所奪。

68 十七史：卽《史記》、《漢書》、《後漢書》、《三國志》、《晉書》、《宋書》、《南齊書》、《梁書》、《陳書》、《後魏書》、《北齊書》、《後周書》、《隋書》、《南史》、《北史》、《唐書》及《五代史》。

69 同37。

70 同11。

古典文學目錄

第一集

研究中國古典文學的幾個層面　黃慶萱

第二集

本集內容簡介（代序）　羅宗濤
作者簡介
楚辭篇第爭論之辨識　張正體
荀子的文學　鮑國順
文心雕龍論文學風格　沈謙
論文心雕龍中的清　王金凌
山經地志與詩之校勘　于大成
唐詩中的禪趣　邱燮友
浣花溪畔草堂閒——論杜甫在四川的詩　方瑜
試探蔣防霍小玉傳的創作動機　傅錫壬
試論江西詩社宗派之形成　龔鵬程
詞的對比技巧初探　王熙元
東坡詞中的感情表現　鄭向恒
評介董西廂——兼論研究諸宮調的新方向　王士儀
論元代題畫詩　包根弟
中原音韻中之作詞十法析論　朱榮智
從馮夢龍編輯舊作的態度談所謂宋代話本　胡萬川
聊齋志異的特殊風格　羅敬之

第六集

第七集

上册

下册

第八集

第九集

第十集

中國古典文學研究會主編

文心雕龍綜論

目　錄

文學與社會　目錄

國立中央圖書館出版品預行編目資料

古典文學　第十一集／中國古典文學研究會主編
.--初版.--臺北市：臺灣學生，民79
10,340面；21公分
ISBN 957-15-0182-4（精裝）.--ISBN 957-15-0183-2（平裝）

1.中國文學-論文，講詞等

820.7　　　　79001331

古典文學　第十一集（全一冊）

主編者：中國古典文學研究會
出版者：臺灣學生書局
本書局登記證字號：行政院新聞局局版臺業字第一一〇〇號
發行人：丁文治
發行所：臺灣學生書局
台北市和平東路一段一九八號
郵政劃撥帳號〇〇〇二四六六－八號
電話：三六三四一五六・三六三三一〇九七
FAX：(〇二)三六三六三三四
印刷所：淵明印刷廠
地址：永和市成功路一段43巷五號
電話：九二八七一四五
香港總經銷：藝文圖書公司
地址：九龍偉業街九十九號連順大厦五字樓及七字樓
電話：七九五九五九五

定價　精裝新臺幣三三〇元
　　　平裝新臺幣二八〇元

中華民國七十九年十二月初版

ISBN 957-15-182-4（精裝）
ISBN 957-15-183-2（平裝）